갓포기와 몸뻬, 전쟁
—일본 국방부인회와 국가총동원체제—

갓포기와 몸뻬, 전쟁

일본 국방부인회와 국가총동원체제

후지이 다다토시 지음 | 이종구 옮김

일조각

옮긴이의 말

이 책의 주제는 전쟁과 민중이다. 저자인 후지이 다다토시는 여성운동을 소재로 일본의 만주 침공으로 시작되어 패전에 이르는 15년전쟁 동안에 진행된 민중의 동원 과정을 살펴보고 있다. 이 책의 문제의식은 민중도 전쟁책임으로부터 자유롭지 않다는 말로 요약할 수 있다. 그러나 이는 전범에 대한 면책을 합리화하는 통속적인 우파의 주장과는 다르다. 저자는 국가 총동원 체제가 민중을 하향적으로 조직하여 전쟁을 수행하는 모습을 보여준다. 독자는 파시즘이 대중운동적 성격을 가지고 있다는 사실을 행간에서 읽을 수 있을 것이다.

1983년 가을에 일본 도쿄대학교에 유학하던 역자는 신사회운동론을 전공한 원로 학자 다카하시 아키라高橋徹 교수에게서 사회학사 강의 시간에 '국방부인회' 에 대한 이야기를 처음으로 들었다. 역자는 일본 사회를 이해하려면 '풀뿌리 보수주의' 를 연구해야 한다는 다카하시 교수의 설명을 듣고 큰 충격을 받았다. 광주항쟁 직후의 참담한 심정이 가시지 않았던 당시의 한국 지식인 사회에는 민중의 선한 의지에 대한 신뢰가 굳건하게 자리잡고 있었다.

일본의 사정에 대한 체계적인 교육을 받을 기회도 사실상 없었으므로 대부분의 사회과학 연구자들은 소수의 군국주의자가 민중을 총칼로 위협해 침략전쟁을 벌이다가 망했다는 정도의 역사인식을 가지고 있었다. 군사독재를 퇴치하고 민주회복을 이룩하는 운동에 헌신해야 한다는 사명감으로 가득 찼던 한국의 지식인 사회에서는 시민이 스스로 독재를 지지할 수도 있다는 발상 자체가 금기였다. 보수세력도 사회적 구상과 지지기반을 가지고 있다는 인식은 이후에 역자가 일본 사회를 관찰하는 기준점이 되었다.

저자는 일본의 독자에게도 과연 전쟁책임은 전범에게만 있는지를 묻고 있다. 일본 언론에서 패전 직후에 등장한 구호는 '일억 총 참회'였다. 여기에는 몇 가지 문제가 있다. 우선 일억이라는 숫자 속에는 식민지 지배를 받던 조선인과 타이완인이 포함되어 있었다. 또한 모두가 참회한다는 말은 결국 아무도 책임이 없다는 의미이다. 즉, 특정인을 전범으로 지목한다는 행위 자체가 위선인 것이다.

이 같은 도덕적 반성이 범람하는 가운데 현실 공간에서 벌어진 전쟁과 패전이라는 참극을 초래한 정치적 의사결정에 대한 책임소재를 규명할 수 없게 되었다. 저명한 정치학자인 마루야마 마사오丸山眞男는 이러한 상황을 가리켜 '무책임의 관료제'라고 한탄하였다. 일본의 진보적 지식인들도 물론 전쟁책임을 규명하는 일에 진력하였으나 천황, 군부, 재벌, 관료의 행동에 초점을 맞추었으며 피해자인 민중은 면책대상이었다. 역설적으로 이러한 시각은 사회 현상을 소수 지배 엘리트가 담합해 만들어내는 산출물로 해석하는 음모론으로 귀결되었으며 과학적 설명력을 상실하게 되었다. 반면에 마르크스주의자도 제2차 세계대전을 자본축적의 위기를 맞은 제국주의 국가의 시장 쟁탈전이라는 구조적 결정론을 강조하고 있었으므로 결과적으로 민중은 행동 주체에서 배제되어버렸다. 그러나 국가의 탄압이나 회유 때문에 15년전쟁에 대해 민중이 이의를 제기하지 않았다는 해명은 설득력이 빈약하다.

민중만이 아니라 일본 사회 전체에서 전쟁에 대한 저항은 없었다는 것이 사실이며 예외적으로 극소수의 기독교 근본주의자가 징병을 거부하였을 뿐이었다. 이러한 측면을 감안하면 일상생활에서 이루어진 인적, 물적 자원의 동원 과정에 대한 후지이의 고찰은 총력전이 국민의 동의를 확보하며 수행되었다는 것을 보여주고 있다. 결국 침략전쟁을 반성하고 교훈을 얻으려면 군국주의자를 색출하는 작업에 못지않게 장기전을 치르면서 형성된 사회 시스템의 구조와 기제를 이해하는 일이 중요하다는 함의를 이 책에서 찾을 수 있다.

저자는 전쟁터로 나가는 청년들을 도우려는 평범한 주부들의 소박한 정성을 상업주의에 물든 언론과 군부가 활용하여 국방부인회를 만들고 일본의 여성운동단체를 장악해가는 과정을 분석하고 있다. 여기에서는 평범한 서민층의 여성들이 군대위문, 환송, 환영을 비롯한 각종 공적 행사에 자발적으로 대거 참가한 이유를 가부장적 질서가 지배하는 가정을 벗어나 자유공간에서 해방감을 느꼈을 뿐만 아니라 '국민'의 일원으로 인정받았다는 자부심을 갖게 되었다는 점에서 찾는 저자의 시각에 주목할 필요가 있다. 가정에서는 법률적으로 가독권家督權을 가진 호주의 지배를 받았으며 참정권조차 없었던 여성들이 침략전쟁을 지지하는 행동을 통해 결과적으로 사회적 위상을 높일 수 있었다는 분석은 국가가 전시동원 체제를 수립하기 위해서는 가부장제를 약화시키고 개인을 직접 관리할 필요가 있었다는 측면을 보여준다. 부엌에서 입는 작업복인 갓포기[1] 차림의 서민층 여성들이 거리에서 병사들을 격려하고 전쟁을 지지하는 시위를 벌이는 모습은 일상생활까지 재조직하는 총력전 체제의 성격을 상징적으로 드러낸다.

비록 군부와 연계되어 있지만 대중운동조직으로 출발한 국방부인회는 관료와 지역 명망가의 부인으로 구성된 연합부인회, 애국부인회와 같은 기존 여성조직을 압도하는 활동력과 조직력을 발휘하였다. 이 기존 여성조직들도 시국에 대응하여 활동을 하다보니 국방부인회의 조직구조와 활동방식을 모방하게 되는 수렴 현상이 발생했으며 결국엔 국민정신 총동원운동의 하부로 편입되었다. 중산계급의 지식인 여성들이 주체가 된 참정권확보 운동 조직인 부인선거권婦選동맹도 마찬가지였다.

그러나 이와 같은 통제된 여성의 대중운동은 한계가 있었다. 중일 전면전으로 전쟁이 확대되고 장기화하면서 군대위문보다 소비절약, 군수물자 공출, 사회기강 확립이 중요한 과제로 등장하게 되면서 여성운동을 주도하는 세력도 달라졌다. 일본 군부는 여성들이 거리에서 운동을 벌이기보다 가정으로 돌아가 전선으로 떠난 남성들이 남긴 빈자리가 많아 동요하는 가부장제 질서에 순응하기를 원했다. 갓포기를 입고 방공연습을 할 수는 없었으므로 국방부인회가 활동할 수 있는 공간은 축소되었다. 즉, 자발성에 기초한 대중운동의 확산은 남성 우위의 가부장제에 입각한 사회질서와 천황을 살아 있는 신으로, 최고의 정치적 권력자로 설정한 천황제 국가의 조직원리를 부정하는 위험한 사태였다.

미일 개전 직후에 일본 정부가 모든 정당과 사회단체를 해산하고 독일의 나치당을 모방한 대정익찬회大政翼讚會의 산하조직으로 재편성하는 신체제가 만들어지면서 여성단체들은 대일본부인회로 통합되었다. 전쟁 말기에는 여성단체가 거리에서 계도활동을 펼칠 여유조차 없어졌으며 대중운동을 선도해온 국방부인회 계통의 지도자들은 퇴진하게 되었다. 반면에 거리를 장악한 국방부인회에 눌려 지냈던 부인선거권동맹의 지식인 여성 지도자들은 전의를 고취하고 생활개선을 호소하는 시국강연 연사로 변신했으며 여성운동을 공식적으로 대표하게 되었다. 여성조직의 역할은 정신적인 동원에서 사회통제로 전환되었으며 도나리구미隣組와 함께 지역 사회에서 주민을 감시하고 배급과 물자공출을 관리하며 행정기관의 업무를 보좌하게 되었다.

일본을 점령한 미군은 전후개혁을 실시하며 가부장제를 없애고 여성의 참정권을 인정하였다. 부인선거권동맹의 지도자들은 의회에 진출하였을 뿐만 아니라 전후 여성운동을 주도하게 되었다. 그러나 국방부인회가 남긴 발자국은 보이지 않는 곳에서 여전히 영향력을 행사하고 있다. 이 지점에서 저자인 후지이는 15년전쟁을 치르면서 여성이 대중적으로 사회활동의 경험을 쌓았다는 사실 자체를 중시해야 한다는 시각을 제시한다. 이는 전후에 여성운동이 급속하게 활성화된 배경을 이해하려면 미군정이 실시한 제도적 민주화 조치만이 아니라 여성 대중이 가지고 있었던 집단적 기억과 경험을 고려할 필요가 있다는 지적이다.

마지막으로 전쟁과 민중의 사회사인 본 책은 여성의 고통을 생생하게 기록하고 있다는 점을 언급할 필요가 있다. 전사통지를 받아도 슬퍼할 자유가 없는 어머니와 아내, 아들이 전선에 나간 틈에 며느리의 정조를 유린하는 시아버지, 전사자의 연금을 독차지하려고 며느리를 내쫓는 시집 식구들, 출정하는 자식 앞에서 정해진 격식대로 연기를 해야 하는 어머니의 모습이 잘 드러난다. 반면에 전쟁을 명분으로 삼아 한몫 챙기는 언론, 장사꾼, 지역 유지들의 탐욕도 생생하게 보여준다. 저자는 실생활에서 벌어지는 각종 사건에 대한 심층분석을 기반으로 전쟁이라는 충격으로 파생되는 사회적 이익분화 관계를 냉정하게 파악했다. 즉, 전시동원을 위한 기층 사회의 조직화는 강력하게 추진되었지만 일반 국민에게 제공되는 보편적 복리후생 서비스의 제도화가 지연된 총력전 체제의 내부모순이 사회적으로 가장 취약한 가부장제하의 여성에게 전가되었다고 볼 수 있다.

이상과 같은 내용을 가진 이 책은 한국의 독자들에게 단지 일본 근대사의 한 장면을 보여주는 것만이 아니라 일상생활 속에 남아 있는 식민지 잔재를 둘러보게 하는 계기가 될 것이다. 실제로 역자는 번역작업을 진행하면서 낯익은 광경을 많이 만날 수 있었다. 재건국민운동, 새마을운동, 일선장병에게 위문편지와 위문대 보내기, 방위성금 모으기, 폐품수집, 장발과 미니스커트 단속, 물자절약운동, 궐기대회, 시가행진, 파월장병 환송과 환영행사를 비롯한 각종 동원 캠페인의 원형을 볼 수 있었다. 여기에서 친일파 재산환수나 총독부 건물 해체는 식민지 잔재 청산작업의 극히 일부에 지나지 않을 수도 있다는 문제의식을 가져볼 필요가 있다. 1997년 연말에 외환위기가 발생했을 때 벌어진 '금모으기운동'이야말로 식민지 통치가 남긴 악성 유산이라는 느낌을 지울 수 없다. 즉, 이 책의 행간을 읽다 보면 한국 사회에서 생활의 일부가 된 관주도 대중동원 캠페인의 원류를 찾아볼 수 있을 것이다.

현재 한국의 지적 상황을 보면 식민지와 군사독재가 남긴 긍정적 유산을 찾아보자는 흐름이 무시할 수 없을 정도로 빨리 성장하고 있다. 도덕적 당위론만으로 친일과 개발독재를 비판할 수 있는 시대가 지나가고 있는 것은 분명하다. 전쟁과 여성해방과 보수적 대중운동의 관계라는 폭발성 쟁점을 다루고 있는 이 책은 일반 독자만이 아니라 학계 인사들의 역사인식을 심화시키는 데 일조를 할 것으로 기대한다. 마지막으로 번역에 대한 모든 책임은 전적으로 역자에게 있다는 점을 밝히며, 오역에 대한 독자 여러분의 아낌없는 지적을 기다리는 바이다.

이 자리를 빌려 해방 전에 경성사범에서 수학한 역자의 맏형인 고 이종빈 李鍾斌 님이 지명, 인명의 번역만이 아니라 당시의 생활 감각을 되살려 사건에 대한 배경을 이해하는 데 많은 도움을 주었음을 밝힌다. 이 자리를 빌려 감사드린다.

끝으로 본문의 방점은 저자 방점이며, 본문의 주註는 역자가 독자의 이해를 돕기 위해 붙인 것임을 밝혀둔다.

2008. 3.

이종구

차례

I
헌금 현상과 군비확장 — 만주사변

| 유년 클럽에서 헌납한 애국아동호 |

1. 농민병사의 고향

최초의 전사자 1931년 9월 18일, '만주사변'이 발발하자, 불황에 허덕이던 도호쿠東北 지방의 농민들은 새로운 걱정과 슬픔에 빠졌다. 미야기宮城, 후쿠시마福島, 니가타新潟의 농민으로 이루어진 센다이仙台의 제2사단이 5개월 전에 만주로 이동을 끝낸 후에 전쟁이 일어났기 때문이다. 만주사변으로 시작된 15년전쟁[2]의 최초 전사자는 제2사단 보병 제4연대에서 나왔다. 현지의 신문기자가 유족들을 찾아갔을 때 그들의 상황은 이루 말할 수 없이 참담했다.

그 대표적인 사례가 미야기 현宮城縣 오시카군牡鹿郡 이나이촌稻井村의 아베 신타로阿部新太郞라는 나팔수의 가족이다. 소작농인 그의 아버지는 신장염을 앓고 있었으며 어머니는 눈병으로 일을 할 수 없는 상황이었다. 아이들은 12살 여자애가 맏이고 아이만 6명이었다. 가족들은 집안의 기둥인 맏아들 신타로新太郞가 1월에 징병으로 끌려간 다음, 2년 후 제대할 날을 애타게 기다리며 약간의 구호를 받아 근근이 살림을 꾸려가고 있었다. 아들의 전사통지를 받은 어머니는 "이 녀석아, 왜 죽었어. 나라를 위한 길이라지만 너무 이르구나."라고 울부짖으며 쓰러졌고, 마을 사람들도 덩달아 눈물을 흘렸다고 한다.

전쟁영웅 가운데 나팔수로는 기구치 고헤이木口小平의 일화가 유명하다. 기구치는 "죽어서도 입에서 나팔을 떼지 않았다."고 찬양을 받는 청일전쟁의 영웅이다. 아베 신타로 나팔수도 군 당국이 마음만 먹었다면 쇼와昭和 시대의 기구치 고헤이가 되었을 것이다. 그로부터 5개월 뒤에 벌어진 '상해上

海사변'에선 '육탄 삼용사'라는 완벽한 전쟁미담이 만들어졌다. 아들을 잃고 쓰러져 오열하는 어머니와 그 가족들의 비참한 생활상이 드러나자 당국자들은 군에 대한 민중의 반감이 일어나지 않기를 바랄 뿐이었다.

가난한 사람부터 만주사변 당시 전투 중에 발생한 최초의 전사자는 센다이仙台 주둔 보병 제4연대의 병사로 모두 29명이었으며, 그중 절반은 가난한 소작농 출신이었다. 그 무렵, 미야기 현에는 총알이 가난한 사람을 찾아가 맞힌다는 소문이 돌았다.

전쟁이 나면 가난한 사람부터 죽는다는 통설은 필자도 수긍하는 대목이다. 패전 직전에 너나없이 동원되었을 때에는 빈부나 학력과 무관하게 수많은 젊은이들이 죽어갔다. 그러나 15년전쟁의 초기에는 빈곤한 가정 출신일수록 죽을 빈도가 높았다는 것을 부정할 수 없다. 제4연대 전사자 29명에 대한 헌병대 조사기록을 보면 이 가운데 12명이 '가난한 자'라고 기록되어 있다. 참고로 29명의 직업은 농업 16명, 무직 3명, 노동자 2명, 그밖에 상업, 어업, 교육, 석수, 목수, 야채장수, 나무통 제조업자, 신발장수가 1명씩 포함되어 있다. 시간이 갈수록 전사자는 많아졌지만, 전사자가 이와 같이 서민으로 구성되는 모습은 중일전쟁[3]이 벌어지던 시기에도 크게 달라지지 않았다.

전쟁터에서 가난한 사람이 먼저 죽는다는 얘기는 정확하게 말하면 탄환이 가난한 사람을 골라내어 맞히는 것이 아니라 빈곤층의 징집률이 높다는 것을 뜻한다. 게다가 이들이 그대로 전방에 배치되었기 때문에 전사자는 주로 빈곤가정 출신이 많았다. 그 무렵 미야기 현이 출정병사의 가족을 조사했더니 1,319세대 가운데 230세대가 구제대상이라는 결과가 나왔다. 이 지방의 신문 『가호쿠신보河北新報』는 징집대상 가운데 45퍼센트가 빈곤층이라고 발표했다. 이 신문의 조사자료는 출정병사 가운데 빈곤가정 출신이 많았다는 사실을 뒷받침한다.

정치사에서는 만주사변의 발발로 국민이 긴장하게 되었으며, 그 결과 군국주의를 지지하는 열기가 고조되었다고 보는 견해가 지배적이다. 그러나 민중사의 관점에서 보면 가장 처음 일어난 중요한 사건은 나팔수와 같은 전사자를 둘러싼 민중의 움직임이라고 할 수 있다.

오랜만에 전쟁보도를 하려고 신바람이 나 달려온 기자들도 아베 신타로의 가족을 보면서 '나라를 위해서', '군인의 본분', '명예로운 전사'라는 표현을 쓰기 어려웠을 것이다. 하지만 그 후로는 대부분 이 같은 판에 박힌 기사만 쓰게 되었기 때문에 유족의 실상과 진의를 제대로 파악하기 어렵게 되었다. 그러나 이 무렵의 기사를 보면 민중이 전쟁에 적응하지 못한다는 최소한의 진실이 전달되고 있었다.

강요된 명예 하지만 유족들의 한탄도 전쟁에 제동을 걸지는 못했다. 15년전쟁의 모든 기간 전쟁터에서 죽는 것, 그리고 남겨진 유족의 심정과 같은 것이 전쟁수행을 저지하는 요소가 되지는 못했다는 점은 명백하다. 유감스럽지만 이는 사실이다.

죽은 자의 혼이 울부짖는 소리가 머나먼 산하에서, 바다 너머에서 들려오니 이제부터는 평화를 지향하는 목소리를 높여야 한다는 움직임은 패전 이후에 비로소 나타났다. 살아남은 학생들이 중심이 된 전몰학생기념회는 '한탄할 것인가, 분노할 것인가, 아니면 침묵할 것인가, 들어라 끊이지 않는 해신海神의 목소리'라고 외치며 처음으로 평화를 지향하는 기념문집을 엮었다. 그러나 전후에도 전사자 주변에 있는 사람들이 반드시 전쟁을 부정하려는 강력한 의지로 뭉쳤다고는 말할 수 없다. 이들이 전후 평화운동의 중심부를 이루고 있었다고 말할 수도 없다. 야스쿠니靖國 문제를 직시하면 유족의 마음은 아프기만 하다.

중일전쟁이 전면전으로 발전한 이후에 전사자가 급증했다. 유족들은 속내야 어떻든 통곡이 끝난 다음에는 공식 담화를 통해 가족이 나라를 위해 죽어서 명예롭다는 말을 해야 했다. 성대하고 공식적인 장례가 거행되고 부조금과 훈장을 받은 다음에는 야스쿠니신사靖國神社에 합사된다. 합사할 때 치르는 임시 대제大祭에 참가하는 유족은 도쿄東京 관광도 겸하게 마련이었다. 이런 과정을 거치면서 전쟁에 적응하지 못하던 유족들도 점차 적응하게 되었다.

유족들의 현실적응 반전운동가들이 보기에 최초의 전사라는 사건은 민중이 입은 희생이며 전쟁을 부정하는 운동의 출발점이었다. 운동가들은 희생을 당한 사람들이야말로 민중이 주체가 되는 투쟁을 위해 일어설 것이라고 확신했다. '만주사변'이 일어난 직후, 일본 프롤레타리아 작가동맹이 발행하는 『문학신문』이 작품을 공모했을 때 소설 부문에서 입선한 아키타秋田의 농민인 가토 마사요시는 「유족」에서 아들 기헤이喜平의 전사를 슬퍼하는 아버지 헤이지平治와 미쳐버린 어머니의 모습을 그리고 있다.

> 기헤이의 유골과 소지품이 도착하고 나서 일주일이 지나, 마을주민, 재향군인회 분회, 청년훈련소 등 어마어마한 사람들이 장례행렬을 이루어 기헤이의 유골을 묻었다. 지주인 오무라大村는 헤이지에게 기헤이의 죽음으로 받은 보

상금이 있다는 사실에 눈독을 들이고 장례식이 끝나자마자 빚을 갚으라고 독촉하기 시작했다. 헤이지의 아내는 얼빠진 눈으로 두서없는 말을 지껄이면서 마을을 헤매고 돌아다녔다. 사람들은 모두 이 광경을 보고 눈시울을 붉혔다.

헤이지 아저씨는 어느 날 저녁 우리 집으로 와서 "우리도 조합에 들어간다. 이제는 아무것도 없다. 지금까지 기헤이를 의지하고 살았지만 이번에는 나 혼자 굶어 죽을 차례야. 대머리 오무라 놈 같으니라고, 이번엔 식량 한 톨도 주지 않을 것이 뻔해."라고 말하며 눈물 한 방울 흘리지 않았다.

이것은 슬픔을 딛고 일어나 농민운동에 참가하는 소작농을 그린 소설이다. 그러나 현실이 반드시 그런 것만은 아니었다.

유족들의 이러한 동향에 특히 신경을 쓴 것은 군이나 치안 당국이었다. 그들은 전쟁 기간 내내 치밀하게 유족의 언동을 조사하였다. 『만주사변 헌병정보』에 등장한 센다이 부대의 사례를 보자. 처음에 작성된 일부 기록에는 "어째서 내 가족만 죽었느냐?"고 불만을 털어놓은 유족, "만주 주둔 부대에 편입되었기 때문에 죽었다."고 운명을 한탄하는 사람, 또는 일선으로 배치된 병사를 선발하는 과정에 의문을 제기하는 사례가 보인다. 이 같은 언동은 언제 반군사상으로 이어질지 모를 일이었다. 그러나 유골이 돌아와 성대한 장례식이나 위령제를 마치면 유족은 자신들이 처한 입장을 계산하게 된다. 평소 마을에서 치르는 장례식에서는 상상할 수도 없는 많은 조문과 조전이 밀려오고, 천황과 황후의 이름으로 조의금을 받고 나면 "고맙고 황송하기 그지없습니다."라고 읊조리게 되었다.

유족들이 가족의 전사를 슬퍼하면서도 어떻게 전쟁에 적응해갔는가? 필자는 유족이 남긴 엄청난 양의 담화를 조사하는 가운데 "본인도 정말로 바라고 있었을 것입니다."라는 정해진 틀이 있다는 것을 알게 되었다. 유족들은 슬픔 속에서도 그렇게 말할 수밖에 없었다. 거기에는 유족들이 필사적으로 전쟁 중인 사회에 적응하려고 마음을 다잡는 모습이 담겨 있다.

더구나 유족들도 생활이라는 현실과 직면해야 했고 때론 유족이기 때문에 겪어야 하는 말썽도 있었다. 예를 하나 들어보자. 어느 전사한 특무조장曹長[4](준위)에게 아내와 자식이 있었다. 부친이 아들의 유족에게 나오는 부조금을 받으려고 며느리와 손자를 호적에서 제적하려는 음모를 꾸며 분규가 일어났다. 특무조장은 군에 장기간 근무한 고참 준사관이어서 연금과 부조금이 상당했다. 이 때문에 상속 문제가 일어난 것이다. 오랫동안 계속된 중일전쟁 기간 중 유족 간에 발생한 문제를 보면 이러한 식의 말썽이 가장 많았다. 중일전쟁 때 발생한 전사자의 전체 규모에 비추어보면 당시는 아직 전사자의 숫자가 미미한 시점에 불과했다. 그러나 유족 간의 분쟁은 앞으로 일어날 문제를 예견하듯 조금씩 모습을 드러내고 있었다.

사회적 구제 ‘만주사변’은 일본군의 희생자가 적었던 보기 드문 전쟁이었다. ‘상해사변’에서 발생한 전사자 수는 당시로서는 큰 충격이었다. 그러나 중일전쟁이 전면전으로 확대된 시기나 태평양전쟁 때와 비교하면 이야기가 다르다. 만주사변 당시에 발생한 전사자나 부상자는 다른 전쟁과 비교가 되지 않을 정도로 적었다. 이 사실 속에 내포된 사회적 관련성을 생각해보자. 결과론에 불과하지만, 당시의 인명 피해는 적당하게 사회적 구제 조치를 유족에게 베풀 수 있는 범위를 아직 벗어나지 않았다. 다행인지 불행인지 당시 일본에는 전사자와 전상자를 감당하면서도 결정적으로 전쟁에 염증을 내지 않은 채, 전쟁을 일상화하고, 사회적으로 전쟁에 적응해갈 수 있는 조건과 여력이 남아 있었다.

같은 시각으로 침략을 받은 중국 동북부 '만주'의 민중을 바라본다면 어떨까? 피해를 입은 중국 민중은 어떻게 구제되었을까? 나중에 조직된 빨치산 가운데 사문동謝文東의 군대처럼 일본의 농업이민 때문에 토지를 빼앗긴 중국 토착농민이 일본에 저항하는 군대로 조직되는 사례도 적지 않다. 당시 만주에는 피해자 개인이 전쟁에 적응할 수 있도록 지원하는 사회적 구제능력이 없었으므로 분노가 그대로 무장저항으로 직결된 것이다.

희생자를 구제할 수 있는 사회적 용량이라는 측면에서 보면 '만주사변'은 일본이 아직 여유를 가졌던 시기에 겪은 실험적 전쟁이었다고 말할 수 있다. 이 과정을 거치면서 일본 사회에는 전쟁을 지속할 수 있는 능력이 양성되고 축적되는 효과가 발생했다.

민중의 반응 이와 같은 시각에서 보면, '만주사변'이 발발한 시기에는 전사자 유족 자체보다는 전사자 발생이라는 사건으로 촉발된 민중의 움직임에 좀 더 주의를 기울일 필요가 있다. 많은 민중들은 아직 죽거나 상처를 입지 않은(말투는 이상하지만) 만주에 있는 병사를 걱정하는 마음이 커졌다.

미야기 현에서는 전사자가 발표되기 시작한 직후부터 사람들이 신사에 가서 기원을 하고 부적을 보내느라고 분주하게 움직였다. 시오가마鹽釜 신사에서 거행된 기원제로부터 하급 행정단위인 정町, 촌村에 있는 신사에 참배하는 열기가 달아오르기 시작했다. 기센누마정氣仙沼町에서는 그곳 출신 병사에게 '부적'을 보내자고 결의하기도 했다. 신문 보도에 따르면 이 소란 때문에 때마침 실시된 현의회 의원선거는 흥미를 끌지 못했다고 한다. 오사키大崎 지방의 모든 초등학교에서는 아침마다 수업을 시작하기 전에 한 시간 동안 전승을 기원하는 시간을 갖기도 했다. 신문에는 만주로 출정한 병사가 있는 집에선 모두 안부를 걱정하며, 집 주위에 탄환을 막는다는 '부적'에 누에고치에서 뽑은 풀솜을 둘러치는 일을 시작했다고 전한다.

다음에는 위문품이 쇄도하기 시작했다. 도키와키常盤木 여학원에서 72개의 위문대를 만들고, 가타구라片倉 제사소의 남녀 직공 1천 명이 위문품을 보낼 계획을 세운 일이 가장 먼저 나타난 집단적 움직임이다. 그 후 1주일이 지나자 연대구連隊區[5] 사령부에는 위문품이 산처럼 쌓이게 되었다. 백 개 단위로 보낸 곳은 청년단, 재향군인회, 애국부인회 등이었다. 센다이仙台 시내의 한 조카이町會[6]는 600개를 만들어 보내서 주목을 끌었다. 10월이 되자 현과 시정촌장회市町村長會가 위문대慰問袋를 모집하는 운동에 관여할 만큼 반응이 조직적으로 나타났다.

국방헌금 '만주사변'에서 민중이 보였던 반응의 특징은 전승을 기원하는 행동 다음에 위문과 헌금으로 이어졌다는 점이다. 마지막이 헌금으로 귀결되었기 때문에 이를 '헌금 현상'이라고 부른다. 처음엔 위문헌금에서 시작했지만 마지막에는 비행기헌금에 이르는 전국적인 헌금열풍이 불었다. 이 모든 헌금을 통틀어 '국방헌금'이라고 부른다. 여러 가지 이름으로 불리던 헌금이 개전 다음 해인 1932년에는 대부분 '국방헌금'으로 일원화되었다. 이 같은 현상을 두고 흔히 전쟁수행에 대한 지지도나 군국에 대한 열정이 고조된 상태가 반영된 것이라고 인정하였다. 그러나 민중이 반응하는 과정을 살펴보면 이러한 인식은 대단히 잘못되었다는 것을 알 수 있다. 전국 각지의 사례를 자세하게 추적한 결과, 필자는 민중의 반응을 표면적으로 해석해 군국에 대한 열정이 고조되었다고 직결시키거나 국방을 충실하게 하자는 정책을 지지한다고 간주하는 것은 잘못이라는 것을 알게 되었다. 헌금과 같은 현상은 상층부가 주도한 여론조작의 성과이며, 그 결과 국방을 강화하고 군사비를 증대시키려는 정치적 과제가 달성되는 요인의 하나가 되었다.

센다이 주변에서 나타난 반응은 일본의 다른 지역과 비교하면 예외적으로 가장 먼저 나타났다. 잇달아 발생한 동일한 사례를 살펴보면, 니가타新潟에서 북쪽으로 이어지는 도호쿠 지방에서는 일정한 틀이 공통적으로 나타나는 것을 볼 수 있다. '만주사변' 이 발발하고 약 한 달 후인 10월 16일에 『아사히신문朝日新聞』은 만주 주둔 장병에게 보낼 위문대를 만들기 위한 위문금을 모금하기 시작했다. 다른 신문들도 아사히의 뒤를 이었으며 이는 전국적으로 확대되었다. 그러나 실질적으로는 다시 한 달이 지난 11월 중순부터 대대적인 헌금운동이 전개되었다. 이 시기에는 아직도 후방지원 활동을 전문으로 하는 국방부인회가 출현하지 않았다. 역설적으로 말하면 이와 같은 배경으로부터 국방부인회가 태어났던 것이다.

헌금 현상이라고 부르는 민중의 반응이 언제부터 일어났는가를 지역별로 보면 시간과 내용에 차이가 있다. 또한 규모면에서도 차이가 있다. 헌금 현상에 대한 지역의 움직임은 다음과 같다.

① 가장 먼저 발생한 곳은 미야기나 도호쿠와 같이 전쟁에 동원된 병사의 출신 지역이며 사변 발발에 대해서 반사적으로 반응하였다.
② 인접한 간토關東나 지방 도시 지역 등이 그 뒤를 잇고 있지만, 그래도 한 달 가량의 시차를 두고 반응이 나타났다. 이에 대해서는 군마 현群馬縣을 예로 들어 다음 절에서 고찰할 예정이다.
③ 도쿄東京와 오사카大阪에서는 신문사가 운동을 주도했다.

④ 농촌 지역에서는 이보다 더욱 늦었으며 야마나시 현山梨縣의 사례에서 잘 드러난다.

대중 침투력이나 규모가 대단하지는 않았지만 재향군인회가 선도한 국방사상 보급운동이 일찍부터 실시되었다는 점도 지적할 수 있다. 이 운동의 사례를 보면 홋카이도北海道와 교토京都에서는 조직화에 성공하였으나, 역시 민중이 전쟁에 대해 보이는 반응의 유형으로 거론할 만큼의 대중성은 없었으며 규모도 크지 않았다.

가족과 병사 전국적으로 헌금 현상 가운데 센다이 지역에서 '만주사변'에 대해 민중들이 보인 반응은 가장 원초적인 것이었다. 사람들이 일제히 고장의 수호신인 우지가미氏神를 모신 신사로 달려가고 부적을 구했으며 총알에 맞아도 상처를 입지 않도록 방탄조끼 대용으로 부적을 누에고치 풀솜으로 감싸고, 위문품을 모으러 돌아다니는 모습에서 진짜 민심이 잘 드러난다. 이것은 오로지 출정한 혈육이 죽지 않고 다치지 않기를 기원하는 마음이었다.

병사의 안위를 걱정하는 가족과 고향 사람의 마음은 병사들에게도 전해지게 마련이다. 때마침 도호쿠 지방이 다시 흉작을 겪게 되자 이 사실을 알게 된 전장의 병사들은 고향의 가족들을 걱정했다. 그래서 일선에 있는 병사들이 거꾸로 흉작 피해자를 돕기 위해 의연금을 모아서 고향으로 보내는 일이 자주 있었다. "『가호쿠신보』를 보고 흉작을 겪는 지방의 참상을 알고는 놀랐습니다. 저는 이제 곧 ○○에 대한 총공격에 참가합니다. 죽음은 이미 각오하고 있으며 돈은 그다지 필요하지 않습니다. 약소하나마 이 돈으로 굶주림으로 고통받는 사람들을 위로해주시기 바랍니다."라는 편지와 함께 3엔을 보내온 사람은 이와테岩手 출신의 병사 이타 신효에飯田眞兵衛였다. 이러한 민중 차원에서 이루어진 의사소통은 국가적으로 전개되는 이야기와는 상관없이 지역적 유대 관계를 반영한 것이다.

그렇다면, 이와 같은 저변의 소통 경로는 전쟁과 어떠한 관계를 형성했을까?

2. 대중 헌금조직의 활동

유족 민중 사이의 유대로 형성된 저변의 소통 경로가 그대로 현실에서 작동하는 의사소통 통로로 활성화되었다면 민중과 군국주의는 무관하다고 할 것이다. 위문대를 보내는 민중들은 연고가 있는 사람들끼리 소통 경로를 유지하려는 태도를 보였다. 시골 사람들은 위문대를 불특정 다수의 일선 병사에게 보내려 하지 않았다. 사례조사 결과 농촌의 정촌町村에서는 중앙과 조직적으로 연결된 재향군인회 분회나 청년단뿐만 아니라, 나중에 등장하는 국방부인회 분회조차도 위문대를 대부분 향토 출신병사에게 보냈다. 촌에서는 고집스럽게 향토 출신병사와 연결된 끈을 잡으려 했다.

그러나 도시에서는 신문사나 애국부인회와 같이 정촌 단위에 기반을 두지 않은 조직에서도 위문품을 모았다. 전국적으로 본다면 위문대도 역시 군의 배급 통제체제 속에 편입되어 있었다. 따라서 받을 병사가 정해지지 않은 위문대가 만들어진 것이다. 도시에서는 소통 경로가 군 기관을 매개로 형성될 수밖에 없었다. 부적은 고향마을의 우지가미를 모신 것이라야 영험이 있지만, 방한모는 군에서 정한 규격에 맞지 않으면 보내고 싶어도 불가능했다. 여기서 군에 대한 진정 활동이 시작되었다.

철모헌금 군마 현의 중심 도시인 다카사키高崎의 사례는 도시형 위문금품 헌납운동의 면모를 잘 보여준다. 다카사키에서 국민국방동맹회를 결성하려는 준비는 1931년 10월에 시작되었으며, 11월 3일에 출범하였다. 국민국방동맹회는 민중 차원에서 가장 먼저, 가장 폭넓게 헌금운동을 조직한 전형적인 사례였다. 센다이 주변에서 나타난 현상이 민중의 원초적 반응이라면 다카사키의 사례는 헌금운동이 시작되는 모습을 보여주는 것이다.

국민국방동맹회는 매월 1인당 5전의 회비를 모아 우선 11월 19일에 철모 89개분에 해당하는 2,001엔을 육군성에 바쳤다. 철모라니! 이처럼 헌금이 사용될 물품을 지정한 것은 전례가 없는 일이었다. 육군성은 학예기술 장려 기부금이라는 명목으로 헌금을 받는 것이 통례였기 때문에 헌금의 용도를 반드시 철모로 한정할 수는 없었다. 또한 국방비라고만 지정하면 국고세입으로 계산되었다. 그러나 동맹회의 입장에서는 어디까지나 철모헌금으로 돈을 모은 것이므로 본래의 취지를 지켜야 했다. 이와 같은 동맹회의 요망은 헌금을 직접 군이 받으면서도 '국민의 열성'이라는 대의명분을 내세워 신병기를 충실하게 갖추고자 했던 육군의 생각과 맞아 떨어지는 일이었다.

11월 26일에는 육군의 요망에 따라 용도를 지정한 기부금을 받을 수 있도록 허용하는 안이 각료회의에서 결정되어 새로운 사례가 등장하기 시작했다. 지정기부 제1호는 물론 국민국방동맹회가 앞장선 철모이다. 다음에는 비행기를 중심으로 한 지정기부 방식을 통한 신병기 헌납운동이 각지로 퍼져나갔다. 군은 헌납운동을 발판삼아 군사비를 증액한다는 목표를 실현해갔다. 동맹회는 스스로 애국 비행기 헌납운동의 모체가 되어 운동을 발전시켰다. 이 운동이 결실을 맺어 헌납한 '애국 군마현민호'는 선구적인 사례가 되었다. 이때부터 전국 각지에서 '애국 ○○현민호縣民号'라는 이름이 붙은 군용기가 등장하게 되었다.

이렇게 보면 동맹회가 어디까지나 새로운 대중적 파시즘 단체처럼 생각되고 전쟁과 더불어 비약적으로 발전한 것으로 여겨질 것이다. 그러나 결과는 그렇지 않았다. 비행기 헌납운동으로 이행했을 때부터 동맹회는 조직이 제대로 움직이지 않았고, 2년 후에는 해산하였다. 동맹회를 나중에 살펴볼 국방부인회와 비교하면 대중조직의 기능과 존립조건에 대해 많은 교훈을 찾을 수 있다.

국방동맹회 국민국방동맹회의 기념록을 보면 11월 3일에 거행된 출범식에 다카사키 시내에서 1만 2,000명이 참석한 것으로 되어 있다. 그러나 헌병의 조사기록에는 지지자가 1만 2,000명이고 당일 참가자는 5,000명이라고 되어 있다. 그렇다고 해도 다카사키에서는 보기 드문 대규모 대중동원이었다. 동맹회는 조직의 목적에 대해 "만몽滿蒙 지역에서 권익을 확보하고 만몽 이민계획을 실현하기 위해 적극적인 정책의 확립을 지향한다."라고 규정해놓았으나 실제로 이러한 목적을 달성하기 위한 사업은 거의 없었다. 실제로 이 단체가 한 일은 만주 주둔 병사에게 보내는 동정이 깃든 헌금운동이 전부였으며, 사상운동도 정치운동도 이민사업도 하지 않았다.

군 정보 자료에 따르면 국방사상이나 만몽 진출을 내세운 사상 선전단체는 '만주사변' 발발 후 1년 동안 전국에서 100개 가까이 설립되었으나 대부분은 재향군인이 중심이 된 조직이며 폭넓은 다수의 대중을 조직한 것은 아니었다. 이 가운데 국민국방동맹회와 국방부인회는 질적으로 다른 대중조직이었다.

동맹회의 최초 발기인은 다카사키 시내에서 시계포, 잡화점을 하는 두 사람과 의사까지 해서 모두 세 사람이었다. 이들은 우선 발기인 수를 늘리기로 하고 시내 각 동네에서 발기인을 수십 명씩 모았다. 그 결과 발기인만 수백 명을 헤아리게 되었고 출범 3일 전에는 회원이 이미 3,300명이 넘었다. 이는 많은 시민을 조직하고자 했던 결과였다. 재향군인을 중심으로 조직되어 사상적 성격을 가진 다른 단체들과는 달리 동맹회는 발기인에 군적 보유자를 참가시키지 않았으므로 오히려 일반 시민 속으로 널리 침투할 수 있었다. 회장도 군적이 없는 사람을 선출한 결과 대좌 출신의 퇴역장교였던 개업의사가 뽑혔다. 발기인과 회장의 자격으로 '정당의 색채가 없는 사람'이라는 조건을 달고 있는 것에서도 이 조직의 성격을 알 수 있다.

철모의 호소 국민국방동맹회의 목적에 기술되어 있듯이 발기인들이 만몽진출이라는 지론을 갖고 있었던 것은 확실하며, 이들은 1930년에 런던 군축회의가 개최된 이래 '국방을 충실히 하자'는 구호를 외쳤던 경력도 있었다. 발기인들의 회고담을 보면 "당시 우리들의 주장은 유감스럽게 한 번도 주목을 받지 못했다."는 말이 나올 정도로 대중의 관심을 끌지 못했다. 그러나 이번의 '만주사변'은 달랐다. 이들도 역시 다른 주장을 폈다.

"이번에 터진 사건에서는 신문들이 다투어 일선의 실황을 보도했다. 사진을 보면 철모를 쓴 병사와 쓰지 않은 병사가 반반 정도이다. 의사들은 철모를 쓰면 머리에 외상을 입은 부상병의 90퍼센트는 구할 수 있다고 말한다. 그런데 예산부족으로 군인이 철모를 쓸 수 없다는 건 중대한 문제가 아닌가, 국민이 방관만 하고 있어야 하는가?"라고 호소했다.

동맹회가 다카사키 시민 다수를 조직할 수 있었던 것은 이처럼 철모를 보내자고 호소한 때문이었다. 이것 역시 만주 주둔 병사에 대한 염려와 동정이라고 말할 수 있을 것이다. 여기에는 다른 병기를 구입하기 위해 헌금을 독려할 때와는 질적으로 다른 애절한 심정이 깃들어 있었다. 동맹회는 어느새 매월 5전을 갹출하여 철모를 헌납한다는 '헌금조직'으로 바뀌었다. 매월 5전이므로 일 년에 60전, 이것은 시민들도 부담하기 쉬운 액수였다. 나중에 국방부인회를 조직할 때 회원 수가 급속히 늘어난 것도 회비가 저렴했기 때문이었다.

이렇게 하여 국민국방동맹회는 인구 6만의 다카사키 시내에서 1만에 가까운 회원을 조직할 수 있었다. 출범식도 화려하게 개최되었다. 연대구 사령부, 경찰, 시 당국과 행정기관의 후원을 받았으며, 『아사히신문』은 5천 개의 작은 국기를 제공하고 선전을 도와주었다. 출범식이 열리는 날에는 회원뿐만 아니라 시내의 초등학생, 중학생, 여학생, 청년훈련생, 소방대원까지 동원하여 대규모 행사를 벌였다. 확인하지는 못했지만 당시 중학생이었던 나카소네 야스히로中曾根康弘[7]도 출범식에 참석했을지 모른다.

그러면 국민국방동맹회가 헌금조직이 발휘해야 할 효율성을 상실한 과정은 어떻게 진행되었는가? 그것은 철모를 헌납한 다음 해인 1932년에 비행기 헌납운동을 벌이자는 논의가 시작되면서부터였다.

3. 애국기愛國機 헌납운동의 체제화

비행기헌금 비행기 헌납운동은 1931년 10월 하순에 도쿄 시의 메구로고마바目黑駒場 청년단이 최초로 전개한 1전 갹출운동에서 출발하였다. 이 운동은 『도쿄아사히신문東京朝日新聞』, 『도쿄니치니치신문東京日日新聞』에도 크게 보도되었다. 『도쿄아사히신문』은 1전 갹출, 『도쿄니치니치신문』은 10전 갹출이라고 서로 다르게 보도하고 있으므로 사실을 확인하기는 어렵다. 다만 『도쿄아사히신문』에 그와 관련된 사진이 실려 있어서 1전 갹출운동이 있었던 것은 확실하다. 비행기 헌금운동은 2·26 사건을 일으킨 주모자 중 한 사람인 구리하라 야스히데栗原安秀 중위의 아버지이며 퇴역 육군 대좌 구리하라 이사무栗原勇가 주도하여 운동이 시작되었고, 제1회 가두모금에서 200엔이 모금되었다. 하지만 이후에 기금이 어느 정도 모였는지 알 만한 자료는 없다

미야기 현의 사례를 보아도 12월 초에 '군용기 미야기호 기성동맹회'가 결성된 것으로 보아 출발은 군마 현보다 빠르다. 그러나 때마침 그 지역에 불황과 흉작이 엄습했다. 12월 17일자 『가호쿠신보』는 미야기 현 시타군志太郡 정촌장회가 '폭격기 미야기호 헌납 기부금'에 관해 "농촌 백성의 부담 능력으로 보아 매우 어려운 일이므로, 일단 마을로 돌아가 정촌의 주민과 상의할 필요가 있다고 보았으며 일시적으로 안건처리를 유보하기로 결정하였다."라고 보도했다. 이 기사를 보면 이미 일반 민중이 주도하던 헌금운동은 사라지고 정촌마다 책임지고 거두어야 할 기부금을 하향식으로 할당하는 방식 때문에 문제가 발생하고 있음을 알 수 있다.

군마 현에서도 같은 과정이 되풀이되었다. 운동의 출발은 미야기 현보다 늦으나 비행기 헌납이라는 목표를 달성한 시점을 기준으로 하면 전국에서 가장 먼저였다. 다만 국민국방동맹회의 호소에도 불구하고 교묘하게 현 당국이 주도권을 빼앗았다. 그 이유는 무엇이었을까? 당시 비행기를 한 대 헌납하기 위해 지불해야 할 돈은 7~8만 엔이었다. 이 돈은 동맹회가 감당하기에는 규모가 너무 컸다. 동맹회에서는 월 5전을 갹출한다는 계획이었으므로, 1년에 60전이 된다. 회원이 1만 명 있다고 해도 연 6,000엔이 모일 뿐이다. 8만 엔을 모금하기란 애초부터 무리였다. 이런 가운데 현이 개입했고 결국 헌금운동의 주도권이 완전히 현으로 넘어갔다. 동맹회는 헌금운동을 시작한 단체라는 체면을 지키려고 열심히 모금을 했지만 1,422엔에 그쳤다. 현은 기부목표를 정촌에 할당하고 거의 강제적으로 징수했다. 운동은 이미 '헌금'의 수준을 넘어서 '강제기부'가 된 것이다. 그러므로 앞에서 말한 미야기 현 시타군 정촌장 회의에서 이야기가 나온 것처럼 정촌의 반발도 나타나기 시작했다.

현민호 〈도표 1-1〉은 비행기 헌납운동으로 구입한 ○○현민호, ○○시민호라는 이름이 붙은 비행기의 일람표이다. 메구로 청년단이 낸 비행기 헌금으로 '애국 메구로청년단호'를 만든 것은 아니었다. 다카사키 국민국방동맹회의 헌금이 '애국 국민국방동맹회호'를 낳은 것도 아니다. 병기를 지정해 헌금할 수 있는 길이 열리고, 이것이 당시의 첨단병기인 비행기 헌납으로 확대되는 과정에서 아래로부터의 대중운동은 벽에 부딪히게 되었다. 이후에는 비행기 헌금을 낼 수 있는 주체가 전국적 규모를 가진 집단, 군수경기의 혜택을 입은 기업, 현이나 특정 도시로 한정되어버렸다. 이 가운데에도 현이 헌납한 '현민호'가 가장 많다. 대부분의 현이 비행기 헌납에 참가했다는 것은 큰 의미가 있다.

먼저, 많은 현에서는 군軍이 애국 현민호 헌납운동에 개입하고 있었다. 연대구 사령부가 현에 영향력을 행사하는 과정을 보면 애국 현민호 헌납기 성동맹회를 만들고 지사를 회장으로 추대했다. 여기에 재향군인회, 남녀청

〈도표 1-1〉 각 현 · 시민 애국비행기(육군) 헌납상황(1932. 1~6)

No.	헌납 현·시민명	명명연월	No.	헌납 현·시민명	명명연월	No.	헌납 현·시민명	명명연월
7	군마 현민	1932. 3	32	히로시마 현민	1932. 7	53	나라 현민	1932. 10
10	조선 관민	4	33	〃	7	54	기후 현민	9
11	나가오카 시민	4	34	시마네 현민	7	55	아키타 현민	10
12	도야마 현민	4	35	야마구치 현민	7	59	고치 현민	1933. 2
13	이시카와 현민	5	36	가가와 현민	7	61	와카야마 현민	1932. 10
14	후쿠이 현민	4	38	교토 시민	6	62	만주 관민	11
15	미야기 현민	4	39	나가노 현민	7	63	〃	11
16	〃	4	40	야마구치 현민	7	64	〃	1933. 4
17	오카야마 현민	4	41	에히메 현민	7	65	〃	4
18	돗토리·시마네	4	43	조선 관민	7	66	〃	4
19	효고 현민	4	45	가고시마 현민	7	67	〃	4
20	조선 관민	5	46	후쿠시마 현민	9	68	〃	4
21	〃	5	47	오이타 현민	10	70	도치기 현민	3
25	대만 도민島民	7	48	사가 현민	10	71	사이타마 현민	3
26	〃	7	49	아이치 현민	8	72	이바라키 현민	3
27	지바 현민	5	50	구마모토 현민	10	74	야마나시 현민	4
28	도쿠시마 현민	6	51	니가타 현민	9	75	미야기 현민	4
29	홋카이 도민道民	6	52	〃	10	76	야마가타 현민	5

년단, 연합부인회, 애국부인회가 참가하고, 현을 구성하는 하부 단위인 시정촌에 기부금을 할당했다. 비행기 헌납을 위해 활동하는 단일한 통합조직이 만들어졌다고 할 수 있다. 이것은 육군 내부에서 이미 구상하고 있었던 국방사상 보급운동의 일환이며 지방마다 국방연구회를 만든다는 구상을 실현하기 위해서도 좋은 계기가 되었다.

현 차원에서 비행기를 헌납하는 과정을 거치지 않고 국방연구회가 조직된 사례를 찾아보아도 홋카이도北海道 이외에는 몇 개의 현에 지나지 않았다. 명칭은 국방의회國防義會, 국방협회 등 여러 가지가 있었다.

제1호기를 헌납한 군마 현의 사례를 보아도 비행기 헌금을 위한 네트워크에 참가해 활동한 시정촌이 1933년에 간토關東 방공대연습이 실시되었을 때에는 방호단을 결성해서 지원했다. 이러한 계통의 조직 관계를 모체로 삼아 군마 현 연합국방의회義會가 만들어졌다. 국민국방동맹회는 결성한 지 2년 만에 제1기 사업을 완성했다는 명분으로 국방의회와 통합했다.

군비증액 민중이 헌납한 군수품의 종류는 부적에서 시작해 철모와 방한구, 방한모로 발전했으며, 그 사이에는 위문대도 있었다. 그러나 아직 민중이 해야 할 일은 끝나지 않았다.

비행기 헌금이 시작되자 군은 신병기를 충실하게 갖춘다는 명분을 내세워 민중의 협력과 열성 어린 지원을 실질적으로 확보할 수 있었다. 이처럼 현·시·정·촌을 거쳐 상명하달식 경로를 활용하여 군을 지지하는 운동을 조직하는 기본 체제가 만들어졌다. 애국기 헌납운동은 그런 의미에서 군국체제를 공고화하는 과정을 보여주는 지표가 되었다.

정당내각 시대가 종언을 맞은 후, 거국일치를 표방하며 집권한 사이토齋

藤 내각의 아라키荒木 육군대신은 군사비를 대폭 증액할 것을 요구했다. 재정 정책의 책임자인 다카하시高橋 대장大藏대신이 완강하게 버티었지만 군은 애국기 헌납운동이 고조되는 것을 내세워 국방을 충실하게 하라는 국민의 요구가 거세지고 있다며 정부에 압력을 가했다.

민중의 자발적인 헌금을 장려하기 위해 만들어진 조직이 보다 큰 규모로 만들어진 헌금을 촉구하는 조직에 흡수되어 사라지는 일이 벌어졌다. 민간 조직이 현·시·정·촌이라는 행정 체제 속으로 흡수되어갔던 것이다. 이는 헌금의 내용이 질적으로 달라지고, 자발적 헌금이라는 틀을 벗어나는 것을 의미한다. 그리고 헌금은 세금으로 이행되었다. 헌금운동은 이제 민간 차원의 운동이 아니라 통치 체제의 일부가 되었다. 그 결과는 1932년에서 1933년에 걸쳐 전국의 현 단위에 국방의회, 국방연구회가 만들어진 것에서도 찾아볼 수 있다. 이는 중앙에서 구상한 고도 국방국가 구상과 연결되는 체제였다.

이 과정을 가장 헌금실적이 나빴던 야마나시 현의 사례를 통해 살펴보기로 한다.

야마나시현민호 '애국 야마나시현민호' 에는 No.74라는 번호가 붙었는데 야마나시 현은 미야자키, 야마가타 현과 더불어 후발 집단에 속했다. 야마나시의 비행기 헌납 일은 1933년 4월 28일이다. 군마현민호와 비교하면 1년 1개월이 늦다. 그동안 이미 32개 현이 비행기를 헌납했다. 그러나 정촌 차원에서 보면 만주사변에 대한 반응이 두드러지게 늦었던 것은 아니었다. 1931년 10월 초에 대도시 지역보다 오히려 먼저 고후甲府 시의 게이샤[8]들이 천 개의 위문대를 보냈다. 비행기 헌납운동에 대해 살펴보면, 12

월 24일에 고후 시 재향군인 연합분회가 야마나시호 헌납을 결의했다. 이것을 시작으로 재향군인회 고후 지부(야마나시 현 · 가나카와 현)는 1932년 1월 10일에 대대적인 병기 헌납운동을 일으키자고 결정했다. 그리고 2월에는 운동방침을 결정했다. 이러한 경과를 보면 군마 현과 비교해도 출발이 그리 늦은 편은 아니다. 군마 현에서는 3월 8일에 비행기에 이름을 붙이고 헌납식을 하게 되었다.

야마나시 현에서는 그 무렵 현의 군인 후원회가 신병기 자금이라는 명목을 가지고 실제로 모금을 시작해 정촌에 의뢰할 목표액을 28,488엔(가구당 20전)으로 결정했다. 하지만 모금에 큰 진전이 없었다. 그럼에도 불구하고 그동안 현 출신병사가 전사하면 유례없이 성대한 장례를 치르느라 시민과 촌민이 대거 동원되었기 때문에 '만주'가 잊혀진 것은 아니었다. 그러나 농촌이 궁핍이라는 심각한 위기에 빠졌기 때문에 헌금을 낼 여력이 없었다. 나가노 현長野縣, 야마나시 현과 같이 양잠을 많이 하는 곳의 상황은 특히 심각했다.

5 · 15 사건[9] 후, 비상시국을 표방하며 출발한 사이토 내각이 농촌구제를 최우선 과제로 내세울 만큼 상황은 어려웠다. 여름에는 농촌구제운동이 일어났고 야마나시 현에서도 현의회의 진정단이 대거 상경하는 상황이 벌어졌다. 현농회縣農會가 실시한 농가조사에 따르면 가구당 1,128엔의 부채를 안고 있었다. 농민들은 군부에 협력하는 대가로 군부로부터 일감을 얻기를 희망했다. 1931년 말에 육군은 토끼털 가죽 4만 장을 사들이기로 결정했다. 궁핍에 허덕이는 이 지방의 농회가 당장 여기에 호응하고 나선 것은 물론이다.

만주 주둔 병사를 위해 방한구 · 방한모를 마련하는 헌금운동이 육군성을

거치면서 토끼가죽 구매로 바뀌고, 이것이 농회를 통해서 농민의 토끼사육으로 이어지는 연결고리를 보면 기묘한 연관이라는 생각이 든다. 시간이 지나자 농가 잡지인 『이에노 히카리家の光』에는 영양 공급원으로 토끼고기를 장려하고 조리방법을 소개하는 기사가 실리기 시작했다. 『이에노 히카리』는 이 무렵 산업조합이 확대되는 추세에 힘입어 계속 많은 농가에 보급되었고 1932년 4월에는 현에서 이에노 히카리 부인대회가 천 명이 모인 가운데 열렸다. 노동하는 농촌 여성이 이와 같은 규모로 조직된 것도 이 지역에서는 처음이었다.

할당헌금 할당된 신병기 헌납자금을 거두는 일이 지지부진한 가운데 농민운동이 활발했던 나카코마군中巨摩群 오치아이촌落合村에서 청년단이 애국헌금을 거부한다는 성명을 발표해서 엄청난 파장이 일어났다. 이 무렵엔 민중의 일상생활에서 군과 관련된 문제가 차지하는 비중이 낮아졌다. 출정병사를 걱정하고, 전사자를 애도하는 사회적 분위기가 있었지만 농촌지역에 궁핍이라는 곤경이 닥치자 군비증강이나, 신병기의 충실화 같은 주장은 뒷전으로 밀려났다. 사이토 내각이 표방한 비상시국은 외교·군사적 문제인 만몽의 위기가 아니라 농민·중소상공업자가 생사의 기로에 서 있음을 가리키는 말이었다.

이와 같은 일을 겪으며 '만주사변'이 일어난 후, 1년이 지났을 때 육군성에는 이미 전국에서 560만 엔이나 되는 헌금이 모였지만 야마나시 현의 헌금은 1,500엔이었고, 같은 연대구에 속하는 가나가와 현神奈川縣의 실적도 3,500엔에 지나지 않았다. 애국 야마나시호는 도대체 어떻게 될 것인가? 체면이 깎인 재향군인회는 곧 재협의에 들어가고, 현을 무대로 다시 맹렬한 활동을 시작했다. 1932년 11월에 현지사와 연대구 사령관이 협의하여 지사를 회장으로 하는 애국 야마나시호 헌납회가 설립되었다. 헌납회는 새로운 조치로서 목표액을 정촌에 할당하였다. 고후 시에 할당된 헌금은 15,321엔이었다. 시는 우선 10엔 이상 헌납자로부터 1만 엔을 모으기로 의견을 모았다. 현은 헌금 미담집까지 간행했지만 헌금할당에 대한 반응은 좋지 않았다. 시내에선 헌금내기를 꺼리다가 경찰에게 구타당하는 사건도 발생했다. 1933년에 일본은 국제연맹을 탈퇴했고, 이로 인해 정치적 긴장상태가 조성된 덕분에 가까스로 4개월 만에 목표액에 도달했다.

야마나시 현의 예를 보면 '만주사변' 발발로 인한 흥분은 점차 진정되는 모습이었다. 민중 차원에선 현실생활이 가지는 무게와 비교했을 때 군사적인 문제의 가치가 더 높을 수는 없었다. 대폭적인 군사비 증액을 시도하며 일본의 진로를 이끌어가려는 군부의 의도와 민중의 현실 사이에는 간극이 있었던 것이다. 군부가 이 간극을 넘어서 군비의 충실이라는 목표를 향하여 나아가기 위해서는 지속력을 가진 조직을 새로 만들고 조금이라도 생활에 도움을 줄 수 있는 국방체계를 마련하는 일이 시급했다.

국방연구회 우여곡절 끝에 '애국 야마나시현민호'는 1933년 4월에 헌납식을 마쳤다. 그러나 헌납회는 야마나시 현 국방연구회로 남았다. 이는 헌납회가 국방연구회로 이행하는 과정을 보여주는 전형적인 사례이다. 이웃 나가노 현에서도 같은 시기에 '국방후원회'라는 명칭을 가진 조직이 발족했다. 간토 지방의 각 현에는 '국방의회'라는 명칭이 많았지만 도치키 현栃木縣에서는 다카사키의 연구회를 모방한 것은 아니었지만 '국방동맹회'라는 이름을 사용했다. 국방연구회의 결성은 이전부터 있던 군인 후원회의 사업을 계승하는 것에 그치지 않고, 시국인식과 국방여론을 지도하기 위한 체제가 만들어졌다는 의미이다. 이것은 1931년부터 군이 직접 추진하고 있던 국방사상 보급운동을 민간조직이 주도하여 지역 단위에서 정착시키려는 목표 아래 추진한 노력의 결과이다. 매년 작성된 사이타마 현埼玉縣 국방의회의 결산서를 살펴보면 국방강연회 주최, 초혼제招魂祭 집행, 군인 유가족 후원이 주요사업이었다. 이는 그때까지 민중운동 차원에서 해온 일들이 일상화된 행사로 전환되는 체제가 구축되었음을 보여준다. 그러나 국방의회가 비행기 헌납자금을 적립하는 등의 사업을 수행하는 것을 보면 아직도 운동적 성격이 남아 있었음을 알 수 있다.

4. 신문사의 위문헌금

헌금 열기 대도시의 '헌금 현상'은 위문대에서 시작되었다. 여기에 신문사의 캠페인이 박차를 가했다. 1931년 10월 16일 『아사히신문』의 사고社告를 필두로 각 신문사가 다투어 위문헌금을 다뤘다. 『아사히신문』은 사고를 통해 자사가 1만 엔을 내서 위문대 2만 개를 만들어 만주 주둔 장병에 증정한다는 것과 이를 위해 1구좌 5전 이상의 위문금을 모집한다는 내용을 알렸다. 헌금이 모이는 과정을 보면(〈도표 1-2〉 참조) 11월, 12월에 쇄도하였으며, 2개월이 지난 12월 16일 현재 23만 1,500엔, 이듬해 6월에 상해사변 장병위문금과 함께 결산한 결과 45만 3,746엔이었다.

신문사가 주도한 것을 제외하고 도쿄에서 위문대를 집단적으로 보낸 일

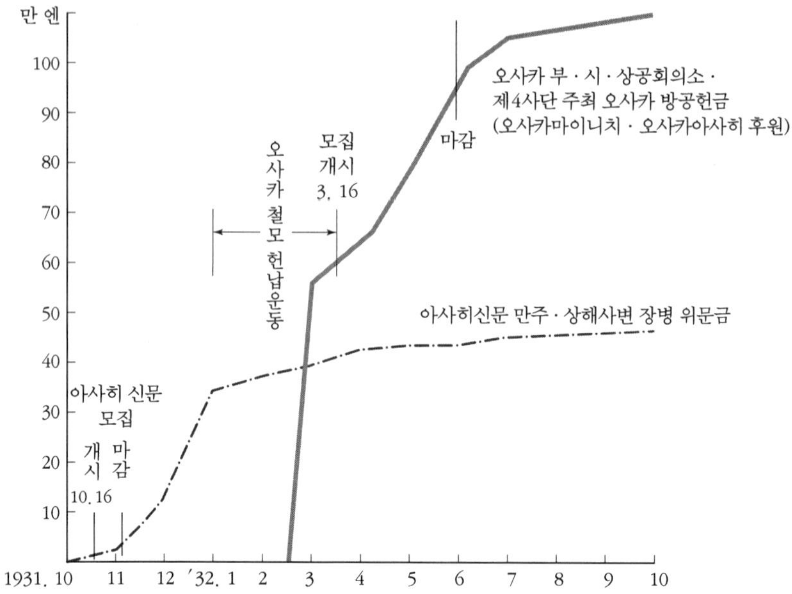

〈도표 1-2〉 아사히신문 위문금과 오사카 방공헌금 누계현황
(아사히신문은 오사카아사히와 도쿄아사히 합계)

은 11월 15일과 19일에 병력증강을 위해 히로사키弘前에서 출발한 혼성여단이 최초의 출정부대로서 도쿄를 통과했을 때에 있었다. 여단장의 아들이 재학한 부립府立 6중(현 신주쿠고교)에서 2,700엔의 헌금을 모았고 1,350개의 위문대를 기탁했다. 뒤이어 각 부립 중학교에서는 학생들에게 10전씩 거두었다.

11월 하순에 도쿄는 헌금열기로 끓어올랐다. 『도쿄니치니치신문』에 게재된 기사를 보면 24일 하루에 7개 대학과 5개 중학교 학생들이 42곳에서 4,000엔이 넘는 성금을 모았다. 학생전도傳導연맹도 600엔, 아사쿠사의 진돈[10]업조합도 129엔을 모으는 등, 이날 하루에 육군성에 보내진 헌금은 1만 8,000엔에 이르렀다.

이 무렵 헌금열은 날마다 높아갔고 27일엔 3만 4,000엔을 기록했다. 헌금운동이 대중적 성격을 가지게 되자 공황하에서 이윤을 올린 개인과 기업도 허겁지겁 헌금자 명단에 이름을 올렸다. 11월 하순에만도 금액 순으로 열거해보면 미쓰이三井와 미쓰비시三菱 각 5만 엔, 미쓰이 물산 2만 엔, 야스다 젠지로安田善治郎, 오쿠라 구미大倉組, 오카모토 쇼지로岡本正治郎(긴자의 카바레 경영자) 등이 각 1만 엔, 다이이치은행第一銀行 · 네즈 가이치로根津嘉一郎 · 핫토리服部백화점 협회 등이 각 5,000엔이었다.

대도시에서 거둔 헌금과 비교해 보아도 다카사키의 동맹회가 수행한 선구적 역할의 의미와 엄청난 활동 규모는 손색이 없었다. 그러나 이러한 측면을 인정한다 해도 헌금액이 적은 것은 어떻게 보아야 할 것인가? 뒤에 등장하는 국방부인회에서도 이와 마찬가지의 의문이 생긴다. 그 이유로는 첫째, 도시와 불황을 겪는 농촌의 차이를 들 수 있다. 둘째, 하층까지 넓게 대중을 조직하면 회비나 헌금의 단위가 소액이라도 무방하다. 도시 지역 중에서도 특히 대도시에는 중산계급 이상이 집중되었기 때문에 부의 분배가 한쪽으로 치우치는 적나라한 상황이 헌금의 실태에서도 나타난다.

헌금의 일회성 '만주사변' 이후 대중의 헌금이 급증하는 현상이 일어났다. 결과적으로 군의 행동을 대중이 지지하게 되었다고 볼 수 있다. 이것을 역방향으로 살펴보면 군국주의를 지지하는 열기를 헌금의 액수, 참가자의 규모와 계층적 배경에 비추어 측정해볼 수 있다. 도대체 헌금이 무엇인가? 헌금은 병사를 동정하는 마음에서 나온 것이거나, 군의 행동을 지지하기 때문에 냈을 것이다. 헌금의 중요한 특성은 당시 사람들이 느낀 감격의 정도를 나타내는 것이며 행위 자체는 일회성이다. 헌금을 한 번 내고 나면 동정심은 다소의 만족감으로 바뀌고, 지지행위는 일단 완결된다. 헌금의 규모는 사건에 대해서 자신이 감당해야 한다고 생각한 만큼의 금액을 내게 마련이다. 바로 이러한 이유 때문에 사건과 헌금액 사이의 균형이 개인의 주관에 따라 유지되는 것이다. 경제적으로 독점과 군수공업화가 진행되어 혜택을 입은 기업이나 자본이 이 시점에서 당연히 해야 할 헌금을 했다고 이해할 수 있는 사례도 적지 않다. 앞에서 거론한 기업들도 마찬가지였다. 그러나 보는 사람에 따라서 그 정도의 헌금으로 어물어물 넘어가면 안 된다는 평가도 가능할 것이다.

미쓰이와 미쓰비시는 앞에서 언급한 5만 엔 이외에도 후술하는 것처럼 오사카 방공헌금에 5만 엔을 냈으며 별도의 사회사업에도 적잖이 기부를 했다. 그럼에도 1932년의 풍조에서 재벌은 용서할 수 없는 존재로 비쳐졌다. 바로 그해 대 미쓰이합명合名의 이사장인 단 다쿠마團琢磨가 테러를 당해 쓰러지는 사건이 일어났다. 그 후 미쓰이는 창업 300년에 맞춰 실업구제를 명목으로 300만 엔을 기부하였다.

헌금 현상은 '만주사변'이 터지면서 대중이 직면한 상황을 보여준다. 헌금은 반드시 국방헌금이 전부가 아니었다. 이 현상이 출현한 배경을 살펴보면 신문사가 대중적 캠페인을 전개하면서 헌금이라는 수단을 자주 사용한 것과 무관하지 않다. 여기서 신문사가 주도하는 헌금 캠페인의 일환인 국방·병사 위문헌금을 검토해보자.

신문사의 헌금 캠페인 『아사히신문』의 사례를 보면 1930년대 전반기에 벌인 대규모 헌금 캠페인은 다음과 같다.

1931년	연말 불우이웃돕기 성금 약 5만 엔
1931년~1932년	만주 · 상해사변 장병 위문금 45만 3,746엔
1931년~1932년	재만 조선동포돕기 성금 4만 138엔
1932년	북일본 흉작지 위문금 · 홋카이도 수해 의연금(집계 없음)
1932년	연말 불우이웃돕기 성금 약 6만 엔
1933년	도호쿠 진재(산리쿠三陸 지진) 의연금 2만 2,797엔
1933년	연말 불우이웃돕기 성금 약 7만 5,000엔
1934년	하코다테函館 시 대화재 의연금 약 39만 6,190엔
1934년	호쿠리쿠北陸 수해 위문금 4만 9,148엔
1934년~1935년	간사이關西 풍수해 의연금 138만 5,247엔
1934년~1935년	도호쿠 흉작 의연금 64만 344엔

이 가운데에서도 만주 · 상해사변 장병 위문금, 하코다테 시 대화재 의연금, 간사이 풍수해 의연금, 도호쿠 흉작 의연금을 4대 헌금 캠페인이라고 할 수 있다. 이들 중에서도 간사이 풍수해 의연금은 『오사카아사히신문』의 본거지에서 일어난 재해였으며 간토 대진재에 버금가는 것이었다. 따라서 재해 피해자를 돕자는 캠페인이 전개되었을 때 기록적인 헌금이 모인 것은 당연했다. 그러나 도호쿠 흉작 의연금도 모금이 잘 된 경우이다. 앞에서 든 사례 중에서 '만주사변' 직후의 만주 주둔 장병 위문금의 모금상태를 보면, 이 시기의 과잉 홍분상태가 헌금이라는 열기로 이어졌기 때문에 이것도 역시 헌금으로 분류할 수 있다. 그러나 이러한 홍분상태는 아주 가까운 곳에서 생활환경이 파괴되는 사태에 부딪혔을 때 느끼는 위기감에 비하면 그리 크지 않았다. 오히려, 멀리 떨어진 곳에 있는 동포가 겪는 어려움을 생각할 때

느끼는 안쓰러움 정도였다.

그러나 신문사가 주도한 헌금이나 캠페인이 시대를 구분하는 전환점이 되었다는 것은 인정해야 한다. 더구나 헌금을 내는 집단이 대중적으로 확대되었다는 사실로부터 여러 가지 의미를 찾을 수 있다. 특히 '종업원 일동'이라는 이름으로 들어온 노동자층의 헌금이 많다는 사실은 눈여겨볼 만하다. 이런 현상으로부터 적어도 두 가지 상황을 읽을 수 있다. 하나는 주로 중소 영세기업에서 일하는 노동자의 소박한 자기주장이다. 다른 하나는 그와 반대로 회사의 강요로 헌금을 내는 것이, 서약서를 내고 정치적 신조를 확실하게 밝히는 행동과 동일한 의미를 가지게 되었다는 사실이다. 마치 도쿠가와 바쿠후 초기에 천주교도를 탄압할 때 성상을 밟아 신앙을 부정하면 살려주던 일을 떠오르게 한다. 이런 풍조 속에서 노동운동의 우경화가 진행되었다. 이시카와지마石川島[11] 자강회自彊會 등 일본적 노사협조주의를 내세운 노동조합은 헌금운동을 독자적으로 조직하였다. 무산無産운동이 국가사회주의로 전향하는 사태가 벌어진 것이다.

5. 오사카 방공헌금운동

철모 헌납 『오사카아사히신문大阪朝日新聞』, 『오사카마이니치신문大阪每日新聞』의 발행지로 매스컴의 메카라 불리는 오사카에서는 당연하게도 두 신문이 벌인 위문대 보내기 운동이 확대되었다. 오사카는 경제적으로 중국과의 무역을 담당하는 본거지라는 위치를 차지하고 있었으므로 시민들도 '만주사변' 에 대해 민감하게 반응했다.

1931년 말, 오사카에서도 철모 헌납운동이 불붙었다. 이 시기 오사카 육군 공창에서는 철모를 제작하고 있었는데 공창 당국은 불황으로 인한 실업 대책의 일환으로 철모를 계속 만들게 해달라고 상부에 요청했다. 더구나 철모에 '헌납' 이라는 두 글자를 새겨 넣겠다는 것이었다. 다카사키에서 시작된 운동이 돌고 돌아서 오사카까지 연결되었다.

해가 바뀌어 1932년에는 국민의 헌금으로 만든 애국 1호기와 2호기가 완성되었다. 비행기는 만주로 가기 전에 오사카에도 모습을 나타냈다. 애국 1, 2호기를 견본으로 전국으로 확산된 모금운동 덕에 만들어진 현민호가 뒤를 이어 속속 등장했다.

견본 역할을 한 최초의 애국기 2대에는 일련번호만 붙어 있었을 뿐 뒤이어 나타난 다수의 애국적인 이름을 가진 비행기들과는 달리 '군마', '미야기', '여학생' 과 같은 고유명사가 붙지 않았다. 이 비행기들은 용도가 지정된 기부금이 아니라 학예기술 장려기부금으로 만들어졌으며, 글자 그대로 진짜 견본이었다. 3, 4, 5호기는 당시 큰돈을 벌었던 도쿄의 주식업자 오부세 신자부로小布施新三郎가 헌납한 '오부세', 6호기는 일본모직이 헌납한 '니치모日毛', 그리고 7호기는 현민 제1호인 '군마현민' 이었다. 그리고 이후에는 현민호가 대부분을 차지했다. 일본모직은 당시 군수품인 피복을 생산하고 있었으며, 가와니시 항공기 또한 일본모직의 사장인 가와니시川西 일가가 지배하는 회사였기 때문에 그 무렵 가장 잘나가는 군수기업으로 발전하고 있었다. 6호기는 가와사키川崎조선이 제작했지만, 일본모직이 해군에 헌납한 '보국 1호' 기는 가와니시 항공기회사에서 제작했다. 1932년 초봄이 되자 '상해사변' 에서 실제로 공중전이 전개되어 비행기 헌납열도 급속히 높아졌다.

하늘을 지켜라 오사카에서는 애국기를 헌납하려는 열기가 크게 달아오르지 않았다. 반면에 비행기가 아닌 방공장비를 위해 헌금을 해야 한다는 목소리가 높았다. 이것은 교토의 고사포 헌금, 도요하시豊橋·오카자키岡崎·하마마쓰浜松·산엔三遠 지역의 국방의회가 주도한 방공헌금운동과 상호 영향을 주고받으며 벌어진 일이었다. 3월 1일에는 지사, 시장, 상공회의소 회장이 상의한 결과 "일본의 심장인 오사카의 하늘을 지키자"라는 구호를 내걸고 방공을 목적으로 한 모금계획을 발표했다. 이 계획은 시민의 커다란 반향을 불러일으켰다. 제4사단까지 참가해서 4자가 주최하고 오사카마이니치와 오사카아사히가 후원하여 방공계획협의회가 설립되었으며 오사카의 방공을 위해 구입할 설비까지 결정했다. 설비의 내용을 보면 고사포 2문, 조공등照空燈 1개, 청음기 대형·소형 각 1개가 한 세트를 구성하며, 모두 6세트를 구입하는 데 필요한 100만 엔이 헌금의 목표였다.

모금은 3월 16일에서 5월 말까지 실시하기로 결정했다. 모금개시 전에 먼저 이토 만伊藤万의 미망인이 한 세트분 16만 5,000엔을 기탁했다. 다음에는 오사카 재계의 1인자인 스미토모住友가 30만 엔을 냈다. 그리고 난지南地의 게이샤들이 1만 652엔을 거두었다. 난지南地 게이샤회는 야마토야大和屋의 사카구치 유자부로阪口祐三郎가 이끌고 있었다. 이들은 '만주사변'이 발발하자 제일 먼저 미인 게이샤의 사진을 넣은 위문대 1만 5,000개를 만들어 보내는 등, 기민하면서도 소문이 널리 퍼질 만한 행동을 하는 무리였다. 나중에 사카구치 휘하의 여자들은 국방부인회의 별동대가 되어 활약하게 된다. 이 같은 분위기 덕분에 정식으로 모금접수가 시작되었을 때에는 이미 목표의 절반인 50만 엔이 모금되었다. 〈도표 1-2〉는 헌금이 누적되는 상황을 보여준다. 모금은 기간 안에 달성되었다. 그러나 마감일이 다가오자 여전히 일선 조직이 맹렬하게 독려했다.

주요 헌금자만 거론해보면 이미 앞에서 언급한 사례 이외에도, 미쓰이와 미쓰비시가 각 5만 엔, 오사카상선 3만 엔, 고노이케鴻池·야마구치山口·메이지생명明治生命·노무라 도쿠시치野村德七·와다 주자에몬和田忠左衛門이 각 2만 엔을 냈다. 이 시기 헌금자들 중 전후에 유명해진 인물로는 다케다 조베武田長兵衛 5,000엔, 마쓰시타 고노스케松下幸之助 3,000엔을 들 수 있다. 앞에서 열거한 헌금만으로도 총액의 70퍼센트가 넘는 액수였다. 이것은 대도시에 자본이 집중되는 실정을 잘 보여주는 사례이다.

방공계획협의회는 다른 현에 있었던 애국기 현민호 헌납회에 해당한다. 애국기 헌납회가 각 현에서 국방연구회가 만들어지는 가교가 되었듯이 오사카에선 이 협의회가 같은 취지를 가진 국방협회로 이어졌다. 제4사단이 관계되어 있었으므로 효고 현兵庫縣에서도 국방협회가 거의 동시에 설립되는 과정이 진행되었다. 이처럼 국방연구회를 통해 군부와 지방의 현·시 사이의 제휴 체제가 전국적으로 구축되는 과정이 진행되었음을 알 수 있다.

방공계획 다른 현에서는 비행기 헌납운동을 통해 군과 지역 주민의 제휴 체제를 구축했지만, 오사카에서는 이것이 방공계획으로 출발했다. 그리고 거기에 호응하는 시민운동이 본격적으로 전개되었다는 특이한 사정에 주목할 필요가 있다. 사실은 오사카만이 아니라 교토京都, 고베神戶, 요코하마橫濱에서도 방공병기를 헌납하는 조직이 만들어졌다. 도쿄에서는 아사쿠사淺草 구민협의회 및 기타 개인의 헌금으로, 나고야名古屋에서도 개인 헌금으로 구입한 방공병기 세트가 헌납되었다. 일본의 6대 도시에서는 기이하게도 비행기보다 방공병기를 중시하는 공통성을 볼 수 있다.

헌금 현상을 관찰하면 부적에서 방한구를 거쳐 철모로 이어지고, 이것이 다시 방공병기로 옮아가는 계보를 볼 수 있다. 최강의 병기인 비행기는 최후에 등장한다. 군부는 이와 같이 헌납되는 장비의 내용을 통제해 신병기를 충실히 갖추려 했다. 반면에 민중은 이것들이 자신을 지키는 도구로 파악하고 싶어했다. 많은 자료를 꼼꼼하게 검토하면서 필자는 이 미묘한 차이를 확인할 수 있어서 조금이나마 위안이 되었다.

오사카의 헌금운동은 시내 주요단체가 참가하여 방공계획을 작성하는 것으로 시작되었다. 이는 오사카의 방공계획이 시민의 것이라는 의지의 표현이다. 그러나 고사포를 직접 다루는 곳은 군이었기 때문에 헌금운동을 통해 시민이 군의 방공 체제에 개입하는 결과를 초래했다. 물론 '오사카는 일본의 심장'이라는 자부심 때문이었지만, 시각에 따라서는 통수권에 대한 간섭이라고 말할 수 있는 측면도 있다. 오사카 부근에 방공부대와 방공병기를 배치하는 방법을 결정하는 것은 군무 편성권에 속하기 때문이다. 1930년 이래 통수권 침해 문제가 복잡해지는 가운데 이와 같은 계획이 군과 협의한 결과라고는 하지만 아무렇지도 않게 공공연히 추진되었다. 오사카 시민들이 방공계획에 대해 부여하는 의의는 비행기 헌금과는 달랐다. 이것은 대도시 주민이 공통적으로 가졌던 심리였을 것이다. 방공계획이 활발하게 진행 중인 오사카를 방문한 와타나베渡邊 항공 본부장은 "고사포를 갖추거나 등화관제를 실시하는 소극적 방공도 크게 보면 좋은 일이지만…… 우수한 비행기를 갖추고 적극적인 방공태세를 정비하는 것이 더욱 긴요하다."는 비판적인 말을 남겼다. 그러나 오사카 시민들의 태도는 변하지 않았다. 현지의 군 당국자도 더 이상 시민에게 고압적이며 일방적인 요구를 하지 않았다는 점에 유의할 필요가 있다. 군이 통제를 강화하기보다 시민의 협력을 확보하는 것이 우선 과제였던 것이다.

오사카 상인 상해사변이 절정에 달하자 오사카 항에서 증원병력으로 제14사단이 출정했다. 오사카는 출정병사를 전송하느라 들끓었고 1932년 3월이 되자 명백하게 군사적인 색채로 물들어갔다. 방공계획은 이러한 분위기 속에서 태어났으며 큰 반향을 불러일으켰다.

협의회는 이에 고무되어 시민의용군을 조직해 방공연습을 실시했다. 심지어 정비한 기재를 운용하는 모의연습을 실시하기도 했다. 이 때문에 시민병의 이미지를 떠올리는 사람도 있었을지 모른다. 전국 시대에 사카이堺가 누렸던 자치를 생각나게 하는 분위기가 있었다. 상인들이 이런 상황을 이용하지 않을 리가 없었다. 방공탑을 세운다는 명목으로 규제를 피해 일본에서 제일 높은 고층건물을 짓겠다는 신청자가 있었다. 오랜 전통을 가진 마쓰사카야松坂屋백화점도 옥상에 고사기관총을 배치해야 한다는 이유를 들어 방공탑을 올리겠다고 건축허가를 신청했다. 방공탑은 언제든지 광고탑으로 바꿀 수 있다는 상혼이 숨어 있었으며, 허가는 나오지 않았다. 한편에서는 대자본가가 앞장서는 방공운동에 반발하는 집단도 있었다. 일부 청년들은 국방사상 보급협회라는 단체를 만들어 "우리의 오사카는 시민의 손으로 지키자.", "너의 1전을 사단으로 갖고 가라.", "방공시설을 부르주아의 손에만 맡기지 말라."는 구호가 적힌 깃발을 앞세우고 거리를 누볐다.

방공운동의 와중에서 군은 중요한 성과를 챙길 수 있는 약속을 받아냈을 뿐만 아니라 시내의 구區마다 실행조직을 만드는 것도 모색하고 있었다. 2

~3월에 동서남북 각 구에 국방사상보급회 또는 국방협회가 생겼고 미나토구港區 부근에서는 국방부인회가 만들어지면서 시민의 조직화가 시작되었다. 그러나 이 시점에는 국방부인회가 전국 조직으로 발전하고 일본 최대의 부인회로 성장하리라고 아무도 예측하지 못했다.

Ⅱ

갓포기 차림으로 부엌에서 나오다—국방부인회 현상

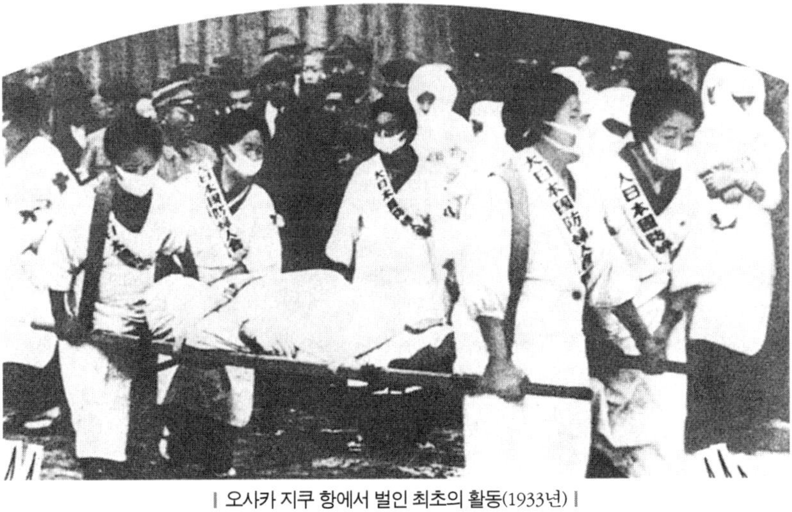

| 오사카 지쿠 항에서 벌인 최초의 활동(1933년) |

1. 오사카 국방부인회 탄생

갓포기 　　　오사카 국방부인회가 탄생한 시점은 1932년 3월 18일로, 오사카 방공운동이 개시된 직후였다. 국방부인회는 이후의 행동에서 나타나듯이 헌금운동의 파도를 타고 출범식을 한 것이 분명하다. 3월 21일부터 신생 국방부인회는 한큐阪急백화점 앞에 진을 치고 몇 명씩 교대로 헌금을 호소했다. 메가폰으로 "하늘을 지키는 데 쓰일 헌금을 부탁합니다."라고 외치는 여성의 목소리가 울려퍼졌다. 국방부인회가 모금을 하는 곳, 한쪽에는 작은 고사포 모형이 놓여 있었다. 사람들은 이 신기한 물건을 구경하느라 모여들어 포구에 동전을 넣었다. 고사포 모형 모금통은 시민의 화제를 모았다. 신바람이 난 부인회는 회원을 총동원하여 다시 다이마루大丸백화점 앞, 만몽滿蒙박람회 앞, 구조하나조노바시九条花園橋에도 진출했고 갓포기와 어깨띠 차림으로 등장해 눈길을 끌었다. 국방부인회의 발기인이었던 야스다 세이安田せい는 남편 히사요시久吉가 만든 고사포 모양 모금통을 두고두고 자랑했다고 한다.

오사카 국방부인회가 출범했을 때 회원은 미나토구 이치오카市岡의 부인회 동료들로 기껏 40명 정도에 지나지 않았다. 『오사카아사히신문』은 3월 18일 이치오카 제5초등학교에서 열린 출범식에 250명이 모였다고 보도했다. 이것은 과장보도라기보다 『오사카아사히신문』이 호의를 가지고 써준 것으로 생각된다. 나중에 1천만 명 규모가 된 국방부인회의 회원이 처음 일 년 내내 거의 늘지 않은 것은 불가사의한 사실이다. 그러나 이유를 캐물을 것도 없이 본래 오사카 국방부인회는 이치오카 부근에 사는 '군인의 아주머니' 들이 모인 집단이었다고 생각하는 편이 낫다. 이런 단체가 어떻게 해서 다음 해에는 시내에서 15만 명이나 조직하고, 그 다음 해에는 전국에서 100만 명을 조직할 수 있었을까? 우선 국방부인회에 대해 자세히 알아보자.

필자는 앞 장에서 '만주사변' 발발 이후에 나타난 민중의 반응을 '헌금 현상'이라고 총괄했다. 헌금 현상은 약 1년 동안 계속되었다. 처음엔 민중의 동정심에서 출발했지만 국가는 이를 교묘하게 비행기 헌금으로 유도해 군사비를 증대시켰고, 지방에서는 국방연구회 체제를 공고하게 하는 방향으로 귀결되었다.

헌금 현상의 뒤를 이어 나타난 민중의 반응은 '국방부인회 현상' 또는 '갓포기 현상'이라고 부를 수 있다. 헌금운동과는 다른 독특한 특성 때문에 국방부인회는 누구도 예상하지 못한 규모로 확산되었다. 국방부인회는 부엌에서 나온 주부들이 병사를 전송하고 환영하며 몸소 돌보았다. 이 같은 국방부인회의 확산 현상을 가리켜 '국방부인회 현상', '갓포기 현상'이라 한다.

遂に全國民的の愛國運動
台所から街頭へ
高射砲型の募金筒を据ゑ
家庭婦人が活躍

|『오사카아사히신문』(1932. 3. 22)| 오사카 국방부인회가 모금통으로 사용한 고사포 모형의 모금함

그렇지만 국방부인회가 자체적으로 이 같은 활동을 했다고는 생각할 수

없다. 오사카 방공헌금운동을 계기로 만들어진 국방부인회는 적극적으로 이 운동을 떠맡겠다고 나서며 하부조직을 자처하는 의식을 가졌다. 이는 헌금 현상이 횡행하던 시기에 흔히 나타났던 민중의 반응 가운데 하나에 불과하며, 조직도 어디서나 볼 수 있는 소집단에 지나지 않았다. 그러나 헌금운동을 실시하는 방법에는 이미 후일의 '국방부인회 현상'에서 볼 수 있듯이 질적으로 다른 행동이 있었다는 것을 확실하게 인정할 수 있다.

오사카 항에서의 출정 이치오카 주변에서 국방부인회가 태어나게 된 결정적인 계기는 오사카가 상해를 향해 대부대가 출정하는 항구였다는 점이다. 그 무렵 신문기사는 다음과 같이 출범식을 전하고 있다.

> 이 달 5일 우쓰노미야宇都宮 주둔 사단에서 온 정예부대가 서西오사카에서 숙영했을 때 많은 용사들은 급히 소집에 응하느라 부모에게 작별 인사조차 하지 못했고 부적도 지니지 않은 채였다. 되도록 많은 병사들에게 센닌바리千人針[12]를 선물하려고 추운 거리에서 사람들의 도움을 청했지만 지나가는 여성 10명 가운데 7명은 성가시다는 듯 소매를 뿌리치고 눈길조차 주지 않았다. 어찌 이런 일이 있을 수 있을까? 때마침, 오사카 방공운동이 일어나, 이에 자극되어 …… 시 전역의 모든 여성에게 '나라를 지키기 위해 부엌과 가정에서 떨쳐 일어나라'고 외치면서 적극적으로 활동하게 되었다(『오사카아사히신문』 1932. 3. 19).

뒷날에 국방부인회의 아버지로 일컬어진 이시이 가호石井嘉穗 중장이 저술한 『국방부인회 발전 비화』에는 국방부인회가 방공헌금운동에 관여한 일이 등장하지 않는다. 오로지 오사카 항에서 소집에 응해 출항하는 병사들을 돌보는 일부터 시작했다는 사실이 강조된다. "영광스런 소집에 응하고 귀향하는 장정들이 시루시반텐印半纏[13]만 걸치고 추워서 움츠리고 있습니다. 또한 마중 나온 사람도 없는 젊은이가 홀로 대합실 매점에서 주머니 사정을 걱정하면서 고향에 들고 갈 작은 선물을 구하고 있습니다." 이 광경을 보고 야스다 히사요시安田久吉·세이 부부는 눈물을 흘리며 한탄했다. 이래도 되는 것인가. '나라를 위해서 목숨을 바치는 사람들이 안심하고 출발하도록 돕는 것이 후방에 있는 여성의 임무이다. 이것이 나의 일이다.' 라고 신의 계시를 받은 것처럼 생각이 떠올랐다는 것이다. 다분히 미담조로 서술된 이러한 기록은 국방부인회의 발전 과정을 회고한 것이며, 그 나름대로 '국방부인회 현상' 이 무엇이었는가를 드러낸다.

『대일본국방부인회 10년사』에 수록된 이 같은 일화는 국방부인회 출범에 대해 논의할 때 일반적으로 통용되는 유일한 자료이다. 그러나 여기에는 헌금운동으로부터 출발한 흐름이 보이지 않는다. 출범 과정을 다룬 신문기사에 '오사카 방공운동' 이라고 씌어 있기 때문에 때로는 방공연습으로 착각할 수도 있다. 이는 잘못된 것이고 국방부인회가 방공연습과 관련을 맺는 것은 조직이 정비된 다음이다.

전송 국방부인회 현상에서 나타나는 가장 상징적인 풍경은 전송이다. 이 전송에는 반드시 오사카 항이라는 무대가 있어야 한다. 이치오카 근처에 사는 여성들이 국방부인회를 결성한 이유도 바로 옆에 오사카 항이 있었기 때문이다. 이시이 가호가 위에서 거론한 일화는 오사카에 거주하다가 소집 영장을 받고 군대에 입영하기 위해 급히 고향으로 돌아가는 청년의 사례였다. 오사카 항은 이런 청년들이 모이는 곳이었다. 군용선도 자주 입항했으며, 조선에 주둔하는 사단으로 입영하거나 전선으로 출정하는 병력이

| 미타니 히데코三谷英子(왼쪽), 야스다 세이安田せい |

떠나는 항구였다.

이 무렵 오사카 항에서 집단적으로 벌어졌던 출정병사 전송행사는 이미 '만주사변'이 일어나기 이전인 1931년 4월에 센다이의 제2사단이 만주에 주둔하기 위해 오사카 항에서 출정했을 때에도 성대하게 거행되었다. 전송식에 참가한 단체로는 재향군인회, 청년단만이 아니라 지쿠築 항 어머니회, 처녀회 등이 있었다. 대부대가 출정할 때에는 이런 단체들이 부두를 가득 메웠다. 병사들은 결코 쓸쓸하게 출정하지 않았다. 국방부인회에 모인 여성들도 여러 단체에 섞여서 전송에 참가하였다.

야스다 세이는 이처럼 대부대가 출정할 때만 아니라 입영하기 위해 떠나는 모든 청년들을 전송하고, 나아가 출정하는 병사에게 그저 깃발만 흔들 것이 아니라 차라도 준비해 대접하는 것이 좋겠다는 생각을 했다. 이것은 확실히 '군인의 아주머니'다운 발상이었다. 세이는 주전자를 들고 지쿠 항의 부둣가를 찾아다녔다. 그 후 병사들을 돌보는 일을 같이 할 동지를 모아 이를 큰 단체로 키우자고 생각한 야스다 세이는 이치오카 부인회에서 인망이 있었던 미타니 히데코三谷英子를 설득해 끌어들였다. 이렇게 해서 최초의 오사카 국방부인회는 미타니 히데코가 회장을 맡고, 야스다는 부회장이 되어 출범하게 되었다.

3월 초, 우쓰노미야宇都宮 주둔 제14사단이 오사카에 도착해 머물다가 지쿠 항에서 상해를 향해 출항했다. 센닌바리에 얽힌 이야기는 이때의 일이다.

2월 27일경부터 도치기, 군마, 이바라키茨城, 나가노 등지의 지방 신문에는 각지에서 기원제祈願祭가 열린다는 단신이 실렸다. 이어서 시, 정町의 길모퉁이에서는 처녀회와 부인회가 센닌바리를 받고 있다는 기사가 보인다. 3월 1일부터 약 일주일에 걸쳐 제14사단은 우쓰노미야, 다카사키, 미토水戸, 마쓰모토松本를 출발해 승선지인 오사카에 집결했다. 보도관제 때문에 이에 대한 기사는 볼 수 없으나 각지에서 모두 출정하는 병사를

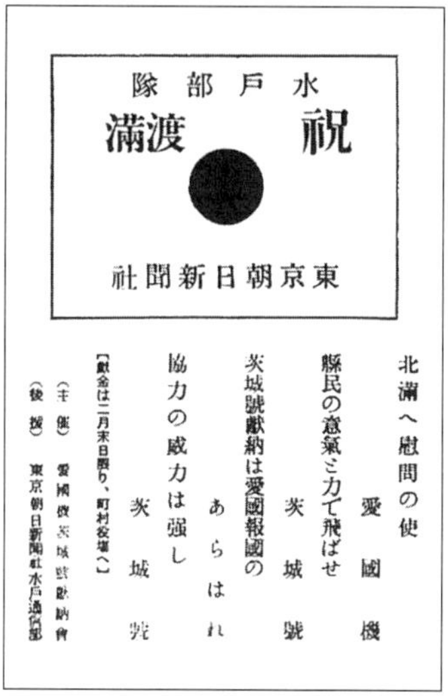
祝 水戸部隊 渡滿
東京朝日新聞社

北滿へ慰問の使　愛國機
縣民の意氣と力で飛ばせ　茨城號
茨城號獻納は愛國報國の　あらはれ
協力の威力は強し　茨城號
【獻金は二月末日限り、町村役場へ】
(主催)　愛國機茨城號獻納會
(後援)　東京朝日新聞社水戸通信部

전송하느라고 대단한 인파가 모였다. 앞에서 살펴본 국민국방동맹회도 전송회에 대거 몰려나왔다. 다카사키 역에 모인 인파는 5만 명이라고 기록되어 있다. 경찰은 각 정촌에 '될수록 성대하게 전송하는 것을 관계 당국은 희망하고 있음을 통지'(『도치기 현사』 사료편)하여 인력동원을 의뢰하였으며, 신문사는 대량으로 전단을 뿌려 사람이 모이도록 유도했다. 위의 사진은 도쿄아사히신문사가 만든 전단이며 시기는 알 수 없으나 미토에 뿌려진 것이다. 전단에는 보기 드물게 '애국기 이바라키호 헌납회'를 선전하는 문안이 들어 있다.

이처럼 대부대가 출정할 때에는 '관계 당국'이 정촌에 의뢰해 환송인사를 조직적으로 동원했으며, 여기에 덧붙여 신문사 등이 대중선전을 한 결과 수많은 사람이 모여들었다. 또한 주둔 지역에서는 며칠 전부터 동원이 통지되거나 아카가미가 날아왔기 때문에 센닌바리를 만들고 무운장구를 기원하

는 민중의 움직임이 있었다. 그러므로 대부대가 출정하는 경우로 한정해서 말한다면 전송하는 사람이 없어 국방부인회가 필요했다는 말은 설득력이 없다. 그러나 야스다 세이와 회원들은 단순히 전송하는 데서 그치지 않고 무언가 다른 방법으로 보살펴 줄 사람이 필요하다는 것을 느꼈다. 또한 출정병사의 고향 마을에서는 센닌바리를 만들고 기원제를 올리는 일이 흥분 속에서 진행되었으나, 통과지점에 불과한 오사카 시내에서는 아직까지 센닌바리 정도에 흥분하는 상황은 아니었을 것이다. 바로 이 같은 통과지점에서 보살피는 일이야말로 국방부인회가 처음 시작한 일이었다.

후원자 미타니와 야스다가 시작한 국방부인회가 발족할 때까지 밀접한 관계를 유지했던 후원자 중에는 이치오카 경찰서의 이시모토石本 경부, 오사카 헌병대 지쿠 항 분대의 우스이碓井 조장이 있었다. 그 외에도 제8연대의 후지하라 이조藤原伊三 소좌, 오사카아사히신문의 오에 소텐大江素天, 참모역인 오모리 다다시게大森忠重가 있었다. 경찰과 헌병대에 친밀한 후원자가 실제로 존재했다는 이유로 국방부인회가 처음부터 반동적이고 사상적인 색채가 짙은 단체였다고 규정하는 것은 잘못이다. 만일 그랬다면 보다 상급기관인 오사카 부府 경찰의 정보업무를 취급하는 특고과特高課[14]라든가 오사카 헌병대의 장교(특고)와도 관계가 있어야겠지만, 그러한 사실은 없다.

이시모토 경부나 우스이 조장과의 친분은 지쿠 항에서 맺어진 인연이었다. 경찰이나 헌병과 친숙하다는 것은 지쿠 항 현장에서 '군인의 아주머니'가 실력을 인정받고 있었다는 의미이다. 야스다 일행은 지쿠 항을 자유롭게 출입할 수 있는 일종의 도우미 집단이었다고 생각된다. 그러나 부대의 통과

지점이라는 점은 마찬가지였지만 15년전쟁 초기에는 오사카 역이 아직 국방부인회 여성들의 활동범위에 들어가지 않았다. 이것은 1932년 국방부인회의 활동상황을 자세하게 추적해보면 확실하게 드러난다. 참고로 출정하고 귀환하는 병사가 오사카를 통과하는 상황을 일지로 작성했다. 〈도표 2-1〉을 보면 항구는 국방부인회가 강력한 힘을 발휘하는 영토였으며, 여기에서 힘을 모은 다음 오사카 역으로 진출했다고 추론할 수 있다.

이시모토 경부나 우스이 조장과 국방부인회는 사상적이라기보다는 일상적인 관계를 가지고 있었다. 특히 우스이 조장과의 관계는 점점 깊어졌는데, 국방부인회가 오사카 역으로 진출할 수 있었던 것도 그가 밀어준 덕분이었다. 이시이가 소개하는 비화에 따르면, 우스이 조장은 자기가 호의를 베풀게 된 배경에는 "이 순진한 애국단체가 정치꾼의 앞잡이가 되어 선거기반으로 이용되어서는 안 된다는 특고과 요원답게 자식을 염려하는 부모와 같은 마음이 있었다."고 이유를 댔으나, 이것도 역시 훗날의 이야기다. 대체로 군 당국이 부여한 의의와 국방부인회의 실제 모습 사이에는 격차가 있었다. 그것이 무엇인지 증명해나가면서 얘기를 진행하기로 하자.

국방부인회와 우스이 조장이 일상적인 관계를 유지했던 것과 비교하면 나머지 세 사람은 관계가 달랐다. 다만 오모리 다다시게는 세이의 남편인 야스다 히사요시의 오랜 친구로 제1차 세계대전 때 선박건조 사업에 투자해 벼락부자가 되었다. 오모리는 앞일을 내다보는 안목이 있어 당시에도 오사카 주둔 제4사단의 고문역을 맡고 있었고, 그 덕분에 여성의 조직화를 도울 수 있었다. 더구나 오모리는 표면에 나서지 않으면서도 국방부인회의 참모로서 지혜가 솟아나는 샘물이었다. 그의 구상, 전략, 전술이 없었다면 국방부인회가 이처럼 확대되지는 못했을 것이다.

후지하라 소좌와 오에 소텐은 오모리의 의견에 따라 최초의 상담역으로 영입되었다고 보아도 무방하다.

후지하라 소좌 먼저 후지하라 이조 소좌부터 살펴보면 그는 국방부인회가 발족할 때 만주에서 귀환한 직후였으며 글자 그대로 오사카에선 '시류를 탄 사람'이었다. 제4사단에서 편성한 위생대를 이끌고 오사카에서는 유일하게 만주로 출동한 부대장이었다. 그는 2월 13일에 출정하여, 2개월 반 동안 만주 근무를 마치고 방금 돌아왔다.

이 부대가 출정할 때 뒤를 돌아보며 걱정하지 말라는 뜻으로 이노우에 세이이치井上清一 중위의 아내인 지요코千代子 부인이 칼로 자결해 남편의 출정을 격려한 사건이 일어났다. 그녀는 군인의 아내가 지켜야 할 도리를 보여준 사례라고 군국 미담의 주인공이 되어 오사카에서는 평판이 높았다.

지요코 부인은 야스다 세이의 조카딸이었고 세이는 조카의 자결에 감격해 나라에 충성할 것을 맹세했다고 한다. 야스다 집안의 이야기에 따르면 칼로 자살했다는 것은 사실인 듯하며, 이것도 국방부인회 탄생에 얽힌 이야기 중 하나가 되었다. 즉, 국방부인회와 관련된 미담이 된 것이다. 하지만 지요코 부인이 자살하게 된 실제 동기는 제대로 밝혀지지 않았다.

지요코 부인의 자살은 어쨌든 오사카에서는 아름다운 이야기였다. 그런 의미에서 이노우에 중위의 상관인 후지하라 소좌를 상담역에 앉힌 것이다. 그리고 '오사카 국방부인회'라는 거창한 명칭도 이 일을 의논하는 가운데 결정되었다. 야스다 세이와 이노우에 중위의 관계는 그다지 돈독하지 않았다. 다만 야스다 집안에 남아 있는 앨범을 보면 만주에서 보내온 이노우에 중위의 사진이 있는 것으로 보아 그 무렵까지 연락이 있었다는 것을 알 수 있다. 최근에 평정산平頂山 사건[15]의 책임자가 이노우에 중위였다는 이야기가 있지만 그것을 입증할 방법은 없다. 다만 위생대가 2월 귀환했을 때 이노우에 중위는 돌아오지 않았다. 부인의 죽음이 가진 무게 때문이었을 것이다.

오에 소텐 오에 소텐의 본명은 리 이치로理一郎다. 그는 『오사카아사히신문』의 사회부장을 거쳐 당시에는 계획부장이었는데 그는 『오사카아사히신문』이 벌이는 사업을 기획하고 캠페인하는 일을 혼자서 꾸려가고 있었다. 비교적 자유주의적이었던 『아사히신문』도 '만주사변' 발발을 계기로 방향 전환을 하고 있었다. 1931년 10월 12일에 열린 중역회의에서는 "현재의 군부 및 군사행동에 대해 절대로 비난이나 비판을 하지 않도록 하며, 모든 힘을 기울여 이를 반드시 지지할 것"을 결정하였다. 앞에서 말한 바와 같이 16일에는 대대적으로 '재만在滿 군대 위문금 모집'에 착수하였다. 오에는 계획부장이었기 때문에 이 캠페인의 중심이 되어 직접 만주로 날아가 군대를 위문하고 실상을 시찰하였다. 그는 『아사히신문』이 군과 협력하여 벌이는 사업을 추진하는 중심인물이었다. 오사카 방공헌금운동을 후원하는 것도 그의 일이었다. 이러한 업무상 특성 때문에 그는 상담역으로 선출되었을 것이다. 오에는 취의서趣意書의 내용을 수정하는 일에도 관여했다. 면접조사에서도 '오사카 국방부인회'가 사용한 어깨띠의 디자인은 오에의 의견을 들어 결정했다는 증언이 있었다.

국방부인회와 오에의 관계는 그가 『오사카아사히신문』의 계획부장이라는 자리 때문에 맺어진 것이었으나 야스다 세이를 알고 있었던 국방부인회 관계자의 이야기로는 『오사카아사히신문』의 온다 가즈코恩田和子 기자도 처음 출범할 때 협력한 사람이었다. 오에와 온다는 1919년에 하세가와 뇨제칸長谷川如是閑 밑에서 전간사이全關西 부인연합대회를 창설한 적이 있는 친구 사이였다. 이후 매년 이 대회는 『오사카아사히신문』의 후원으로 개최되었고 간사이 전역을 포괄하는 가장 큰 여성 연합조직이 되어 다이쇼大正 데모크라시[16] 시대를 휩쓴 자유로운 풍조 속에서 견실한 활동을 해왔다. 이 조직을 내세워 오사카아사히신문사는 『부인』이라는 월간지를 내고, 대회를 운영했으며, 여성조직과 활동 경험을 쌓았다. 국방부인회는 『오사카아사히신문』 기자가 가지고 있던 이러한 경험을 높게 평가하여 상담역을 맡도록 교섭했을 것이다. 이러한 배경에서 온다 가즈코의 이름이 등장한다.

그러나 국방부인회와 온다가 어느 정도의 관계를 가지고 있었는가는 확인할 길이 없다. 온다는 당시에도 마찬가지였으나 이후에도 전간사이 부인연합회의 이사장이었으며, 따라서 국방부인회에 깊게 개입하는 것을 피했던 것으로 보인다.

다만, 『오사카아사히신문』은 그다지 지성적이라고는 할 수 없으나 활동적이고, 따라서 군부와 관계를 개선하는 일을 벌이기에는 안성맞춤인 국방부인회를 호의적으로 다루었으며, 이 조직을 선전하는 일에 힘을 보태주었다. 이러한 과정 속에서 오에는 나중에 〈만주행진곡〉을 작사하는 등의 활동을 펼쳤으며 '만주사변'만이 아니라 군부와 더욱 밀접한 관계를 가지게 되었다.

2. 배웅과 보살핌

차 접대 오사카 방공헌금운동에 참가하며 독특한 캠페인을 편 오사카 국방부인회는 다음 달에 상해사변이 종결되자 오사카를 통과하는 개선부대, 귀환하는 유골, 송환하는 부상병을 환영하는 행사가 많아져 봉사에 여념이 없었다. 환영행사가 열리는 틈틈이 교대를 하러 '만주'나 '북중국'으로 파견되는 병사를 전송하느라고 분주했던 것이다. 그때는 애국부인회가 부인회를 대표하던 시절이었다. 전송하러 나온 인파 속에 하얀 앞치마에 어깨띠를 두른 국방부인회 회원이 이곳저곳에서 차 주전자를 들고 병사의 청을 들어주는 모습은 좋은 평을 들었다. 당시 출정하는 병사들은 임원만을 파견하여 형식적인 예의를 갖추는 애국부인회보다는 게이샤나 호스티스라도 와서 떠들썩한 분위기를 만드는 것이 더 좋다고 느끼고 있었다. 그래서 어머니 같은 가정부인이 차를 대접하는 모습은 병사들에게 좋은 느낌을 주기에 충분했다.

4월 26일 '만주'에서 개선한 제2사단의 시바타新發田, 아이즈 와카마쓰會津若松 주둔 연대가 오사카 항에 도착했다. 이때 처음으로 오사카 국방부인회는 당당하게 존재를 과시했다. 국방부인회는 '오사카 국방부인회'라고 크게 써 붙인 천막을 치고 뜨거운 차를 대접하는 휴게소를 설치하였다. 부두에 내린 병사들 사이를 하얀 갓포기가 씩씩하게 돌아다니는 모습은 눈길을 끌었다. 신문도 비로소 "국방부인회 등 여성 환영 인파 괄목할 만하다."라고 썼다. 오사카 역에서도 4월 30일 애국부인회와 국방부인회가 나란히 조직적으로 환영대열에 가세했다. 5월에 들어서자 12일에 다카다高田 포병

〈도표 2-1〉 1932년 5월 신문기사에 나온 귀환 군대의 오사카 항 입항, 오사카 역 통과상황

날짜	시각·장소	내용	날짜	시각·장소	내용
5일	15:00 역	유골 19	20일	4:50 역	히로사키弘前 부대
7일	19:34 역	부상병 8	22일	20:54 역	다카쓰키高槻 공병
	20:48 역	조선사단 제대병 수회	25일	23:26 역	가나자와金澤 부대
	≀				사바에鯖江부대
8일	7:00		26일	23:26 역	제9사단 주력
12일	정오〔항구〕	다카다高田 포병*	27일	정오〔항〕	조선사단 입영병
		나가노中野 전신			1,900명 출항
	(13일 상륙, 14일 오사카 출발)*		28일	2:44 역	가나자와 부대*
12일	9:40 역	유골	29일	〔항〕	도야마富山 부대
12일	17:24 역	교토 부대			가나자와 산포山砲
		도쿄 부대			다치카와立川 비행
17일	? 역	부상병 50		(30일 상륙 31일 오사카 출발)*	
19일	15:02 역	유골 2	30일	10:00〔항〕	쓰루가敦賀 부대*
	저녁〔항구〕	세타가야世田谷 포병*			미시마三島 야포
		우쓰노미야 부대		(31일 상륙 6월 1일 오사카 출발)*	
		다카다 포병	31일	14:00〔항〕	
		지바千葉 기구氣球		(요네야마마루米山丸 입항, 부대명 불명)	
	(20일 상륙 21일 오사카 출발)*				

* 표시는 국방부인회가 송영한 기록

부대가 오사카 항에 개선하였으며, 〈도표 2-1〉에서 볼 수 있듯이 오사카에는 날마다 도호쿠, 간토에 주둔하는 부대들이 개선해 들어왔으므로 국방부인회도 환영과 접대에 밤낮이 없었다.

국방부인회는 이제 오사카 항의 풍경 중 일부가 되어 이 단체가 없으면 상륙하는 병사들을 접대할 방도가 없는 것처럼 보였다. 그렇다고 다른 단체

가 군인들을 환영하고, 전송하는 행사에 참여하지 않은 것은 아니다. 3대 주요 단체인 재향군인회, 청년단, 애국부인회뿐만 아니라 지쿠 항 어머니회, 지쿠 항 처녀회도 변함없이 모습을 드러냈다. 다만, 국방부인회만이 시간이 갈수록 각광을 받으며 주인공처럼 숙달된 접대를 하는 집단으로 자리잡았다.

오사카 역에서 열린 행사에 참가했던 단체로는 위에서 말한 세 단체 이외에도 현란하게 장식한 깃발을 내세운 우익단체인 국수대중당國粹大衆黨과 대일본정의단大日本正義団이 있었다. 그리고 오사카마이니치신문과 오사카아사히신문은 작은 깃발로 승강장을 메우다시피 장식했다. 이런 판에서 국방부인회는 색다른 방식으로 행사를 벌이며 한가운데로 비집고 들어간 것이다.

|『오사카아사히신문』(1932. 9. 23)|
오사카 역을 통과하는 우쓰노미야의 건아—국방부인회 회원이 차를 대접하고 있다.

확대전략 병사들에 대한 환영과 전송으로 바쁜 시기가 되었지만 오사카 국방부인회의 회원이 이를 충분히 감당할 만큼 늘었다는 징후는 전혀 없다. 시 전역에서 개인이 산발적으로 참가하는 일은 있었지만 이 집단은 여전히 이치오카 국방부인회라는 범위를 넘어서지 못했다. 그럼에도 불구하고 이들이 조금이나마 주목을 끌게 된 이유는 군인들을 돌보는 일을 전적으로 도맡으며 경험을 쌓은 집단이었기 때문이다. 다른 단체에서는 대표만 나와 형식적으로 응대한 반면에 국방부인회는 회원 수는 적었지만 모두 하나같이 정성을 기울였다. 그런 까닭에 시간이 흐를수록 국방부인회는 독점적인 지위를 차지하게 되었다.

그렇다고는 해도 국방부인회가 자신의 입지를 강화하려면 회원을 확대하고 활동자금도 갖춰야 했다. 이시이 가호에 따르면 이 무렵에 적용된 확대 전략은 거의 모두 오모리 다다시게의 생각이었다.

당시 소좌였던 이시이 자신은 1932년 7월까지 정보를 다루는 육군성 조사반에 있었기 때문에 오사카와는 관계가 없었다. 이시이가 야스다와 처음 만난 것은 같은 해 6월 세이가 상경해서 육군성을 찾아가 국방부인회를 후원해주도록 요청했을 때였다. 그러나 이시이는 아직 아무런 관심도 보이지 않았다. 그 후 1933년 7월, 중좌로 승진한 이시이가 제4사단 외사부 주임이 되어 오사카에 부임하면서 국방부인회와 관계를 갖게 되었다. 외사부는 오사카에 주둔한 제4사단에만 설치된 특수 부문이며 민간 대책이 임무였다. 특히 신문, 재계, 노동운동 대책을 담당했다. 육군에서 사상 대책 전문가인 이시이가 이 부서에 부임한 데는 이유가 있었다.

이시이가 부임했을 때 이미 데라우치 히사가즈寺內壽一 제4사단장 부인이 오사카 국방부인회 회장을 맡고 있었다. 물론 회장은 명목상의 자리이며 실제는 미타니, 야스다 두 사람이 일을 맡고 있었다. 사단장 부인이 회장을 맡은 상황이라 이시이도 본격적으로 나설 수밖에 없었다. 사단장 부인을 회장으로 추대한 것도 오모리 다다시게의 전략이라고 한다. 또 야스다 세이가 상경하여 도쿄에 국방부인회가 결성되도록 꾸민 것도 오모리였다. 이 인맥은 주로 철강업계를 중심으로 모인 집단이었다. 드디어 오사카에서는 다테 우리호리立賣堀 주변에 있는 철강 및 기계업체를 중심으로 국방부인회를 지원하는 후원회를 만들어 자금을 원조하게 되었다. 이와 같은 여건이 마련되어 있었으므로 이시이 중좌는 잘만 하면 국방부인회를 통해 한 건 올릴 수 있다고 생각하게 되었다.

3. 주부와 육군

도쿄 공작 6월에 상경한 미타니와 야스다는 도쿄 총본부를 만들기 위해 미야케 이네三宅イネ를 중심으로 활동을 시작했다. 그해 여름에 야스다는 몇 차례 상경하여 상당 기간 도쿄에 머물렀다. 오사카의 활동은 미타니가 지휘를 하고 야스다는 도쿄 공작工作에 전념했다. 도쿄 공작이란 도쿄에도 국방부인회를 만드는 것과 육군성의 인정을 받는 것이었다.

이시이 중좌가 주선을 했지만 육군성이 야스다의 열의를 받아들여 국방부인회를 후원하러 나섰던 배경에는 다소의 저의가 있었다고 생각된다. 육군성에서 이 일을 담당하게 된 사람은 은상恩賞과장인 나카이 료타로中井良太郎 대좌였다. 야스다가 처음 상경했을 때 이시이를 비롯한 관계자들이 보였던 반응과는 달리 나카이는 국방부인회를 무시하지 않았다. 은상과는 애국부인회를 담당하고 있었으므로 나카이도 국방부인회의 활동내용을 잘 알고 있었다. 이시이의 말처럼 애국부인회가 있는데 따로 국방부인회까지 인정할 이유가 없으므로 야스다 일행은 나카이가 적당한 핑계를 대고 거절할 것으로 예상했다 한다. 그렇지만 뜻밖에도 나카이는 호의적으로 응대했다.

그 이유는 무엇이었을까?

애국부인회는 내무성이 관할했으므로 육군이 직접 영향력을 행사할 수 없었다. 더구나 조직이 경직되어 '만주사변'이 발발하고 나서 군사 후원사업이 긴급하게 필요했지만 애국부인회는 제대로 대응할 수 없었다. 육군성을 찾아온 국방부인회는 바로 그런 허점을 파고든 셈이었다. 나카이는 야스다의 얘기를 들으면서 속으로 쾌재를 불렀다. 그는 제대로 활동하지 않는 애국부인회를 대체할 만한 자극적이고 새로운 여성단체가 있으면, 육군성이 이를 관할하면서 새로운 모델을 제시하는 것도 좋을 것이라고 계산했기 때문이다.

재향군인부인회 틀림없이 육군성은 국방부인회를 육군이 지도하는 유일한 여성단체로 삼으려고 하지는 않았을 것이다. 만일 육군이 직할하는 새로운 여성단체를 갖는다면 어쨌든 재향군인회의 자매단체가 되므로 양자의 관계도 중시되어야 하기 때문이다. 그러나 오사카 국방부인회는 재향군인회와 아무런 관계도 없었다. 거꾸로 재향군인회 측은 다이쇼 시대 이래 『우리 집我が家』이라는 가정용 잡지를 내고, 이 잡지의 독자모임인 '도모노카이友の會'를 조직하거나 재향군인부인회를 만드는 선에서 여성의 조직화를 추진하려는 의도가 있었다.

그러나 같은 오사카 시내에서 1932년 4월 30일에는 모모엔桃園 재향군인부인회가 출범했다. 이것은 오사카 국방부인회가 출범한 지 불과 1개월이 지난 때였다. 지역이 한정되어 있었지만 312명의 회원과 구청장 이하 81명의 내빈이 출범식에 참가했다는 기록으로 보아 오사카 국방부인회보다 숫자로는 우세했다. 재향군인회 본부는 이를 모델로 과시하려는 움직임을 보였다. 두 단체의 사업은 위문대 보내기나 병영 견학 등 겹치는 부분이 많았다. 전선에 보낸 위문대의 수량을 보아도 재향군인부인회가 국방부인회보다 많다.

그러나 결국 재향군인부인회는 더 이상 발전하지 못했고 조직이 확대되지도 않았지만, 국방부인회는 발전을 거듭했다. 그 이유는 무엇이었을까? 이는 다카사키에서 국민국방동맹회가 결성되는 과정에서 나타났던 상황과 마찬가지라고 말할 수 있다. 재향군인은 참가시키지 않는다는 발상이 시민을 널리 조직할 수 있었던 이유였다. 국방부인회의 여성들은 군인의 아내가 아니었다. 국방부인회가 시민에게 호소력을 발휘할 수 있었던 기반은 군인과 무관한 시민이 군대를 후원하기 시작했다는 사실이다.

모모엔 재향군인부인회는 재향군인 가족으로 참가자의 범위를 한정했기 때문에 모여드는 사람도 상당히 많았지만 사회적 다양성은 결여되었다. 또한 재향군인회도 이 단체를 재향군인회 분회의 보조적인 존재로 보는 시각을 바꾸지 않았다. 부인회를 만든 다음부터는 분회의 출석률이 좋아졌다, 지각이 없어졌다는 말이 나오는 데서도 나타나듯이 재향군인회는 부인회의 위상을 분회 전체와 가지는 관계 속에서 평가한다. 이 같은 제약을 받고 있는 모모엔 재향군인부인회는 활동 지역에 국방부인회가 파도와 같이 들이닥치자 잠시도 지탱할 수 없었으며 마침내 단순한 친목회가 되고 말았다.

인정　　　이 사례에는 지방에서 국방부인회를 결성할 때 염두에 둘 만한 중요한 교훈이 들어 있다. 1934년 무렵 이미 국방부인회를 전국으로 확대한다는 육군성의 방침을 전달받은 각지의 연대구 사령부 중엔 아직도 안이하게 재향군인의 아내와 딸만 조직하면 된다고 생각하는 곳이 적지 않았다. 그러나 이러한 방침을 유지한 지역은 하나도 성공하지 못했다. 그래서 방향을 바꾸어 지역의 명망가나 활동적인 여성을 중심에 앉히고 회원의 범위를 넓게 설정하여 조직을 만들어야 했다.

어쨌든 육군은 시범사업의 하나로서 도쿄와 오사카 같은 대도시에 육군이 직접 지도할 수 있는 활동적인 여성단체를 두기를 바랐다. 그런 염원 아래 1932년 10월 27일에 국방부인회 간토 본부가 출범했으며 아라키 사다오荒木貞夫 육군대신의 부인이 본부장 취임을 승낙했다. 이것은 오사카 국방부인회의 허풍이 성공했다는 것을 의미한다. 비록 간토 본부가 출범했지만 그것은 결코 오사카 국방부인회가 발전하고 비대해져서 도쿄까지 조직을 확대했다고 말할 수 없다. 오사카 국방부인회는 여전히 회원 수가 거의 늘지 않았다. 오히려 도쿄에서 국방부인회를 출범시켜 육군성의 인정을 받은 다음 이를 내세워 다시 오사카에서 영향력을 확대하려는 속셈이었다. 더구나 오사카 국방부인회는 회원이 늘어나지 않았지만 활동내용과 자금은 풍부해지고 있었으므로 이와 같은 강력한 활동을 전개할 수 있는 기초를 가지고 있었다. 야스다는 도쿄에서 "국민의 절반을 차지하는 여성이 국가를 진심으로 걱정해 일어나면 얼마나 강력한 힘을 발휘할 수 있는가를 이 몸을 바쳐 증명할 예정이다."라는 내용의 담화를 발표했다. 야스다는 아직 기껏해야 회원 100명을 이끄는 단체의 중심인물이라고는 생각되지 않을 정도로 허장성세를 부렸다.

4. 대일본국방부인회 간사이 본부 출범

게이샤 오사카 방공헌금운동이 끝난 후 제4사단에 출입하는 신문 기자 모임인 '쇼세이 클럽昭星クラブ'이 무슨 생각이었는지 '일인일품一人一品 재만장병 위문운동'을 시작했다. 일인일품이란 재만장병 한 사람에게 위문대를 1개씩 보낸다는 의미로 위문대 2만 개를 만드는 것이 목표였다. 신문의 영향력을 과신한 기자들은 오사카에 있는 각 신문이 선전하면 당장이라도 위문대가 모일 것이라고 가볍게 생각했다. 그러나 일이 생각만큼 쉽게 풀리지는 않았다. 당시 클럽의 간사장을 맡았던 『마이세키신문每夕新聞』의 하야시 다카오林孝夫 기자는 나중에 "그때 국방부인회 덕분에 살았습니다. 국방부인회의 실력을 그제야 비로소 알게 되었지요."라고 말했다고 한다.

위문운동으로 곤경에 빠진 기자클럽을 구한 것은 국방부인회와 게이샤들이었다. 마감일은 다가오는데 저조한 실적 때문에 기자들은 초조해졌다. 하야시에 따르면 그때 이시이 중좌와 오모리 다다시게의 주선으로 국방부인회가 나섰다는 것이다. 간사이 본부 출범식을 앞두고 신바람이 나 있던 여성들은 자신들의 특기인 행동력을 발휘하여 가두에 섰다. 회원들은 '만주사변' 포스터를 이용해 만든 색다른 헌금용 자루를 다카시마야高島屋백화점 앞, 신사이바시心齋橋, 에비스바시戎橋, 한큐백화점 앞 등 번화가로 들고 나가 대중에게 호소했다. 국방부인회는 직접 모은 금품으로 위문대를 만들었을 뿐만 아니라 게이샤들이 대거 입회하는 효과까지 발생했다.

우선 난지의 게이샤 500여 명이 한꺼번에 국방부인회 입회를 신청해 세상을 놀라게 했다. 이들은 앞에서 언급한 바와 같이 위문대를 제일 먼저 보낸 게이샤들이며, 가장 먼저 방공헌금에 참가했던 사카구치 유자부로가 장악하고 있던 집단이었다.

12월 6일자 『오사카아사히신문』은 그들의 리더이며 큰언니 격인 마사치요네政千代姐의 담화를 실었다. "우리도 일본의 여자입니다. 군인 여러분 덕분으로 만주 정세가 일본에 유리해져서 참으로 기쁘게 생각합니다. 비록 이런 일을 하는 여자이지만 나라를 위해 무언가 해야 한다고 생각하던 차에 국방부인회 회원들이 비가 내리는 밤에도 열심히 일하는 모습을 보고 가만히 있을 수 없어 모두에게 권유하여 입회했습니다."

게이샤 500명은 우선 천 개의 위문대를 내놓았다. 또한 이러한 열기가 신마치新町, 소네자키신지曾根崎新地, 호리에堀江, 스미요시住吉, 이마자토今里를 비롯한 오사카 전역의 유흥가로 번져 쇼세이클럽은 체면을 살릴 수 있었다.

인력동원 이와 같은 열기는 간사이 본부 출범식을 앞둔 국방부인회 회원들에게 힘이 되었다. 그러나 간사이 본부가 출범할 때까지 상황이 순조롭지만은 않았다. 간토 본부 출범이 틈새를 공략해 이루어진 것이라면, 운동의 발상지인 간사이 본부의 출범 과정은 외줄을 타는 것처럼 어려웠다. 출범식을 준비하며 국방부인회는 군의 주선으로 지역 유지들을 설득하기 시작했다. 국방부인회는 11월 27일에 상공회의소 등 실업계 인사와 만났으며, 12월 8일에는 초등학교장, 구청장 등이 모인 자리에서 조직의 취지를 설명했다. 그러나 이시이 가호의 증언에 따르면 "오사카 국방부인회가 협잡꾼이라는 평판이 있어서 지방 관공서나 상공회의소를 대상으로 한 설명회에는 사람이 별로 모이지 않았다. 또한 조카이町會나 여성단체 관계자를 대상으로 한 설명회에서 회원 수를 묻기에, 국방부인회 사람에게 몇 명이냐고 물었더니 '천 명이라고 말씀하시면 됩니다.'라고 대답하는 소리가 청중석까지 들리는 통에 모두 엉터리 단체라고 한 마디 하면서 돌아갔다."고 한다. 이렇게 해서 오사카의 유력한 실세들을 포섭하려는 공작은 실패했다. 시의 각 단체를 내빈으로 모시고 시내의 부인회를 흡수하여 성대한 출범식을 거행하려는 복안은 어긋나고 말았다. 이 때문에 12월 13일에 개최된 간사이 본부 출범식은 실제로 자체 회원들만으로 거행해야 했다. 그러나 이미 미나미 지로南次郎 대장(전 육군대신), 혼조 시게루本庄繁 대장(전 관동군[17] 사령관)이 참석하기로 결정되어 있었으므로 무슨 수든 써야 한다고 대책을 협의했다고 한다.

넓은 공회당을 빌렸지만 겨우 100명 정도밖에 되지 않는 국방부인회 회원만으로는 공간을 채울 방법이 없었다. 그래서 붉은색과 흰색 장막으로 공회당 내부에 칸막이를 만들어 썰렁하다는 인상을 주지 않도록 했다. 마지막으로는 게이샤를 등장시켰다. 이시이의 말로는 출범식 당일이 되었지만 아무래도 사람이 모자랐으므로 사카구치 유자부로가 지휘하는 150명의 게이샤들이 급히 달려왔다 한다. 국방부인회 간사이 본부 출범식은 참석 인원의 부족으로 급히 게이샤들로 자리를 메워야 할 지경이었던 것은 확실하다. 새해 맞이 준비를 하는 오고토하지메事始め[18] 때문에 나올 수 없다는 게이샤들을 "음식점 주인이 중요한가, 국가가 중요한가."라는 말로 설득해 데려왔다고 한다.

시위행진 이러한 사실을 고려하면 3월 18일에 오사카 국방부인회가 출범할 때 참가한 인원이 250명이라는 말은 과장이다. 12월의 간사이 본부 출범식에 나온 인원이 250명 정도였다. 그것도 게이샤 150명의 동원으로 250명이 된 것이다. 1932년 한 해 동안 오사카 국방부인회 회원은 그다지 늘지 않았으며, 기껏해야 백 수십 명 정도였다는 것을 알 수 있다.

그렇지만 대일본국방부인회 간사이 본부 출범식은 성공을 거뒀다. 게이샤 부대가 아무도 예상하지 못했던 인기를 얻어 높은 평가를 받았던 것이다. 사카구치 유자부로는 게이샤들을 출범식에 참가시키면서 '기립!', '경례!', '착석!'을 따라할 수 있도록 집단훈련을 실시했다. 게이샤들은 재미있게 훈련을 받았고 집회장까지 트럭을 타고 행진했다. 미나미 지로 대장은 연단에서 절도 있는 깍듯한 경례를 받고 싱글벙글했다. 그 때문에 축사가 길어졌으며 행사 종료 후 미나미 대장은 "잘 빠진 미인이 많아."라고 감상을 말하며 흡족해 했다고 한다.

이것으로 육군 수뇌들도 대일본국방부인회의 존재를 인정하게 되었다. 오사카 시내에서도 시위가 일단락되었다. 출범식은 성공했다고 인정받았다. 줄을 타고 목적지까지 건너가는 데 성공한 것이다. 이 출범식을 계기로 국방부인회의 조직화가 본격적으로 시작되었다. 이는 많은 회원의 가입으로 이어졌고 이념을 확실하고 굳건하게 다지게 되었다. 1932년이 저물고 1933년이 시작되었다.

5. '회원 10만이 있다면!'

회원확대 표어 이시이 중좌는 오모리 다다시게와 함께 조직연구에 여념이 없었다. 이시이는 "연구 결과 남자의 손을 빌리지 않고도 자립할 수 있다는 점을 깨닫게 되었다. 즉 회원 6만이 있으면 후원회 등의 신세를 지지 않아도 여성 스스로 많은 일을 할 수 있다고 생각하게 되었다. 6만 명이라는 숫자는 오사카 시내의 전체 가구 수가 60만이므로 10가구에 1명 꼴로 회원이 있으면 충분하다고 생각한 것이다. 오모리 등은 '6만 명 회원만 있으면 된다.'며 마치 아직 너구리가 잡히지도 않았는데 가죽부터 흥정하는 격으로 안심했다. 그러나 이시이가 '6만은 어중간 하니 10만으로 하자.'라고 주장해 결국 회원 목표가 10만 명이 되었다. '회원 10만이 있으면'이라는 회원 모집 표어는 그 결과로 만들어졌으며, 이 말은 각종 선전의 제목으로 사용되었다."(가끔 '10만 명을 만들 수 있다면!'이라는 표어도 사용되었다).

이 표어는 1932년에 제시된 활동목표와 다소 다른 데가 있다. 1932년은 동지형同志型 활동이었다. 출정이나 귀환 행사가 벌어지는 장소에 찾아가 병사들에게 차를 대접하는 등 자상하게 보살피는 것이 국방부인회의 활동이었다. 9월에 함대가 입항했을 때 국방부인회원만 승선을 허락받았으며 회원들은 "무엇을 도와드릴까요?"라며 군함 내부에서 주문을 받듯이 돌아다녔다고 한다. 이때의 일은 주로 빨래였다. 이런 일은 교대로 돌아가면서 할 수 있을 만큼 회원 수가 많아야 좋다. 이처럼 출장 서비스 회사 같은 방식 때문에 회원들의 비용 부담도 가중되었다.

간사이 본부가 출범한 다음에 국방부인회 수뇌부는 압도적인 수로 기성 단체를 눌러 원수를 갚아야 한다는 생각을 하고 있었던 듯하다. 준비 과정에서 국방부인회는 부府, 시, 상공회의소, 부인회를 비롯한 모두에게 외면을 당했다. 그들은 오사카의 기성세력이며 기성 체제이기도 했다. 다만 국방부인회는 군이 뒤를 밀어주었다. 이런 기성 체제에 대해서 국방부인회가 존재를 과시하려면 압도적인 숫자의 회원을 확보하는 것 외에 다른 수가 없었을 것이다. 또한 상공회의소를 중심으로 조직화되어 있는 오사카 지역 대자본의 협력을 얻을 수 없었으므로 국방부인회는 자금난에 시달렸다. 방공헌금의 사례에서도 나타난 바와 같이 헌금의 80퍼센트 이상을 대자본이 부담했다. 이러한 지원을 기대할 수 없다면 대중을 믿고 자금을 모으는 길뿐이었다. 이 같은 상황에서 다른 사람들은 무모하다고 생각할 회원 6만 명을 모집하자는 주장이 나오게 되었고, '회원 10만이 있으면!' 이라는 표어가 등장하게 된 것이다.

분회방식 그러면 어떻게 회원을 10만으로 늘릴 것인가? 정町 단위로 조직하여 하부에 있는 대중을 모두 참여시키는 수밖에 없었을 것이다. 이때부터 출장 서비스 회사 같은 방식에서 벗어나 지역에 분회를 설립하는 방식이 도입되었다. 분회 설립에 대해 국방부인회가 남긴 정확한 자료는 없다. 지금 확인할 수 있는 것은 1933년 1월 28일에 고노하나구此花區의 가스카데春日出 분회가 회원 400명으로 출범식을 했다는 사실 정도이지만 그 시점에는 적어도 이치오카, 지쿠 항에서는 분회 편성이 끝났을 것이다. 가스카데도 오사카 항구에서 가까운 지역이다. 이후에 설립되는 분회는 모두 몇백 명의 분회원으로 구성되었다.

미타니와 야스다 두 사람은 분회에서 중심인물이 될 만한 여성을 물색해 날마다 접촉했다. 또한 이시이 중좌도 별도의 인맥을 통해 방공헌금과 방공연습 때문에 접촉이 있었던 지역조직에게 분회를 설립하도록 부추겼다. 그는 재향군인회를 통해서 구, 학구學區, 조나이에 접근했으며, 앞서 언급했듯이 동서남북 각 구에 설립된 국방사상보급회나 국방협회도 유력한 통로로 활용했다. 이밖에 공장의 노무관리조직도 국방부인회를 조직하는 통로가 되었다는 사실에 주목할 필요가 있다. 공장 분회는 이와 같은 경로로 설립되었다. 더구나 많은 화제를 남긴 집단은 게이샤와 호스티스이다. 이시이 중좌는 1933년 3월 18일, 미인좌美人座라는 극장에서 '호스티스와 국방을 이야기하는 모임'을 개최했다. 이시이는 "카페에 있어도 조국에 대한 사명을 잊지 말라"는 강연을 통해 국방부인회에 참가할 것을 요청했다.

'회원 10만 명을 만들 수 있다면!' 이라는 슬로건 하에 국방부인회는 닥치는 대로 지역과 직역집단을 끌어들어야 한다는 분위기가 고조되었다. 국방부인회가 확대될 수 있었던 비밀의 하나가 여기에 있다. 닥치는 대로라는 말은 대중에게 호소했다는 뜻이다. 그때까지 애국부인회를 비롯하여 각종 부인회는 이 정도로 대중에게 호소하지 않았다. 더구나 하층 대중에게는 말할 것도 없었다.

국방부인회가 다수의 여성을 조직하는 데 성공한 이유는 조직대상을 하층까지 넓혔기 때문이다. 이와 같이 오사카를 모델로 각지에서 여성의 대중적 조직화가 성공했다. 그러나 오사카, 도쿄에 이어 교토 지부가 출범할 때에는 이 지역의 독특한 전통 사회를 지배한 상층 여성들로부터 노골적인 멸시를 받았다. 또한 지방에서 가장 먼저 만들어졌던 돗토리鳥取 지부를 결성할 때 "애부(애국부인회)가 팔다 남은 찌꺼기를 모으고 있다."는 냉소를 들으며 설득하러 다녔다고 『돗토리 현사鳥取縣史』에 기술되어 있다.

어쨌든 국방부인회는 이런 과정을 거쳐 1933년 5월 6일에 아라키 육군대신을 초대해 제1회 총회를 개최하였다. 당시의 보고에 따르면 회원 4만 1,022명, 분회 21곳이었다. 4개월 동안 지속된 회원 확장운동의 성과치고는 예사로운 일이 아니다. 이 같은 회원 증가는 모두 분회의 증가와 비례한다.

분회당 평균 회원 수는 588명이었다. 분회가 하나 설립될 때마다 그만큼 새로운 회원이 늘어났다.

대부대 간사이 본부는 제1회 총회를 치른 뒤 5개월이 지난 9월 말 현재 회원은 7만 3,619명이었다. 목표인 회원 10만 명 달성이 눈앞에 다가왔다. 연말에는 회원규모가 다시 두 배인 약 15만 명에 가까워졌고 분회는 250개가 넘었다. 1933년 연초에는 1,000명이었던 회원 수가 15만 명으로 급성장했다. '회원 10만이 있으면!' 이라는 슬로건은 가을에 '회원 20만이 있으면!' 으로 바뀌었다. 기획자도 놀랄 만한 비약이었다.

1933년에는 국방부인회의 세력을 과시하는 집회가 벌어졌다. 상해사변 당시에 사고로 폭사한 병사를 철조망을 돌파하느라고 자폭했다는 미담의 주인공으로 탈바꿈시킨 '육탄 삼용사 사건' 이 발생한 2월 22일을 전투 지역의 이름을 붙여 묘행진廟行鎭 기념일이라 부르게 되었다. 이날 국방부인회의 발상지 격인 지쿠 항에선 재향군인분회를 중심으로 청년단과 각 부인회가 참가해서 '비상 변재變災 및 방공대연습' 을 했다. 이는 지쿠 항에서 국방부인회가 중심단체임을 보여준다. 전투를 마무리하는 최후의 백병전 장면에 국방부인회가 총을 들고 등장한다는 내용이 담긴 각본이 사용되었다. 국방부인회라고 하면 여자답지 않게 총을 들고 병정놀이를 하는 단체로 생각하는 사람도 있다. 이것은 전후에 나온 잡지나 영화에서 유별나게 그런 사진과 설명이 부각되었기 때문이다. 그러나 자세히 보면 대부분은 국방부인회의 사진이 아니다. 실제로 병정놀이는 거의 실시되지 않았다. 필자가 아는 한에서는 지쿠 항에서 실시한 연습이 거의 유일한 사례에 가까울 것이다. 전성기를 구가하던 중일전쟁 발발 직후인 1938년에도 국방부인회는 일부러 훈련단체가 아니라는 요지의 통달을 분회에 보냈다. 지쿠항 분회는 사실상 오사카 국방부인회의 모체이며 출범 당시의 동지들이 모인 집단이었다. 이러한 배경 하에서 총을 든 여군이 등장하게 되었을 것이다.

| 간사이 본부 제1회 총회 |

다음으로는 국방부인회가 4월 29일의 천장절天長節[19] 행사에서 보여준 모습도 주목할 만하다. 이날 관병식에 참가한 대열은 군대 6,000명, 재향군인회 600명, 청년훈련소생 3,000명, 여기에 하얀 갓포기 차림의 국방부인회 4,000명으로 이루어졌다. 이때 처음으로 오사카 전역에서 국방부인회가 대열을 이루어 행진할 수 있었다. 그리고 앞에서 말한 제1회 총회가 열렸다. 아라키 육군대신을 맞아 중앙공회당을 5,000 회원이 빈틈없이 메웠다. 반년 전에 간사이 본부가 출범할 때 모인 청중의 규모와 비교하면 하늘과 땅 차이였다. 이시이도 5월에 열렸던 총회가 전기를 이루었다고 회상하고 있다. 아라키 육군대신이 개회인사를 한 나카야마 마사코中山政子 부인의 말에 감격해 15분으로 예정되었던 인사가 1시간 반이나 지속된 대강연회가 되어버렸다. 회가인 〈후방의 꽃〉을 크게 합창하자 분위기는 더욱 고조되었다. 나카야마 마사코는 오사카에서 선출된 민정당 출신 국회의원 나카야마 후쿠조中山福蔵의 부인으로, 나카야마 후쿠조는 전후에 후생대신이 되어 나카야마 마사라고 불리던 사람이다.

국방부인회는 9월 18일에 열린 만주사변 2주년 기념 분열행진에도 참가했다. 국방부인회는 이제 군대를 능가하는 대부대가 되었다. 12월 7일의 창립 기념대회에서는 한 해를 마무리하는 집회가 열렸다. 내빈인 미나미 지로 육군대장과 가토 히로하루加藤寬治 해군대장은 스미요시住吉 공원에 모인 2만 5,000회원이 다섯으로 나뉘어 분열 행진하는 것을 단상에서 사열했다. 미나미 대장은 1년 전의 출범식과 비교하여 대규모 집단으로 변한 것을 경이에 찬 눈으로 바라보았다.

한 집에 한 명 회원은 더욱 늘어나 1934년 9월 말에는 22만 9,644명이 되었으며, '회원 20만이 있으면!'이라는 목표도 달성했다. 이 숫자는 간사이 본부의 회원 총수이며 오사카 시내에 한정해서 말하면 약 15만 명 정도였다. 이는 오사카 60만 가구의 약 4분의 1에 해당하는 세대마다 1명의 회원이 있다는 사실을 나타낸다. 대도시에서는 세대의 10퍼센트만 점유하여도 대단한 조직률이었다. 그런 이유로 처음에 세웠던 목표가 바로 10퍼센트인 6만 명을 확보하는 것이었다. 이같이 다수의 회원을 획득하고 세대 수 대비 약 25퍼센트의 조직률에 도달한 국방부인회는 오사카 시내에서는 최대의 조직이 되었다.

더구나 농촌 지역에서 조직을 확대하는 경우에는 세대 수 대비 조직률 100퍼센트를 목표로 하게 되었다. 국방부인회는 나중에 '한 집에 한 명'이라는 구호를 내걸게 되었다. 대도시 지역과 농촌 지역은 지표가 다르다는 점에 주의해야 한다.

그렇다면 분회의 형성 비율은 어떠했을까? 오사카 시내에서 1학구에 1분회를 만들었는데 1934년까지 전체 238개 학구 중 205개 분회가 조직되어 86퍼센트의 학구에서 국방부인회가 자리를 잡았다. 〈도표 2-2〉와 같이 니시구西區, 덴노지구天王寺區에서는 모든 학구에 분회가 만들어졌다. 시 전역에서 분회 형성 비율은 끝없이 100퍼센트에 근접해갔다. 그 밖에 공장, 백화점으로부터 게이샤, 호스티스까지 망라한 직역 분회 41개가 조직되었다. 이것이 1933년에서 1934년에 걸쳐 확대된 국방부인회 조직의 내역이다.

〈도표 2-2〉 오사카 시내 구별 분회 비율(1934)

니시西	100%
덴노지天王寺	100
미나토港	95
고노하나此花	94
히가시나리東成	94
스미요시住吉	91
아사히旭	85
기타北	84
미나미南	82
다이쇼大正	82
니시요도가와西淀川	81
나니와浪速	80
니시나리西成	80
히가시東	76
히가시요도가와東淀川	76

이와 같이 국방부인회가 확대될 수 있었던 제1의 요건은 운동 주도자의 강력한 권유와 군의 압력 때문이었다. 그러나 이 시기에 확대 현상이 나타나게 된 제2의 요건으로서 국방부인회의 열성적인 태도와 활동내용에 대중을 움직이는 요소가 있었기 때문이라는 사실을 들 수 있다. 여기에서 '국방부인회 현상'을 볼 수 있다. 그리고 제3의 요건으로서 확대일로를 걷는 이 조직이 내세운 대의명분인 이념과 조직원리가 시대와 대중에게 호소력을 발휘하고 있었다는 점을 들 수 있다.

Ⅲ
국방부인회의 진가—비상시국의 관점

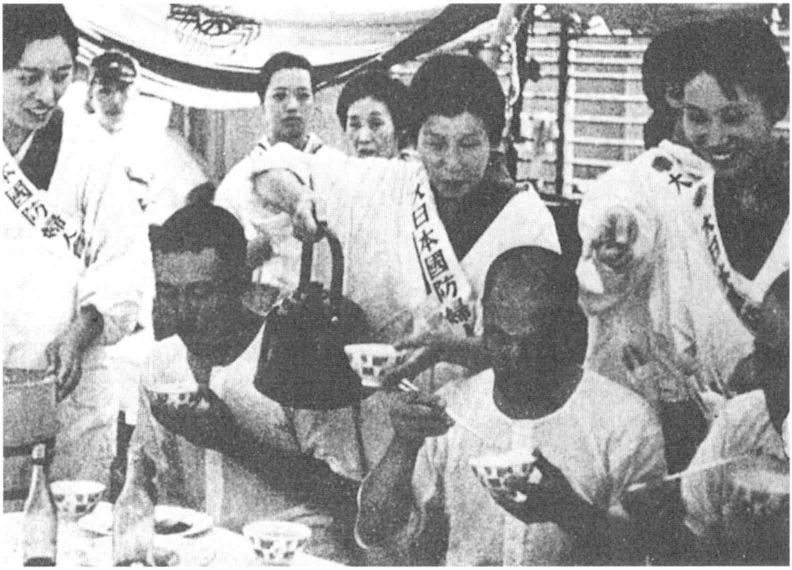

숙영하는 병사에게 봉사 활동을 하는 간사이 본부 회원

1. 갓포기와 어깨띠

국방부인회의 상징 오사카 국방부인회가 앞치마를 두르고 모이기로 한 기발한 생각은 탁견이기도 했다. 앞치마는 당시의 표현으로는 갓포기라고 불렀다. 갓포기는 국방부인회의 상징이자 그들의 태도를 단적으로 표현한다. 애초에 그녀들은 출정이나 입영하는 병사에게 차를 대접하기 위해 갓포기를 입은 채 주전자를 들고 항구로 갔던 것에 불과했다. 그러나 국방부인회가 출범하고 나자 어깨띠와 갓포기는 회원임을 증명하는 표시가 되었다. 이런 모습으로 처음 거리에 나선 것은 방공헌금을 모집할 때였다. 그 당시 신사 앞에서 찍은 회원들의 기념사진을 보면 갓포기를 입지 않은 것으로 보아 아직 정식 복장으로 착용할 생각은 없었던 것 같다. 그러나 갓포기 차림으로 봉사하는 모습은 시민들로부터 예상하지 못한 호평을 받았다. 그래서 회원들은 봉사할 때가 아니라도 갓포기를 걸친 채 그대로 당당하게 거리로 나서게 되었다. 대일본국방부인회로 발전하고 나서는 육군 당국도 '갓포기야말로 국방부인회의 정신' 이라고 치켜세웠다. 이런 과정을 거쳐 갓포기는 정식으로 국방부인회의 복장이 되었다.

갓포기는 부엌에서 입는 노동복이다. 제복이라는 개념과는 거리가 한참 멀다. 이를 구태여 제복으로 삼았다는 것은 재미있는 일이다. 그렇다면 갓포기가 의미하는 바는 무엇일까?

첫째, 갓포기는 국방부인회의 봉사정신, 즉 일하는 자세를 보여준다.

둘째, 갓포기는 옷을 갈아입을 틈도 없이 부엌에서 달려나왔다는 점을 드러낸다.

셋째, 당초 예상도 하지 못했던 효과가 나타났다. 기모노를 차려입은 상류 부인들에게 반발하는 서민 대중 부인들에게 호감을 샀던 것이다. 갓포기 차림이면 누구나 마찬가지이고 갓포기는 어떤 옷에라도 걸치고 나설 수 있었다. 갓포기를 걸쳤기 때문에 오히려 공식석상에 당당히 나설 수 있다고 생각하는 사람도 생겨났다.

무계급성 국방부인회 이전에 활동하던 여러 부인회의 주된 활동은 회합이나 견학이 대부분이었고 모임은 사교적인 성격이 강했다. 따라서 모임에 참석하는 여성들은 복장에 신경을 썼다. 옷에도 계급성이 드러나기 때문이었다.

애국부인회의 목적은 군 행사를 후원하거나 군대를 위문하는 것이었지만 오히려 이 조직에서는 옷에 신경을 쓰는 경향이 강했다. 지사 부인이 지부장을 맡고 있는 현縣 지부 간사회가 조직의 중추부를 구성했기 때문이다. 애국부인회에 모이는 사람은 지방 명사의 부인들이었으며 회합 자체가 지위 상징status symbol의 하나이기도 했다. 따라서 이들의 회합은 잘 차려입은 부인들이 모이는 살롱 그 자체였다.

국방부인회는 갓포기 차림으로 기존 부인회에 도전했다. 국방부인회는 오래 지나지 않아 용케도 이러한 특징을 자각하고는 '본회의 특색'으로서 "본회 회원이 갓포기 위에 승려가 입는 가사의 어깨띠와 같은 표지를 두른 복장을 한 것은 순진한 주부들의 굳은 결의와 특색을 나타내려는 것이다. 또한 이러한 모습을 보며 수양하려는 의미도 있다. 이와 함께 옷 잘 입기 경쟁을 막고, 동시에 활동을 편하게 하려는 의도가 있다."라고 자랑스럽게 말하게 되었다.

일본식 갓포기는 메이지明治 말기에 마쓰모토 유키松本幸가 여성이 부엌일을 하는 데 편리하도록 고안해서 『후진노토모婦人之友』라는 잡지에 발표했다. 갓포기는 밥을 짓고 빨래를 할 때 방해가 되는 소매를 쉽게 걷어 올릴 수 있도록 만들어졌다. 국방부인회가 이런 복장을 갖추게 된 것은 필연적이고도 자연스러웠다. 갓포기가 국방부인회의 제복이 된 배경에 대해서도 일설에는 오사카 국방부인회의 간부였던 에바라 구메코榎原久米子의 고안이라고 하지만 자세한 것은 알 수 없다.

노력봉사 국방부인회는 갓포기 차림으로 병사들의 전송과 출영행사에서 봉사하였다. 국방부인회원은 갓포기를 걸쳤기 때문에 그에 어울리는 봉사 활동을 하게 되었다. 예컨대 병영이나 육군병원에서 한 세탁봉사는 갓포기 차림에 맞도록 개발된 활동이었다. 방공연습을 했던 1933년, 1934년에는 국방부인회가 주로 취사반을 맡았다. 이것도 적합한 일터였다. 이런 과정을 거쳐 갓포기를 두른 회원들은 봉사 활동의 무대를 확대해갔으며, 그만큼 여성이 가정 밖에서 활동할 수 있는 영역이 늘어났다.

갓포기가 부엌의 상징이라는 점에서 국방부인회가 갓포기 차림을 함으로써 부엌으로 상징되는 주부의 권익 향상에 얼마나 기여했을까? 국방부인회는 이 같은 질문에 답할 만한 충분한 실적을 갖지 못했다. 그 이유는 회원들이 부엌의 주인으로서 갖추어야 할 소비자적 성격을 충분히 추구하지 않았기 때문이다. 국방부인회의 갓포기 차림은 부엌에서 달려나온 모습을 보여주는 것에 그쳤다. 이런 의미에서는 소비자로 규정된 여성에게 전시생활을 계몽했던 1938~1940년의 기간은 국방부인회의 활동에 가장 적합한 시기였다고 할 수 있을 것이다. 그 후 방공연습이 시작되면서 주부가 소화작업까지 말게 되었고, 또한 농촌 근로봉사가 늘어났기 때문에 갓포기 차림은 더 이상 적합하지 않았다. 드디어 여성이 몸뻬라는 작업용 바지를 입어야 하는 시대가 된 것이다. 그 시점에는 국방부인회도 역시 해산하는 방향으로 나아갔다. 이 사실을 보면 국방부인회가 활동하던 시기는 갓포기의 시대였다고 말할 수 있다.

어깨띠 그러면 다른 하나의 상징인 '대일본국방부인회'라고 쓴 어깨띠는 어떠한가? 증언을 청취한 조사자료를 보면 관계자들은 어깨띠도 국방부인회가 처음으로 만들어냈다고 주장하고 있으나, 이는 사실과 조금 다르다. 오히려 당시에는 어깨띠가 유행했다. '헌금 현상'이 활발하던 시기에 가두에서 헌금을 호소하는 집단은 대부분 어깨띠를 걸쳤다. 장대 깃발과 어깨띠는 운동의 상징이었다.

국방부인회의 경우도 어깨띠를 걸친 것은 운동을 의식했기 때문이며 다른 이유는 없다. 갓포기는 보살핌 활동을, 어깨띠는 운동을 나타낸다. 이것이 발휘하는 상징효과는 누구에게나 쉽게 이미지를 각인시킨다는 점이다. 야스다 세이의 외동딸인 기요코喜代子의 말로는 어깨띠에 굵게 써 붙인 사각형 문자가 당시의 디자인 감각으로는 보기 좋다는 평을 들었을 뿐만 아니라, 눈에 띄는 서체였다고 한다.

어쨌든 회원들이 이러한 차림새로 주전자를 들고 병사를 전송한다는 이미지가 일찍부터 시민의 마음속에 새겨졌다. 국방부인회의 이념에 대해선 이러한 이미지가 모든 것을 이야기하고 있으며, 나중에 덧붙이거나 기록해 놓은 이념을 일반 민중이 어느 정도까지 이해했는지 의심스럽다. 회원들도 마찬가지이다.

그러면 이 흔들리지 않는 기본형을 누가 어떻게 이념화하였는가? 또한 이 집단을 누가, 어떻게 이용하였는가?

2. 이념과 실태

취의서趣意書 미타니 히데코와 야스다 세이 두 사람이 1932년 6월에 상경해서 도쿄의 동지인 미야케 이네 등을 만나 육군성을 찾아다니던 시기에 처음으로 창립 취의서와 회칙안會則案을 만들기 시작했다. 1932년 8월에 작성된 최초의 문서가 10월에 간토 본부가 정식으로 출범했을 때 공개된 취의서나 회칙과 약간 다르다는 점이 흥미를 끈다.

8월의 초안에는 명칭이 '일본국방부인회' 였으며, 10월 이후에는 정식 명칭이 '대일본국방부인회' 였다. 또한 8월 회칙에만 11~16세의 소녀회원을 둔다는 규정이 있었다. 8월 문서에는 미야케와 야스다를 비롯한 여성 자신들의 생각이 반영되었으나 10월 문서는 육군성 은상과恩賞課에서 다듬은 것이다. 두 가지 문서의 차이를 다음 내용을 통해 살펴보자.

> 8월 취의서 : 우리 여성은 진충보국盡忠報國에서도 절반의 임무를 지고 있으며, 여성이 단결해서 적극적으로 황국을 위해 봉공奉公하는 성의를 바치는 것이 급무라고 생각하므로 일본국방부인회를 설립하게 되었습니다.
>
> 10월 취의서 : 순수한 일본의 전통적 부덕婦德을 발휘하여 국난을 타파하고 국방을 튼튼하게 하며, 이로써 황국의 흥륭興隆을 위해 일생을 바치는 것은 일본 여성의 사명이라고 여기고 있습니다.

위의 두 가지 취의서를 보면 여성이 스스로 쓴 것과 남성이 지도하는 입장에서 쓴 것 사이에는 뉘앙스의 차이가 있다는 것을 감지할 수 있다. 무엇보다 야스다 세이가 이 무렵 강조하는 것은 남자에 대한 여자의 '절반의 임무'였다. 오사카 국방부인회 출범식에서도 "완벽한 국방을 실현하려면 후방에 있는 여자가 남자와 일치 협력해야 한다."라고 외치고 있다. 이렇게 드높았던 사기와 10월 취의서에 나오는 '부덕을 발휘'하자는 사상 간에는 적잖은 차이가 있다고 볼 수밖에 없다.

그러나 이 무렵 야스다 세이와 은상과장 나카이 료타로 대좌가 몇 차례 가진 회담에서 강령 논쟁이 있었다고는 도저히 생각할 수 없다. 오히려 두 사람은 서로의 의견에 의기투합했다고 볼 수 있다. 나카이 대좌는 오사카 국방부인회의 활동을 하나하나 감격하며 들었다고 한다. 하얀 갓포기도 대찬성이었고, 이것이야말로 국방부인회의 정신이라고 치켜세웠다. 한편 야스다 세이도 몸이 가루가 되도록 일할 것을 강조했으므로 나카이로부터 국방부인회야말로 국가를 위해서 얼마나 많은 기여를 하는지 모르겠다고 격려를 받으며 더욱 감동해 각오를 새롭게 했을 것이다. '부덕'이라는 말까지 등장하였으니 오히려 황송할 정도였다.

국방부인회는 오사카 여성의 에너지가 육군의 권위 및 권력과 결합하여 만들어진 합작의 산물이었다. 이렇게 보면 쌍방의 필요조건이 취지, 규약, 사업 세목 등에 병렬적으로 나타나는 것은 이상하지 않다. 다만 이념적 표현이나 국가적 의의에 대해선 육군의 해석을 수용하고, 실제 사업은 여성이 담당했으므로 '취의'와 같이 사상적 요소가 들어간 문서에 육군의 의도가 짙게 반영되는 것은 당연했다.

부덕 국방부인회가 내건 '취의'와 현실이 일치되지 않았다는 점은 분명하다. 특히 후세의 평자가 '부덕'이라는 표현을 지나치게 사상적인 측면에 치우쳐 해석하면 실상을 왜곡할 우려가 있다. 예를 들어 국방부인회가 회원 모집을 위해 시정촌 및 기타 관계 기관에 보낸 공식문서에 포함된 '취지 설명서'를 보면 '회의 특색'을 다음과 같이 기술하고 있다.

① 아국我國의 전통적 미풍양속인 가족주의에 따라 먼저 내 집을 다스리고, 이웃이 서로 의지하며 서로 돕고, 국방에 이바지하기 위해 부지런히 노력한다.
② 아국의 전통적 부덕을 더욱 선양하고, 이 부덕을 기초로 여성이 부담하는 국방을 실천할 것. 즉, 온순하며 정숙하고 게다가 범하기 어려운 강하고 올바른 의지를 가지고 여성의 천분天分에 알맞게 국방에 이바지한다.
③ 본 회는 국방을 위해 여성이 노력해야 할 바를 자각한 일본 부덕의 결합체이므로 막대한 자금을 가지고 사업을 하는 것이 아니고 열과 성의와 그리고 순진한 어머니나 자매의 마음으로 사업을 한다.
④ 따라서 회비는 이러한 정신적 결합을 이루기 위해 작은 금액을 모으는 데 그치므로 빈부귀천 구별 없이 누구나 입회할 수 있다.
⑤ 본 회는 앞에서 언급한 것처럼 국방의 초석으로서 해야 할 일을 완수하려 하기 때문에 평범하고 수수하지만 매우 존귀한 사업을 시행한다.

이 자료는 국방부인회의 특색을 가장 뚜렷하게 보여준다. 이 취의서에는 국방부인회의 설립 취지와 현실 간의 차이가 뚜렷하게 나타난다. 여기에는 군이 이 단체에 가졌던 사상이 잘 드러나는데 이는 나중에 신체제[20]가 등장한 이후에 강조된 국가 이념과도 상통한다.

위에서 제시한 5개의 요점과 결성한 지 2~3년이 지난 오사카 국방부인회의 현실 사이에는 어떤 차이가 있을까? 우선 ①의 가족주의적 집안 관리, ②의 부덕에 입각한 기여라는 두 항목은 오사카 국방부인회로서는 내키지 않았다고 말하는 편이 좋을 것이다. ③자금이 아니라 열과 성의, ④작은 액수의 회비라는 두 항목은 오사카를 모델로 하였으며 육군의 방침과 합치하는 것이었다. ⑤의 수수함은 국방부인회의 본질적인 성격을 나타내기는 하지만 오사카에 한정하여 말하면 요란한 집회를 병행하는 경우도 있었다. 도대체 야스다 자신이 '내 집을 다스리고' '부덕을 선양하고' '온순하며 정숙'하려고 국방부인회를 시작했을까 하는 의문이 든다. 야스다가 도쿄에 오랫동안 머물고 있을 무렵 『간사이주오신문關西中央新聞』은 「이노우에 중위의 숙모가 오사카 국방부인회를 일으키기까지」라는 기사를 통해 야스다 세이를 소개했다. 이 기사에는 남편 히사요시가 세이에게 "가정을 버리고 공공을 위해 힘쓰라."고 격려하여 국방부인회 결성을 시작할 수 있었다는 일화가 소개되었다. 히사요시와 세이가 구상했던 국방부인회는 사회적으로 활동하는 부인회였다. '부덕'은 국가가 필요로 하는 것이었으며, 여성 대중이 바라는 것은 아니었다.

정조 1935년 러일전쟁 30주년을 맞아 일본에는 군국의 열기가 높아졌다. 애국부인회는 이에 부응하는 뜻으로 창시자 오쿠무라 이오코奧村五百子에 대한 연극을 상연하고 있었는데 갑자기 당국이 압력을 가해 중지할 수밖에 없었다. 집안을 돌보지 않고 남자 못지 않게 활동하는 것이 지나치게 강조되었다는 것이 이유였다. 오쿠무라는 그렇듯 열혈 여성이었다. 그러나 당국의 이 같은 조치에는 국책에 순응하는 행동을 일방적으로 해오던 애국부인회도 당혹할 수밖에 없었다. 야스다 세이도 언젠가는 같은 취급을 받을지 모르는 일이었다. 이것은 나중에 '부엌에서 나올 것인가', 아니면 '부엌을 지킬 것인가' 하는 국방부인회의 기본적 성격규정을 둘러싼 중요한 논점이 되었다.

군부에는 이전부터 '부덕'을 중시하는 사상이 있었다. 보다 구체적으로 말하면 전장에 있는 남자의 '전투'와 후방에 있는 여자의 '정조'를 하나로 묶어 생각하는 습성이다. 이 무렵, 재향군인회 부회장 와다 가메지和田龜治 중장이 『우리 집我が家』이라는 잡지에 「일본 여성의 정조가 발휘하는 힘」이라는 글을 실었다. 일본군이 러일전쟁에서 대승한 이유는 일본 여성의 정조가 힘을 발휘했기 때문이라는 내용이었다.

> 남편이 전장에 나가 생사의 기로에서 분전하고 있을 때, 만에 하나 집에 남아 있는 아내가 멋대로 행동한다면, 전장에 있는 남편이 죽음을 무릅쓰고 용맹을 발휘하겠다는 마음을 가질 수 있을까?(1932년 1월호)

군에는 이처럼 십자군을 연상하게 하는 완고한 여성관이 있었다. 국방부인회의 특색을 '온순하며 정숙하고 게다가 범하기 어려운 강하고 올바른 의지를 가지고'라고 설명한 내용은 이를 가리키는 것이다. 또한 설명서에는 이러한 글도 있다. "국방의 제일선에 있는 사람의 발목을 잡는 일이 있다면 도저히 전쟁에서 이길 수 없습니다. 뒤를 돌아보지 않도록 걱정거리를 없애기 위해 집을 지키는 여성이 힘을 발휘해야 합니다. 또한 이것이 여성이 맡은 국방의 중책을 완수하는 길입니다. 옛날부터 용사의 등 뒤에는 뒷걱정을 없애는 든든한 여성이 있었다는 것을 잊지 말아야 합니다."

그 후 중일전쟁이 확대되고, 더구나 태평양전쟁이 시작되자 40세 남자까지 동원되었다. 그 시대를 돌이켜보면 군의 이 같은 걱정도 쓸데없는 것은 아니었다. 그러므로 군은 정조를 보증할 수 있는 여성조직이라는 이미지를 그렸으며, 이것이 '부덕'이라는 문자 속에 함축적으로 드러난 것이다.

생각의 어긋남 그러나 오사카의 국방부인회원들이 부덕, 즉 정조를 지키는 모임이라고 생각해 국방부인회에 모여들었을까? 그것은 아니었다. 회원들은 병사를 전송하고 때로는 출영하였으며, 출정자 가족과 전사자 유가족에게 봉사하려고 모였다. 그렇다면 이들이 가졌던 회원에 대한 이미지는 육군이 생각한 것과 어긋나는 것이 아니었을까?

야스다 세이와 그녀의 동지들은 봉사하는 모임으로 생각하고 있었지만, 육군은 이 조직을 활용해 여성을 교화하려고 했다. 야스다와 나카이가 아무리 의기투합했어도, 아니 오히려 의기투합하면 할수록 서로 다른 국방부인회의 이미지를 그리게 되었던 것으로 생각된다. 오사카의 봉사단체에는 봉사를 할 수 있는 여성만 참여할 수 있었다. 따라서 논리적으로 말하면 출정군인의 아내는 회원이 될 수 없었다. 군은 출정군인의 아내를 교화의 대상으로 생각하지만, 국방부인회는 봉사를 제공하는 대상으로 보았다. 이미지가 어긋난다는 것은 바로 이를 말한다. 당연한 귀결로서 국방부인회는 출정군인의 가족이 아닌 일반 여성층으로 퍼져나갔다.

이와 같이 국방부인회가 조직해야 할 대상에 대한 양측의 인식이 어긋났다. 이 문제는 나중에 재향군인의 아내를 중심으로 국방부인회를 결성하려는 일부 연대구 사령부나 재향군인회 본부의 구상을 둘러싸고 재연된다. 그러나 이 구상은 결국 실현되기 어려운 구조적 결함이 있었다. 다시 말하면 다카사키 국민국방동맹회와 오사카 국방부인회가 대중화에 성공한 이유는 군인 가정을 조직하지 않고 오히려 그들을 위문의 대상으로 바라보았기 때문이었다.

게다가 '집을 지키는 아내'라는 관념 역시 현실과 크게 어긋난다. '만주사변' 당시에 입영하는 청년, 출정하는 병사, 전사한 병사들이 과연 집에 남겨둔 아내가 얼마나 있었을까? 이 경우에 언급되는 전형적인 사례가 이노우에 중위와 자결한 아내이다. 그러나 이 사례의 주인공은 장교였다. 일반적인 군대의 편성을 보면 아내가 있는 사람은 거의 장교이며, 아내의 모임으로 장교 부인회가 있었다. 이런 여성들이야말로 우선적으로 부덕을 수양하라는 말을 들어야 할 입장이었다. '아내' 문제는 기껏해야 상급 하사관까지 해당된다고 볼 수 있다. 20세 안팎이 대부분인 병사의 발목을 잡는 것은 집에 있는 '어머니' 생각이었다.

1933년 9월에 나온 「황국 부인婦人의 자각에서 태어난 대일본국방부인회에 대해서」라는 나카이 료타로 대좌의 논설은 국방부인회의 이념이 거의 완성되었다는 것을 보여준다. 여기에서 나카이 대좌는 건전한 자녀 양육을 어머니의 중요한 임무로 여겼으며 '모성애'를 '정조' 이상으로 강조했다. 다음부터 '어머니의 마음'이 국방부인회를 대표하는 상징적 가치가 되었다.

문단속 국방부인회를 둘러싸고 벌어진 사상적인 문제는 무엇이었을까?

오사카의 국방부인회 관계자들은 재계에서 기부를 받으려면 국방부인회에 어떠한 의의를 부여해야 할 것인가를 고민했다. 이시이 중좌는 어느 날 기시와다岸和田의 부호이며 셋슈은행攝州銀行 행장인 기시모토 고헤이岸本五平를 방문해 오로지 기부를 받아야 한다는 일념으로 그를 열심히 설득했다. 그러던 중에 "장차 일본이 소련과 싸우게 되면 국내에는 여자만 남게 된다. 그때 쌀소동[21]이 일어나면 어떻게 하느냐"라고 별 생각 없이 내뱉은 말에 자기도 모르게 무릎을 쳤다. 그는 이것을 국방부인회의 이념으로 삼자고 생각했다. 기시모토 집안은 1918년에 쌀소동이 일어났을 때 하마터면 불에

탈 뻔했었기 때문에 이시이 중좌는 겁이나 줄 작정으로 그런 말을 했던 것이다. 결국 이시이는 기부를 받아내지 못했지만 앞으로 내세울 국방부인회의 사회적 존재 이유를 자신의 말 속에서 발견해냈다. 이 이야기는 이시이가 자화자찬할 만큼 대단한 발상이라고는 말할 수 없다. 그러나 이시이가 육군에서 사상분야를 맡아 일한 경력으로 보면 어느 의미로는 일리가 있는 발상이다. 그는 국방부인회의 사명은 반혁명에 있다고 말했다. 이때부터 이시이는 강연을 할 때 조금씩 사상적인 내용을 넣었고 반공연습에 회원을 동원할 때에는 방첩, 즉 스파이를 경계하자는 말을 반드시 덧붙였다. 이시이는 1933년 5월 제1회 총회에서 나카야마 마사코中山政子가 "남편이 집을 비우면 문단속은 여자의 몫입니다."라고 한 개회사를 듣고 다시 감탄했다. 이시이는 나카야마가 바른 말을 한다고 생각했다. 그는 나중에 "이것이야말로 여자들이 쉽게 수긍할 수 있는 말이다."라고 평가했다. 개회사 다음에 강연에 나선 아라키 육군대신도 감탄했다 한다. 이것이 바로 '후방의 문단속론'이다.

이러한 논리를 사상적으로 반反혁명론이라고 할 수는 없다. 오히려 야스다 세이가 내세운 남녀 절반 책임론과 내용은 같다. 결국 회원들이 받아들일 수 있었던 것은 이 같은 이념이었다고 볼 수 있다.

사상의 결여 국방부인회는 전송행사를 오사카 역에서 치르며 가끔 우익사상단체인 국수대중당이나 대일본생산당과 함께 대열을 이루어 나란히 서 있곤 했다. 그러나 국방부인회가 우익단체와 깊은 연계를 가졌다는 증거는 전혀 찾을 수 없다. 예를 들어 이러한 우익단체들이 1932년에 5·15 사건이 터진 다음에 오사카 시내에서 습격에 가담한 장교들을 위해 감형운동을 시작했지만 국방부인회는 아무런 관심도 보이지 않았다. 대일본생산당은 1933년에 발생한 신병대神兵隊 사건[22]에 관여하였다. 그러나 국방부인회 안에는 이 사건을 둘러싼 뜬소문도 돌지 않았다.

국방부인회는 육군이 퍼뜨리려 시도하던 국가주의적, 가족주의적, 반혁명적인 이념에 대해서도 특별한 관심을 나타내지 않을 정도로 사상과 무관한 집단이었다. 이처럼 사상성이 없는 집단이 어떻게 1930년대의 역사에서 나타날 수 있었을까? 국방부인회의 출현을 사상적인 의미를 붙여 해석하는 시도도 있었지만 실제론 인과 관계의 방향이 반대였다. 국방부인회에 참가한 대중은 사상에 무관심했기 때문에 역사의 무대에서는 오히려 사상으로 무장한 집단을 따돌리고 적응해갔던 것이다. 대중의 무대가 된 병사를 전송하는 현장에선 어느새 국방부인회가 대표적 존재가 되어 위상이 올라갔다. 국방부인회는 정치논의에 참가하지 않았기 때문에 정치를 초월할 수 있었다. 더구나 국방부인회는 일반 사회사업엔 관여하지 않았으므로 다른 여성단체와도 달랐다. 군사 후원사업 하나만 가지고 밀고 나갔던 국방부인회가 시대의 스타가 될 수 있었던 이유는 무엇일까? 이 문제에 대한 해답 중 하나는 사상보다 행동에서 그 이유를 찾을 수 있다. 또 하나의 해답은 시대의 특성이 국방부인회와 맞아떨어졌다고 할 수 있다. 그러므로 필자는 이 시기를 '국방부인회 현상'이 지배한 시대라고 표현하고 싶다. 이에 대해 보다 자세한 실태를 여러 단체의 활동과 비교하면서 살펴보자.

3. 부엌을 둘러싸고

부엌에서 길거리로 국방부인회는 어색한 이념보다 갓포기 차림의 이미지가 어울린다. 갓포기를 입은 정신과 자세가 바로 실체적 이념을 구성한다. 이는 무엇보다 '부엌'과 관련이 있다는 점을 언급할 필요가 있다.

오사카 국방부인회를 결성할 때 야스다 세이 일행은 "나라를 지키기 위해 부엌으로부터, 가정으로부터, 떨쳐 일어나자."고 외쳤다. 조직을 결성한 다음에 그들이 시도한 최초의 활동은 오사카 방공헌금운동에 참가하는 것이었다. 이때 신문은 "부엌에서 길거리로"라고 썼다. 도쿄에서 최초로 배포된 전단에는 '비상시의 국방은 부엌으로부터'라는 구호가 걸려 있었다. 결국 국방부인회는 '국방은 부엌으로부터'를 기조로 삼아 정식으로 발족한 것이다.

'부엌사상'이야말로 처음 회원이 40명일 때에도, 최후에 1천만 명이 되었을 때에도 달라지지 않았던 중심사상이었다. 이를 상징하는 것이 갓포기였다. 국방부인회가 발전하는 과정에서 이러한 이념은 어느 정도 심화되었던 것일까? 이런 의문을 통해 10년 남짓한 국방부인회의 짧은 역사 속에서도 부엌을 둘러싸고 파란에 찬 줄다리기가 지속되었음을 알 수 있다.

'부엌'이라는 문자를 사용한 초기의 구호는 어느 것이나 부엌에서 나와 봉사한다는 의미였다. 회원들은 모두 부엌에서 일하던 차림으로 나와 항구나 역으로 가서 병사들을 전송했다. 또는 거리로 나와 모금을 호소하기도 했다.

부엌에서의 역할 1934년에 오사카 국방부인회는 처음으로 폐기물을 국방자원으로 재생하는 운동을 실시했다. 나중에 유행했던 폐품수집을 시작한 것이다. 이것은 부엌에서 나가는 것이 아니라 부엌 안에서 국방에 기여하는 길을 찾아냈다는 의미를 가지는 발상의 대전환이었다.

'부엌으로부터'라는 구호에는 '부엌을 맡고 있는 여성'의 운동이라는 의미가 서서히 덧붙여지게 되었다. 국방부인회가 결성된 1932년에는 공황이 점점 깊어지고 농촌은 파탄에 빠지게 되었다. 농촌을 구제하자는 목소리가 높아지는 것과 함께 '자력갱생'의 깃발이 내걸렸다. 도시에서 국방부인회가 조직된 것과 마찬가지로 농촌에서는 자력갱생을 위해 여성이 잇달아 조직되었다. 산업조합 부인부婦人部의 결성과 확대, '이에노 히카리' 부인회의 개최, 부인농회婦人農會의 조직화 시도, 부인잠업조합 등, 1932년부터 농촌 여성의 조직화가 전국적으로 추진되었다. 이들도 역시 '부엌을 맡고 있는 여성'을 중심으로 시작한 운동이었다. 도시에서는 소비조합운동이 확산되었다. 국방부인회의 '부엌으로부터'도 이러한 물결의 하나로 볼 수 있다. 국방부인회는 부엌에서 나오는 데서 그치지 않고 부엌 안에서도 엄청난 일을 벌이기 시작한 것이다.

당연한 일이기도 했지만, 부엌 살림을 책임지고 이를 기반으로 사회적 발언을 하는 권능은 아직 여성 지식인 집단인 시민적 부인운동가들이 장악했다. 그러나 이 같은 운동이 충분한 힘을 갖지 못했기 때문에 발언권이 세지는 않았지만 실제로 부엌을 장악한 주부를 조직한 세력이 소비경제를 실질적으로 움직이는 힘을 갖게 마련이었다.

국방부인회의 주변에는 부엌에 대한 생각이 다른 집단도 있었다. 이는 여성이 부엌에 갇혀 있기를 바라는 입장이었다. 앞에서 살펴본 정조와 부엌의 관계에서 세상이 요구하는 정조는 부인이 가정에 머물면서 가정을 지키는

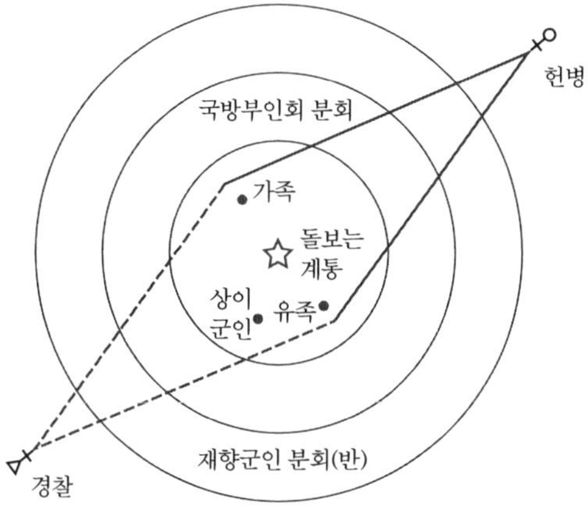

〈도표 3-1〉

것을 의미한다. 군이 가졌던 사상에는 여성이 부엌에 머물러야 한다는 생각이 잠재해 있었다. 그래서 국방부인회의 취지, 회칙을 작성할 때 군이 '부덕'에 집착하면서 '전통적 미속美俗인 가족주의를 본받아 먼저 내 집을 다스리고 이웃이 서로 의지하며, 서로 돕고, 나라를 지키는 일에 힘쓸 것'을 제언하면서 회원에게 부엌을 지킬 것, 부엌에서 나오지 말 것을 암암리에 종용했다.

나카이의 논설에 따르면 위의 〈도표 3-1〉과 같은 관계가 사회의 이상형理想型으로 그려질 수 있다. 이 도표는 국방부인회를 설명할 때 사용되었지만 현실과는 상당히 동떨어져 있다. 도표에서는 회원이 부엌에서 나와 역으로, 거리로 활동무대를 넓히는 모습을 볼 수 없기 때문이다. 이것은 군이 가졌던 숨은 의도를 보여주는 이념도理念圖이다.

기치조지吉祥寺 지역에서 활발히 활동하던 야다베 마사코矢田部正子는 이러한 나카이의 태도에 대해 간토 본부 기관지인 『국방부인』에 다음과 같은 증언을 남겼다.

> "나카이 은상과장님은 우리들이 역으로 나오는 것을 그다지 반기지 않으신 것 같지만 경비사령부는 좋아했으며 필요할 때마다 바로 통지가 왔습니다. 우리는 대체로 처음 시작할 때부터 관계를 가졌던 헌병대에 의지했습니다."

여기에서 말하는 헌병대는 아직 가정의 감시자가 아니라 역의 경비 담당자라는 뜻이므로 도표에 나타난 위상과 반드시 일치하지 않는다.

부덕 수양과 사업 앞에서도 말했듯이 군이 원래 가졌던 여성의 본령은 가정을 지키는 것이었기 때문에 '만주사변' 이후 용솟음쳐 오른 국방부인회의 실제 활동은 서로 엇갈리고 모순되었다. 따라서 의미를 달리 해석하면 국방부인회에 참가한 여성들은 '집'에서 해방되어 부리나케 전송과 집회에 나갈 수 있었던 것이다. 이러한 측면을 빼놓고 국방부인회 현상을 이해하기는 어렵다.

그러나 중일전쟁이 전면전으로 접어든 후 총동원 체제가 선포되자, 출정군인의 아내가 한꺼번에 늘어났다. 전사자의 아내도 적지 않았다. 군으로서는 이러한 아내들을 '부덕'의 틀에 묶어 놓아야 했고 여성들이 거리에서 벌이는 운동이 사회적으로 발전하는 것을 통제할 필요가 있다는 사실을 인정하게 되었다.

이와 같이 여성들이 품었던 부엌에서 나오려는 마음과 이들을 집에 가두어두려는 군의 속내 사이에는 처음부터 모순이 숨어 있었다. 다만 초기의 국방부인회 현상은 출정병사를 전송하는 과업에 대응하여 조직한 것이었으므로 아무래도 부엌에서 밖으로 나가야만 했다. 국방부인회는 1933년 초

간사이 본부가 본격적인 활동에 들어갔고 월간 기관지 『부인국방』을 발간했다. 1933년 2월 15일에 발행한 제2호부터 '회원 10만이 있다면!' 이라는 구호를 내걸고 회원 확대운동을 제창했으며 여러 차례 단체의 목적에 대해 "다른 부인회는 수양을 주된 목적으로 삼고 있으나 국방부인회는 사업을 주된 목적으로 하고 있다." 라고 밝히고 있다. 시간이 흐른 뒤 국방부인회 문서에는 정반대의 내용이 나타나는데 수양을 무시하고 회원의 근로사업을 강조하는 간사이 본부의 '사업 제일주의' 를 비판하고 있다. 그러나 이는 편향이라기보다 현실을 그대로 표현한 것으로 '부덕' 의 수양과 실제 활동 사이의 괴리를 나타낸 것이다.

총동원 체제에서 '부엌으로부터' 라는 구호의 의미를 분명하게 알 수 있게 되는 시기는 1940년 전후였다. 이때 도나리구미隣組[23]가 만들어지면서 비로소 가정이 국방국가의 구성단위가 되었다.

4. 사회봉사사업의 변용

여성단체 많은 여성단체가 정도의 차이는 있지만 사회나 실생활과 관련된 과제에 대응하려는 태도를 갖고 있었다. 이와는 대조적으로 국방부인회는 매일같이 병사들을 전송하기, 다치거나 병들어 귀환하는 병사와 유골을 마중하고 전송하기, 개선하는 군대 환영하기에 종사하고 있었다. 그렇다면 어째서 이 단순한 행동단체가 제대로 된 여성단체보다 각광을 받았을까? 여성 대중이 왜 이 단순한 조직을 선호하고 계속 가입했을까?

오사카 나카노시마中之島 부인회와 국방부인회 나카노시마 분회의 관계를 통해 그 차이를 살펴보기로 하자.

나카노시마 부인회는 1931년 초에 설립된 대일본연합부인회連婦의 제1회 총회가 같은 해 10월에 나카노시마 공회당에서 개최하게 된 것을 계기로 설립되었다. 이 조직은 연합부인회 계통의 지역 부인회이다. 국방부인회는 1933년 4월에 이 나카노시마 부인회를 모체로 하여 설립되었다. 임원은 거의 대부분 겸직했다. 회원 수는 나카노시마 부인회 180명, 국방부인회 378명이므로 국방부인회가 보다 대중화되었다.

지역 부인회 나카노시마 부인회에서는 매년 강습, 견학, 소풍과 여행, 사회봉사사업 등 사업을 4항목으로 나누어 계획하고 실시했다. 출범한 1931년부터 1936년까지 5년 동안 해온 사업은 요리, 세탁, 꽃꽂이, 다도, 수예, 미용 등 강습 2~5회, 견학, 소풍도 연 5회 정도로 일정하게 진행하고 있었다. 그러나 사회봉사사업은 국방부인회 분회가 발족한 다음에는 거의 대부분 하지 않았다. 구체적 예는 다음과 같다.

1931. 9 청년단, 재향군인회 동원연습에서 취사원조
1932. 11 초혼제 간사 출석
1932. 2 도호쿠, 홋카이도 기근 구제 의연금 51엔
1932. 3 히로사키 사단 출정병 마중과 전송
1932. 5 경로회 접대용 요리
1932. 6 결식아동 구제 연극관람권 구입 70엔
1932. 9 전사자 위령제 간사 출석
1932. 10 일본-조선 융화사업 자선 연극표 구입 10엔
1932. 12 연말 영세민 구제 의연금 24엔

1933. 1 홍제회弘濟會 자선 영화표 구입 4엔
1933. 3 도호쿠 지방 진재 구제 의연금 31엔
1933. 3 육군묘지 간사 참배
1933. 4 국방부인회 나카노시마 분회 발족, 간부들 분회 임원 겸직
1933. 7 걸레 국방헌금 300매
1934. 9 풍수해 기금 100엔 기부
1934. 11 도호쿠 지방 의연금(액수 불명)
1935. 11 메이지 천황기념관 건설비 100엔
(1936년 없음)

국방부인회 이와 대조적으로 국방부인회 나카노시마 분회는 출정하고 귀환하는 군대의 환송 환영, 위문, 위문대 만들기, 방공연습 참가, 수재민 급식과 원조, 폐품수집 등의 사업을 위해 약 3년 동안 100회가 넘는 출동 횟수를 기록했다. 대조를 위해 활동 항목별 출동 횟수를 보면 다음과 같다.

출정 · 귀환 군대 송영—55회
입대 · 제대 장병 송영—수시(횟수 불명)
부상병 수송열차 고베-오사카 구간 동승 위문—5회
육군병원 부상병 위문—여러 차례
강연과 영화상영—9회
위문대 만들기—4회, 합계 596개
간사이 본부 주관 간이 사열식, 행진 참가—2회
방공연습 참가—2회, 합계 6일
국방 부족자원 수집운동, 수집 폐품 처분금 75엔
간사이 대풍수해 구호, 취사, 이불 만들기(매수 불명, 시내 분회 평균 65매)

위의 내용을 비교하면 모체가 동일한 두 부인단체 중에서 왜 국방부인회가 인정받게 되었는가가 단적으로 드러난다.

두 단체의 차이 첫째, 나카노시마 부인회는 사업 범위가 넓었으며 가정학 강습과 친목행사를 중심으로 활동하고 있었다. 처음에는 사회봉사사업도 겸해 활동영역이 넓었다.

둘째, 국방부인회가 같이 활동하게 되자 사회봉사사업 가운데 군사에 관한 것은 국방부인회의 사업으로 간주되어 나카노시마 부인회의 사업에서 제외되었다. 거기서 그치지 않고 나카노시마 부인회의 사회봉사사업 자체가 위축되어버렸다.

셋째, 국방부인회는 풍수해 출동을 제외하면 모두 군사와 관련된 봉사사업으로 한정해 사업을 실시하고 있었으며 출동 횟수와 참가인원을 보아도 나카노시마 부인회보다 훨씬 많다. 군대에 대한 봉사사업의 중심은 군인을 환송하고 환영하는 일이었다.

넷째, 국방부인회는 나카노시마 부인회와 비교해 총체적으로 다수를 동원하였다. 간부만이 아니라 회원을 동원할 기회가 많았다.

다섯째, 이 시기에는 방공연습, 폐품수집 등, 회원 다수를 동원하는 대규모 총동원 사업을 계획적으로 실시하도록 시대적 변화가 진행되었다. 여기에는 모두 국방부인회가 얽혀 있었다.

여섯째, 간사이에서 대규모 풍수해가 돌발적으로 일어나 국방부인회는 처음으로 군과 관련된 사안이 아닌 일을 위해 조직적으로 출동했다. 그럼에도 불구하고 나카노시마 부인회의 대응과 비교해 국방부인회는 압도적으로 활발한 활동을 보였다. 다음 장에서 상세히 기술할 예정이지만 같은 여성단체이면서 사태에 대응하는 능력에서는 기능상 우열이 드러난다.

〈도표 3-2〉 고베 국방부인회의 송영 횟수, 참가인원

	군대 송영	부상병 송영	전몰자 위령
1933	42회 5,492명	17회 2,168명	21회 55,276명
1934	22회 3,087명	29회 1,869명	37회 64,779명
1935	40회 3,377명	46회 2,782명	20회 40,480명
1936	48회 7,410명	56회 4,127명	25회 37,260명

(『고베 국방부인회 10년 획사神戶國婦十年劃史』에 따름)

전송과 환영 앞에서 살펴보았듯이 1933년 이래로 한 여성이 빈번하게 여러 개의 군 관련 행사에 참가하는 현상이 오사카에서 나타났다. 여성이 이 같은 행사에 참가하는 일은 헌금 현상으로 촉발되었다. 그러나 보다 중요한 이유는 병사를 전송하고 환영하며 보살피는 일이 여성의 독자적인 활동 영역으로 부각되었기 때문이다.

흔히 병사가 출정하는 것도 1회뿐이라고 생각하기 쉽다. 그러나 〈도표 3-2〉와 같이 오사카만을 한정해보아도 빈번하게 전송과 환영행사가 계속되었다. 오사카는 일본 동부 지역에서 출정하는 사단이 모두 오사카 역을 통과하거나 오사카 항에서 출항하므로 군대가 통과가 많은 곳 중 하나였다. 군대의 통과지점으로는 히로시마의 우지나宇品 항이 으뜸이며 1932년에 55회의 출입항이 있었던 것으로 알려졌다. 오사카는 우지나 다음으로 통과가 잦은 곳이었다.

또한 고베의 경우, 출정과 출항은 적었으나 귀환하는 부상병, 환자와 전사자 유골의 입항지였기 때문에 출영행사가 열린 횟수는 아주 많았다. 당시 고베 지방 본부가 실시한 군대의 전송과 환영, 부상병과 환자의 전송과 환영, 전몰자 위령 횟수와 참가 인원은 〈도표 3-2〉와 같다. 고베의 국방부인

〈도표 3-3〉 도쿄 역 · 시나가와 역 송영 일지
(제국재향군인회 요쓰야 분회)

날짜	사항	송영 인원
1931. 10. 11	제2사단 유골	33
13	〃	20
11. 15	제8사단 출정	28
19	제2사단 보충 출정	10
20	제2사단 유골	5
24	전신대電信隊 출정	16
12. 6	철도대 출정	34
17	제1사단 출정	29
〃	제2사단 유골	29
25	근위사단 출정	임원
1932. 1. 17	제2사단 유골	5
20	〃	임원
30	부상병 귀환	5
2. 7	근위사단 유골	6
20	〃	임원
3. 1	부상병 귀환	4
2	제14사단 출정	다수
3	〃	〃
4	〃	〃

회는 전사자 유골을 맞고 모시는 일을 전문으로 하는 집단이었다고 말해도 지나치지 않을 정도였다. 도쿄의 사정은 〈도표 3-3〉에서 나타나는 도쿄 역 또는 시나가와品川 역을 통과하는 군대를 통해 살펴볼 수 있다. 이 기록은 재향군인회 요쓰야四谷 분회가 작성한 만주사변 발발 이후 약 반년에 걸친 전송과 환영행사를 기록한 일지에서 확보한 것이며 참고로 분회가 동원한 인원을 첨부했다. 분회원 3,064명이라는 일본 최대의 인원을 가진 재향군인회 분회였지만 전송과 환영행사가 빈번해지자 인원동원이 쉽지 않았음을 추측할 수 있다.

전쟁이 시작되자 전국적인 대규모 동원은 아니었지만 출정이 빈번하게 실시되었고, 전장으로 나간 병사의 수만큼 무사귀환하든, 부상을 당하든, 죽어서 유골이 되든 결국 형태는 다르지만 돌아오게 마련이었다. 전쟁이 계속되면서 다시 보충 인원이 나갔고 민중은 언제 끝날지 모르는 일이 나날이 계속되는 것을 지켜봐야 했다.

군대가 이동하는 통과지점에서는 군인을 돌볼 민간인이 필요했다. 그때까지도 이런 인력은 재향군인회, 청년단 그리고 이미 조직된 부인회를 통해 조달할 수 있다고 생각했다. 그러나 이를 전문으로 하는 재향군인회조차 동원 가능한 인원이 부족하게 되었고 기존의 부인회로는 빈번하게 발생하는 행사 수요에 대응할 수 없었다. 이 시점에서 전송과 환영을 전문으로 하는 집단인 국방부인회가 등장하여 역과 항구의 지배권을 장악하게 된다.

국방부인회는 오사카, 도쿄, 고베, 교토에 이어 오카야마岡山, 히메지姫路, 돗토리에 비교적 일찍 본부와 지부를 만들었다. 그 배경에는 전쟁 초기에 히메지에 있는 제10사단이 '만주'로 동원된 것과 관계가 있다. 또한 여기에 이어 쓰루가敦賀 지부가 만들어져서 활발하게 활동하게 된 것도 귀환하는 부대가 쓰루가에 상륙하기 시작한 다음부터였다.

대중운동적 사회사업 국방부인회 현상은 전쟁에 따른 군의 이동을 지원하는 후방의 새로운 임무였다. 더구나 몸으로 봉사하는 일이라는 명분이 있었기 때문에 당시 일본에서 전개되었던 대중운동 가운데 으뜸가는 지위를 차지하게 되었다. 한편 여성들도 이러한 행동 패턴에 호응하는 태도를 보였다. 백화점으로 쇼핑을 하러 가는 것과 역으로 군대를 전송하러 가는 것이 반드시 이율배반적인 명제가 아니었다. 특히 서민층에서는 여성이 전송하러 가면서 일종의 해방감을 느끼는 모습까지 나타났다.

이것은 군대 전송이 국방부인회만이 아니라 대중에게 지지를 받는 축제였기 때문이었으며 국방부인회는 이를 조직하여 그 시대에서 우위를 차지할 수 있었다.

이러한 와중에 1934년 1월 9일에 교토 역에서 대참사가 일어났다. 구레

吳 해병단海兵団[24]으로 입영하는 715명의 청년들을 전송하려고 수천 명의 군중이 한꺼번에 역 구내로 밀려와 수백 명이 잇달아 쓰러지면서 사망 76명, 중상 63명이라는 미증유의 참사가 일어났다. 전송 열기가 이토록 가열된 것이다. 일주일 후에는 미에 현三重縣 고가타니촌五ヶ谷村에서 입영 장병을 배웅하는 선박이 침몰해서 하마터면 100명이 생명을 잃을 뻔했다.

이 사건을 계기로 하여 당국은 전송하러 모이는 대중을 강력하게 통제하게 되었다. 이로써 국방부인회가 전송 현장에서 발휘하는 독점권은 더욱 강화된다. 전송행사를 독점하도록 지위가 상승되었다는 사실 때문에 국방부인회 현상은 절정에 달했다.

5. 소박맞은 애국부인회

그렇다면 본래 군에 대한 후원을 목적으로 설립되었던 애국부인회는 어떻게 되었을까? '만주사변'이 발발할 당시에 어쨌든 빠르게 대응한 조직은 재향군인회와 애국부인회뿐이었다. 애국부인회 본부에서는 위문금과 위문대 수집, 출정가족 위문을 지시하였으며 '만주'에 위문사절을 파견했다. 그렇지만 오래지 않아 대중 속에서 일어나는 헌금 현상의 와중에서 애국부인회는 빛을 잃어갔다. 애국부인회의 활동은 신문사의 캠페인과 같은 영향력을 발휘하지 못했으며, 재향군인회나 청년단과 같이 각 촌에서 끓어오르는 반응을 불러일으킨 것도 아니었다.

1931년 연초에 문부성文部省 계통의 대일본연합부인회가 만들어질 때까지 애국부인회는 일본 최대의 여성조직으로서 회원이 153만 명이었다. 애국부인회가 자신의 고유한 영역에서 주도적 역할을 발휘하지 못했다는 사실은 역설적으로 민중의 동향이 바뀌고 있다는 것과 아울러 이미 애국부인회 조직이 새로운 시대에 적합하지 않게 되었다는 것을 보여준다. 애국부인회 내부에서도 이미 이를 자각하고 있었다. '만주사변' 발발 직후, 애국부인회 사무총장에 취임한 전직 니가타 현지사 오하라 신조小原新三는 낡은 틀에서 탈피하기 위해서 기구를 개혁하자고 제안했다. 그 당시엔 아직 국방부인회가 존재하지 않았다. 대일본 연합부인회의 영향을 받아 각지의 정촌에서 일어난 부인회의 움직임에 대응하고, 긴급사태를 맞아 군 후원 활동을 하는 것이 당면 과제였기 때문이다. 정촌, 마을마다 조직된 부인회와 처녀회는 청년단의 뒤를 이어 '헌금 현상'을 지지하는 주요 계층이었다. 이들은 한때 대일본 연합부인회 산하에 들어오기도 했지만, 결코 애국부인회와 관련을 맺을 수 없는 집단이었다.

오하라는 취임 초부터 폭탄선언을 했다. 그는 애국부인회의 활동이 일반인의 기대를 저버리고 조직은 퇴영적이고 보수적이며 소극적이라고 한탄하면서 "이제 우리의 부인회는 적어도 중류 이상의 여성이 아니면 가입할 수 없는 듯한 인상을 주고 있다."고 문제를 제기했다. 따라서 "회원의 자격을 대중적인 수준으로 낮추어 보다 많은 사람이 들어올 수 있어야" 하며, 사업도 "대중에게 맞는 내용으로 반드시 바꾸어야 한다."(『애국부인회 40년사』)고 주장했다.

대중화 오하라도 '만주사변' 이후의 '헌금 현상'과 그 다음에 나타난 '갓포기 현상'을 통해 자기 나름대로 시대적 특징을 파악하고 있었다. 그것은 '대중화'를 의미한다.

그 무렵 애국부인회는 어떤 비난을 들었을까? 애국부인회 본부가 발행한 『애국부인독본』에는

"애국부인회는 일부 상류 여성과 유산계급 여성의 모임이다." "기모노를 입지 않으면 못 나가는 모임이다." "일반 회원으로부터 돈만 걷고 아무 일도 하지 않는 모임이다."라고 기록되어 있다.

요약하면, 애국부인회는 대중과 거리가 먼 상류계급의 모임이며 회비만 거두고 아무 일도 하지 않는다는 것이 대중의 생각이었다. 한 마디로 애국부인회는 대중적 기반이 없었다.

애국부인회는 본부와 부현府縣 지부가 사업주체이며 각 시정촌市町村 단위는 오로지 회비를 걷는 조직에 불과했다. 시정촌에는 명부상의 회원이 있을 뿐이어서 회비만 걷고 마을을 위해 아무 일도 하지 않는다는 비난에도 근거는 있었다. 이와 대조적으로 기타 지역 부인회는 어쨌든 마을 주민을 위한 사업부터 시작했다.

애국부인회는 지역 부인회를 결성하는 과정에 전혀 관여하지 않았다. 대일본 연합부인회는 가정교육 진흥을 강조했다. 그러나 내용을 보면 생활개선을 위주로 지역 여성의 참가를 요청하고 있다. 이에 대해서 오하라는 '애국부인회가 맨 처음 시작할 때부터 그런 사업에 관심을 가졌다면 다른 여성단체가 거의 출현하지 않았을 것'이라고 말한다. 이것은 무리한 가정이라고 할 수 있으나, 내무성이 지도하는 일본 최대의 여성단체가 지역 부인회를 하부조직으로 둘 수 없었다는 사실은 굉장한 충격이었다.

기구개혁 이러한 과정을 거쳐 애국부인회는 대중화를 지향하기 위

해 기구개혁을 단행했다. 개혁의 첫 번째 요점은 회원구성의 대중화였다. 그 결과 일반 여성의 입회를 호소하고 회원을 늘리려는 계획을 세운다. 1932년에 60만 명의 신입 회원을 모집한다는 목표를 세웠지만, 실적은 20만 명에 그쳤다. 국방부인회가 만들어진 후에는 두 단체가 회원을 확보하려고 서로 경쟁하게 되었다.

두 번째 요점은 이전에 시정촌 단위에서 거둔 회비를 부현으로 끌어 올려서 중앙과 부현 지부에서만 사업을 하던 시스템을 개편해 시정촌 지부도 사업을 하도록 함으로써 회원의 이익을 확보하려는 것이었다. 하지만 현실은 지방의 현청 소재지의 애국부인회가 명사 부인들의 사교장 역할을 하고, 조직마저 경직되어 있어서 결코 쉽지 않았다. 애국부인회의 개혁이 제대로 시작되기도 전에 국방부인회가 급속하게 세력을 확대하는 일이 벌어졌다. 결국 애국부인회는 국방부인회에 대항하기 위해서라도, 분회를 강화하는 방식을 채택하게 된다.

기구개혁의 세 번째 요점으로는 약간 나중에 생긴 일(1933년 10월)이기는 하지만 애국자녀단의 설치를 들 수 있다. 이것은 몸이 무거워 움직이려 하지 않는 간부 여성을 대신하여 회비를 거두는 일부터 사업실행에 이르기까지 손과 발이 될 수 있는 스무 살 미만의 여자를 조직하려는 시도였다. 조직대상으로는 고등여학교와 여자청년단(처녀회)이 떠올랐다.

애국부인회의 회원확대 계획은 1933년에는 국방부인회의 성장에 자극을 받아 30만 명의 신규회원을, 1935년 말에 이르러서는 합계 103만 명의 신입회원을 확보해 회원 총수는 225만 명이 되었다. 그러나 이 시점에 벌써 국방부인회 회원이 255만 명에 이르러 애국부인회를 앞질렀다.

회원이 늘어나면 애국부인회의 재원도 커지게 마련이다. 애국부인회는

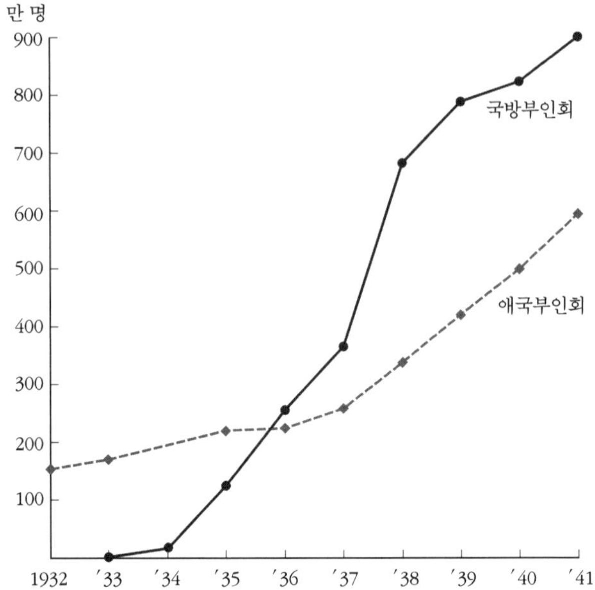

〈도표 3-4〉 애국부인회 · 국방부인회의 회원 수 추이

원래 회비의 형태로 기부를 받는 단체였으며, 이 자금을 운용하여 군을 후원하고 사회사업을 벌이는 것이 본래 임무였다. 애국부인회가 일본적십자사의 자매단체가 된 것은 업무의 유사성 때문이었다. 그런 의미에서 애국부인회가 정촌 단위로 사업을 하기 위해 분회를 설치한 것은 아래로부터 조직을 바꾸는 일이었다고 말할 수 있다.

유공장 애국부인회의 조직은 간사와 일반 회원으로 직무에 따라 구별되었으며, 이외에도 회비 액수에 따라 회원자격이 구분되었다. 애국부인회에는 훈장과 계급장을 합친 듯한 유공장有功章이 있었고 회원들은 모임

때에 유공장을 가슴에 달았다. 이와 비교하면 국방부인회 회원은 모두 사병 계급이나 마찬가지였다. 애국부인회의 유공장과 회비 납부액의 관계, 1936년 현재 전국의 유공장 패용자 수는 다음과 같다.

특별 유공장	1,000엔 이상	1878명
1등 유공장 및 부가장附加章	500엔 이상	1,816명
1등 유공장	300엔 이상	2,982명
2등 유공장 및 부가장	200엔 이상	3,202명
2등 유공장	150엔 이상	5,912명
3등 유공장 및 부가장	100엔 이상	1만 1,423명
3등 유공장	50엔 이상	7만 1,245명

유공장 수여 기준을 보면 공로가 현저한 사람도 포함되어 있다. 공로는 회원 획득 수에 따라 평가되었다. 그러나 더욱 중요한 것은 회비를 낸 실적이었다. 전회원의 0.1퍼센트도 되지 않는 특별유공장 패용자는 부현을 대표하는 부호의 부인이라고 생각해도 무방하다. 유공장 패용자 총수도 9만 8,458명이지만, 이는 당시의 회원 총수 259만 9,797명의 3.8퍼센트에 불과하다. 유공장을 받은 사람들은 거의 간부와 유력 인사의 부인들로 채워졌다. 이처럼 애국부인회는 지역의 질서를 반영하는 구조였으며, 임원회는 지사 부인을 중심으로 상급 관료의 부인과 지역 명망가의 부인이 모여 사교하는 장소나 마찬가지였다.

애국부인회와 국방부인회 필자가 만난 야마구치 현山口縣의 전직 현의원 부인(당시 82세)은 지방 소도시의 명망가 집안 출신이며, 당시 애국부인회 현지부에서 가장 젊은 임원으로서 간사를 맡았던 사람이다. 부인은

"모임에 참석하는 분들은 모두 잘 차려입고 나왔지요."라고 증언했다. 부인은 시기구분을 할 때 각 시점을 모두 현지사의 이름을 기준으로 하여 기억했다. 그것은 지부장이 현지사 부인이었고, 주요한 기억이 지사 부인을 둘러싸고 형성된 살롱에서 일어난 일로 구성되었기 때문이다. 이와 대조적으로 국방부인회로 넘어가면 부인의 기억은 완전히 바뀌어 동네 골목에서 일어난 사건뿐이다. '군인의 아주머니'라고 부르는 열성회원이 시도 때도 없이 집을 방문해 주부를 데리고 전송행사에 갔으며, 자기도 당번이 되어 돈을 걷으러 다녔다는 것이다.

무엇보다 필자가 놀란 것은 "국방부인회로 바뀌면서 애국부인회는 없어지고 말았다."는 증언이었다. 이는 현실을 단적으로 보여주는 말이었다. 『애국부인회 야마구치 현 연혁지』를 조사해보면 부인은 1941년에 임원급 근속공로자로 표창을 받았으므로, 분명히 당시에도 간부 중 한 사람이었다. 실제로 애국부인회는 존재했다. 그러나 현실적으로 애국부인회는 유명무실했다. 부인의 증언이 더욱 흥미로웠던 것은 애국부인회 중에서도 전국 제1의 조직률을 자랑하던 야마구치 현의 사례였기 때문이다.

회원 추가 모집을 위해 애국부인회는 모든 현과 시정촌에 책임량을 할당했다. 회비 수입은 쇼와 시대에 접어들면서 해마다 줄어들었으며 회원 가운데 실제로 회비를 부담하는 사람의 비율은 약 50퍼센트 정도였다는 본부의 보고가 있다. 특히 농촌에 불어닥친 불황의 영향이 컸던 지방에서는 회비 징수가 어려웠다. 양잠업이 불황에 빠진 나가노 현의 1933년 목표액은 2만 5,743엔이었으나 실제 수납액은 9,320엔이었으므로 수납률은 36퍼센트였다. 다음 해인 1934년의 실적도 38퍼센트에 불과했다.

애국부인회가 분회 체제를 도입한 것은 1933년 3월이다. 분회를 만들자는 생각은 1931년 말부터 오하라 사무총장의 구상 속에도 있었지만, 실제로 먼저 분회조직을 만든 것은 국방부인회이다. 애국부인회가 분회 설치를 위해 규약을 개정했을 때, 이미 오사카에서는 국방부인회가 잇달아 분회를 만들면서 세력을 확대하고 있었다. 애국부인회가 먼저 분회 설립에 착수했지만 실제로는 앞서가는 국방부인회에 대항하면서 그 뒤를 좇아가는 모양새였다.

군부의 속마음 이때 애국부인회는 처음으로 국방부인회에 대응하는 방법을 협의하고, 국방부인회가 전국적 조직으로 발전하지 못하도록 막으려는 방책을 비밀리에 각 부현에 전달했다. 다음은 야마구치 현이 시정촌에 보낸 통첩 중 일부이다.

> 각 간사부幹事部, 위원구委員區, 회원이 만족할 만한 활동상을 보여주지 않는 한, 군부에서 새로운 단체를 조직하려는 추세를 거스르기는 어렵다. 그러므로 간사부와 위원구에서도 자주 군부 측과 연락을 유지하고 국방상 요구나 기타 시국이 요구하는 바에 반드시 부응해야 한다. 간사부, 위원구, 모든 회원 각자의 활동을 촉구하고, 이로써 비슷한 종류의 단체가 발생하는 것을 미리 방지하도록 유의할 것이며, 이를 위해 귀 기관이 협조하기 바란다.

간사부는 시군市郡, 위원구는 정촌 단위에 마련된 조직이며, 나중에 분회가 되었다. 통첩의 내용은 애국부인회의 활동이 활발하지 못하므로 군부가 국방부인회를 신규로 조직하는 것은 시대의 대세이지만, 앞으로 애국부인회가 군부와 연락을 취하며 활동하여 국방부인회의 발생을 미리 막으라는 것이다. 같은 취지를 가진 이바라키 현의 통첩에는 지사가 신규단체인 국방부인회에 찬성한다는 의사를 나타내지 말라는 것까지 명기했다.

당시까지 아직 오사카 지역 회원이 주체세력을 형성하고 있었던 국방부인회가 '회원 10만 명이 있으면!' 이라는 구호를 내걸자, 애국부인회는 이에 대항하여 '황실을 중심으로 전국 여성 결속! 1천만 명 회원!' 을 들고 나왔다.

애국부인회는 오랜 세월을 거치며 실적을 쌓아왔다. 그때까지도 국방부인회가 엄청나게 커질 것이라고 예측한 사람은 아직 없었다. 다만 육군이 애국부인회에 대해 비판적이었으며 새로 등장한 국방부인회를 지원하는 상황이었다. 애국부인회의 기구개혁을 육군은 초조한 눈으로 바라보았다. 결과부터 말하자면 애국부인회를 개혁하려는 오하라의 구상을 국방부인회가 모두 받아들여 재빨리 실천으로 옮겼다. 처음에는 육군도 애국부인회에서 국방부인회로 말을 바꿔 타는 것이 아직까지는 위험하다고 생각했다. 그러나 국방부인회가 미처 예상하지 못한 속도로 확대되고 대중적 인기가 높아지자 육군 당국도 강경한 입장으로 바뀌어 국방부인회를 밀어주는 방향으로 급속하게 기울었다.

여기에서는 오사카 국방부인회의 놀라운 행동력과 더불어 이를 재정적으로 지원하기 위해 만들어진 중소기업인의 집단인 조성회助成會가 제공한 자금이 중요한 역할을 했다. 이시이 가호의 회상에 의하면 이렇게 모인 자금 가운데 많은 부분을 나카이 대좌가 기밀비로 사용했다 한다. 그 돈은 연대구 단위로 배분되어 국방부인회 지부를 결성하는 자금이 되었다. 소액이지만 운동비가 된 것이다. 자체 여성조직을 가지게 된 육군은 내무 관료의 소굴이며 경직된 애국부인회에 의지할 필요가 없었다.

회비 1935년부터 애국부인회와 국방부인회가 경쟁하는 시대가 되었다. 두 조직의 선전문, 입회 안내서를 비교해보면 국방부인회는 흔들리지 않는 우위를 차지했다. 앞에서 소개한 '본회의 특색'이라는 제목의 국방부인회 문서에 나타난 명백하게 애국부인회를 의식한 부분을 열거해보자. ①막대한 자금을 가지고 사업을 하는 모임이 아니다. ②회비가 소액이며 빈부귀천의 차별 없이 입회할 수 있다. ③갓포기를 입기 때문에 기모노를 차려입는 경쟁을 방지하고 있다. 그 가운데 특히 적은 회비는 획기적이었다.

이와 대조적으로 애국부인회가 대중에게 권유하는 문구에는 회비를 내라는 부탁이 빠지지 않는다. 이것이야말로 애국부인회의 바탕이 되는 정신이었기 때문이다. 이는 애국부인회의 아킬레스건이었다.

"애국부인회 가입과 회비 기증을 바랍니다."

"요즘처럼 지출이 많은 때에 말씀드리기 매우 어렵지만 …… 살림을 아껴 1년에 1엔이나 2엔의 회비를 만들어 '부인보국' 단체인 애국부인회에 입회하시기 바랍니다. 또한 독지가 여러분에게 이번에는 반드시 본 회의 자금을 마련하는 일에 정재淨財를 기증해주시기 부탁드립니다."

국방부인회는 대중 속으로 뿌리를 뻗어갔다. 애국부인회는 국방부인회에 대항하기 위해 우선 국방부인회와 더욱 같아져야 했다. 그리고 다른 한편으로는 애국부인회의 유일한 세일즈 포인트인 황실과 관련이 있다는 측면을 내세우면서 내무성과의 유대를 강화하고, 나아가 다른 여성단체들과 공동전선을 넓혀야 했다.

애국자녀단 여기에서 애국부인회가 대중화를 위해 스스로 기울인 노력 가운데 가장 성공했다고 생각되는 애국자녀단을 언급해보자. 경직된 애국부인회를 행동으로 지지한 것은 인원도 많지 않은 애국자녀단뿐이었다. 이 조직은 센닌바리나 위문대를 만들 때 애국부인회의 이름으로 활약하는 실제 활동대였다. 여기에는 처녀단과 소녀단도 포함되었으며, 1937년 10월에 453개 단, 13만 명의 규모였으나 전국적으로 일반화되지는 않았다. 그러나 가장 큰 출정기지인 히로시마廣島와 그에 못지않게 출정하는 군대를 송출하는 항구로 중요한 모지門司, 이밖에도 하카타博多 항이 있는 후쿠오카福岡 등지에서 애국자녀단의 조직률이 높았으므로, 애국부인회가 군대 송영사업을 펼치는 데 큰 도움이 되었다. 이 가운데 제1위인 히로시마 현에 40개 단이 있었으며, 이는 모두 고등여학교를 조직한 것이었다. 또한 후쿠오카 현에 35개 소녀단과 18개 자녀단이 있었다.

히로시마에서 자녀단이 가장 먼저 결성되었으며, 제1호는 현립 히로시마 고등여학교였다. 1934년 3월, 히로시마 사단에서 선발된 병력이 만주로 출동하였다. 이때 애국부인회, 일본적십자사, 군인후원회 히로시마 지회로 구성된 3단체가 연합하여 이쓰쿠시마嚴島 신사에서 만든 부적을 히로시마고등여학교 학생이 만든 부적 주머니에 넣어 보냈다. 이것이 계기가 되어 조직화가 시작되었다. 히로시마 고등여학교와 신도쿠進德 고등여학교 학생들은 이에 그치지 않고 센닌바리도 보냈다. 이후 애국부인회 히로시마 현지부의 실질적인 활동대가 된 고등여학교 애국자녀단의 존재가치는 높아졌다. 참고로 살펴보면 히로시마에서 군대가 이동하는 횟수는 아주 많았다. '만주사변'이 일어나 본격적인 출동이 시작된 이후만 보아도 1932년의 군대 송영 횟수가 히로시마 역 115회, 우지나 항 55회, 다른 곳으로 후송되는 환자의 배웅 57회, 유골 출영 52회로 행사가 자주 치러졌다. 이와 같이 군대 이동이 빈번하기로는 전국 제1위를 자랑하는 통과지점에서 국방부인회의 조직화가 다소 늦어진 까닭은 애국부인회 세력이 전국 유수의 강세였기 때문이다. 이는 마치 쇼와 시대에 오사카에서 국방부인회가 활동할 수 있는 무대가 마련되었던 것과 같이 러일전쟁 이래 히로시마는 군대 송영사업이 다른 부현에 비해 엄청나게 많았다. 히로시마에 있는 제5사단이 관할하는 히로시마, 야마구치, 시마네島根는 이 때문에 군과 애국부인회가 가장 밀착되었던 지역이다.

이와 같은 상황에도 불구하고 『애국부인회 히로시마 현지부 연혁지』에는 1933년에 국방부인회와 연합하는 것을 둘러싸고 문제가 일어났다는 기록이 남아 있다. 히로시마가 출정기지이기 때문에 군이 빨리 접근했다고 볼 수도 있다. 그러나 애국자녀단으로 보강한 애국부인회는 호락호락하게 국방부인회에 아성을 넘겨주지 않았다. 이 지역에서 국방부인회가 우세를 보이게 된 것은 중일 간에 전면전쟁이 발발한 이후의 일이다. 또한 애국자녀단도 중일전쟁 직후부터 확대되어 1940년에는 2,115개 단, 49만 명의 회원이 있었다.

여성 대중을 차지하기 위해 벌어진 전쟁을 방불케 하는 경쟁에서는 국방부인회가 승리했고 애국부인회는 상당히 뒤졌다. 그래도 1935년 무렵에는 애국부인회에도 분회조직이 정착되었으며, 이와 함께 분회가 설치된 시정촌에서 부인회를 탈취하고 회원을 늘리느라고 두 조직은 치열한 다툼을 벌이게 된다. 이치카와 후사에市川房枝는 『부인공론』(1938년 1월호)에서 이에 관해 다음과 같이 마무리하였다.

> 애국부인회가 가문의 문양이 새겨진 하오리[25]를 입는 상류계급 여성의 모임이고, 대중적이지도 않으며, 단체의 목적도 군사적 후원보다 사회사업으로 기울어지는 색채가 짙은 데 대해 군부가 불만을 품었기 때문에 국방부인회가 출현했다고 말해도 크게 틀리지 않다. 따라서 국방부인회는 창립할 때부터 애국부인회와 대립했으며, 애국부인회의 결점이라고 생각되는 점에 주목하면서

여성 대중을 획득하려 노력했다. 갓포기를 제복으로 정한 것도, 회비를 극히 저렴하게 정한 것도 이 때문이었다. 그 전술은 과연 교묘한 것이었다(「부인단체의 현상과 통제문제婦人団体の現状とその統制問題」).

5. **확대된 비상시국**—산업조합

농촌 여성 국방부인회가 비상시국을 맞아 대표선수로 등장했다는 것은 이미 분명한 사실이었다. 군대가 통과하는 지점에 있는 도시를 거점으로 삼아 분회가 연쇄적으로 뻗어나갔다. 이와 대조적으로 농촌에서는 다른 종류의 비상 사태가 발생하고 있었다. 농촌의 궁핍과 파멸에 대응하는 농민의 움직임이 일어나고 있었다. 이런 와중에서 활발하게 진행된 농촌 여성의 조직화와 도시에서 출현한 국방부인회 사이에는 불가사의한 대응 관계가 있는 듯이 보인다.

농촌구제라는 말이 자력갱생운동을 의미하는 가운데 마을마다 조직된 생산조합과 산업조합에서 여성의 활동이 급속하게 늘어났다.

산업조합과 관계된 여성단체는 쇼와 시대로 들어오며 눈에 띄기 시작했다. 1932년에 농촌갱생운동이 시작되면서 여성단체가 잇달아 설립되었다. 「산업부인단체에 관한 조사」에 따르면 1931년 현재 산업조합에는 324개의 부인단체가 있었다. 1932년에만 새로 266개 단체가 설립되었다. 1933년에는 146개, 1934년에는 106개의 여성단체가 설립되었다. 회원 총수는 1935년 현재 24만 2,453명이었다. 이 조직은 대일본국방부인회, 애국부인회, 대일본 연합부인회와 비교해 서열은 낮았지만 '만주사변' 이후의 성장 속도를 보면 국방부인회와 어깨를 나란히 할 정도의 기세였다.

단체화는 되지 않았지만 산업조합 기관지 『이에노 히카리』의 동호회(도모노카이友の會)를 만드는 방법으로 농촌 여성의 조직화가 추진된 일도 간과할 수 없다. 이 무렵 각지에서 '이에노 히카리 대회'가 개최되어, 처음으로 농촌 여성을 조직하는 집회가 열렸다. 『이에노 히카리』 구독이 증가하는 추세는 거의 여성 활동의 성장과 비례했다고 말해도 무난하다. 『이에노 히카리』의 발행 규모는 1931년에 약 10만 부였으나, 1932년부터 급증하기 시작했으며 1935년에는 100만 부를 돌파했다.

자력갱생 산업조합에 속한 여성단체는 무엇 때문에 조직되었는가? 중앙회가 실시한 조사를 근거로 단체별 사업 내용을 보면, 조합의 조직확대 지원 174, 저금장려 261, 강습회 195, 강연회 149, 위안회 23, 오락회 5, 공동경작 8, 조산원 설치 2, 탁아소 13 등으로 되어 있다. 이 자료에서 저금을 장려하기 위해 설치된 단체가 많은 것을 알 수 있다. 특히 자력갱생운동에서는 파산하는 농촌을 구하기 위해서 부채정리를 중심사업으로 설정할 수밖에 없었다. 이를 위한 대책의 주안점은 절약, 생활 합리화, 저축에 있었다. 이 때문에 주부가 동원된 것이다. 마을마다 세워야 하는 갱생계획에서 주부는 불가결한 요소였다. 이제 전국적으로 실행된 경제갱생 계획의 실태를 다음과 같이 요약할 수 있다.

① 기상 시간을 알리는 새벽 종 울리기—아침식사 전에 한 차례 작업하는 것이 목적. 주로 청년단이 담당.

② 시간준수—노동과 생활규제, 조합 등 집회가 많아졌다.
③ 생활개선—가계부 작성, 관혼상제 등에 남아 있는 악습 타파와 절약, 주로 부인회가 담당.
④ 자급자족—비료, 간장, 차, 누룩, 멍석, 짚신 등.
⑤ 부업장려—농한기에 남는 노동력과 노인, 부녀자의 노동력을 활용하는 것이 목적.
⑥ 정신진흥—국경일과 기념일에 국기게양, 신사참배 등.

농촌경제 갱생운동도 결국은 일을 더 하자는 것이었다. 비용지출을 되도록 줄이고, 축제를 화려하게 하지 않으며, 마을회의에는 참석하고 신사를 잘 섬겨야 한다는 내용이 강조되었다. 이것은 집안을 총동원해야 하는 일이었기 때문에 주부의 역할도 커지게 되었다.

산업조합의 강사였던 마루오카 히데코丸岡秀子는 이 무렵 나가노 현에서 열린 좌담회에서 어떤 여성으로부터 "조합에서는 저금을 하라고 권유하지만 우리는 저금을 하기 전에 저금할 돈을 버는 방법을 알고 싶다."는 항의를 받았다는 이야기를 『일본 농촌 부인문제』에 썼다. 이에 대해 마루오카는 "사업내용에서 저금장려가 가장 다수를 차지한 까닭은 갱생운동이 신용사업에 편중되었기 때문이다. 여기서 조합 상층이 가졌던 욕구에 적합한 활동이 강조되었던 이면을 엿볼 수 있다. 이러한 측면에서는 국방 저축을 촉구하기 위해 국방부인회와 연락하고 협조하게 되는 경향도 쉽게 나타났을 것이다."라고 말하면서 마루오카는 저금을 위한 조직화 과정에서 나타난 한 가지 측면을 설명했다. 그러나 이러한 계급적 측면만이 아니라 국책적인 의미가 더욱 중요하다.

잠업조합 가정생활 개선과 저금을 위해 주부를 동원하는 것은 원래 하마구치浜口 내각의 정책이었다. 다만 이 정책은 주로 도시 여성을 대상으로 했다. 1932년 이후 경제갱생운동이 전개되는 가운데 농촌 여성이 보다 많은 역할을 수행하도록 부담을 떠안게 되었다. 그러나 농촌에서 여성의 역할이 증대되는 경향은 소비 영역에서만 일어나는 일이 아니었다.

특히 양잠 지대에서는 이 시기에 각 마을마다 잠업조합 부인부가 설치되었다는 보고를 자주 볼 수 있다. 산업조합이 실시한 조사에 의하면 공동경작이나 탁아소 등 생산과 직접 관련된 사업은 아직 드문 것처럼 보이지만 여성이 생산 활동으로 진출하는 모습을 반영하는 현상이 적지 않다. 그러나 농촌에서는 옛날부터 여성이 생산에 종사하고 있었으며 경제갱생운동 때문에 일하기 시작한 것도 아니었다. 정확하게 말하자면 여성노동이라는 요소를 제외하고 갱생계획을 세울 수 없었다. 이 때문에 여성의 조직적 동원이 필요하게 된 것에 불과하다. 그러나 이는 사회적으로 중요한 의미를 가질 수밖에 없다. 양잠업의 작업 과정을 보면 누에를 챙기는 것은 여성의 일이었다. 양잠은 남자가 근처에 올 수가 없을 정도로 여자가 실권을 가졌다. 이러한 기반 때문에 잠업조합에서 부인조직이 표면에 나타날 수 있었다.

농회農會[26]를 보아도 각지에서 여성으로 조직된 농회가 설립된 사례가 있다. 도시의 '갓포기 현상'은 아니지만 농촌에서도 여성의 존재가 부각되었다. 이들은 아직 복장이 하나로 통일되지는 않았지만 대체로 몸뻬 차림이었다. 이 책 마지막 장에서 '몸뻬 현상'을 다룰 예정이지만, 여기에서는 농촌의 여성이 입는 몸뻬가 도시에서는 방공연습을 할 때 입는 복장이 되었고, 자원을 뿌리까지 뽑아내는 총동원 시기를 맞아 여성이 모두 몸뻬를 입는 현상이 나타나게 된 과정을 확인하고 넘어갈 필요가 있다.

Ⅳ
군사, 생활, 권리의 우선순위—일상의 관점

|『부인국방독본』(국방부인회 간사이 본부)|

1. 총동원연습—자원, 방공, 수해

회원확대 1943년 4월 10일에 국방부인회 총본부가 발족하면서 전국 조직화를 선언했다. 이때 국방부인회는 지방 본부 8, 지부 40, 분회 1,136, 회원 총수 54만 2,800명이었다. 아직 회원의 반수는 간사이 본부가 차지하고 있었으므로 지방으로 조직이 확대되기 시작하는 단계였다.

전시라는 상황을 감안하더라도, 국방부인회는 지나치게 많은 회원을 모은 것이 아닌가 하는 의구심이 든다. 이렇게 많은 회원으로 도대체 무엇을 하려 했던 것일까?

같은 해, 간사이 본부는 방공연습과 마찬가지로 여성을 국가 총동원 체제에 참가시키는 연습이라고 말할 수 있는 '국방 부족자원 모집운동'에 착수했으며, 갑자기 들이닥친 간사이 대풍수해를 맞아 총력을 기울여 구조 활동을 했다. 이 세 가지 활동은 총동원 방식에 입각하여 새로운 활동 유형을 만들어내려는 시도라고 할 수 있다.

바로 그 전 해에 펼쳤던 회원확대운동을 보아도 아직 총동원 방식의 활동은 없었다. 예를 들어 간사이 본부의 기관지 『부인국방』은 회원확대를 호소하면서 10만 회원을 획득하면 국방부인회가 어떤 활동을 할 수 있는지에 대해 월별 예산을 제시하면서 다음과 같은 청사진을 그리고 있다.

① 위문대 월 1,000엔 : 1,000개분, 1년 동안 관동군 장병의 반수에게 위문대 제공
② 통과하는 군대 위문 월 300엔 : 밤과자를 1,500명에게 제공
③ 유가족 위문 월 400엔 : 20엔씩 20가족 지원

④ 조의금 월 300엔 : 통과하는 유골과 관할 구역 출신 전사자 장제비 6엔씩 50명분
⑤ 가장이 출정한 가정 위문 월 1,000엔 : 20엔씩 50가족 지원
⑥ 강연 · 영화 월 600엔 : 20회분, 1회 30엔의 예산
⑦ 회보 월 1,000엔 : 10만 부 인쇄비

이와 같이 군대와 가족의 위문이나 송영을 중심으로 하는 보살핌 중심형 활동을 보다 충실하게 실천하기 위해서는 회원을 늘릴 필요가 있었다. 본부의 월 예산이 5,000엔이므로 회원을 10만 명으로 역산하면 일인당 월 회비는 5전이다. 이 금액은 다카사키 국민국방동맹회의 회비와 같다. 차이는 대도시인 까닭에 인구가 많다는 것뿐이었다. 국방부인회가 회비를 걷는 데 그치지 않고 봉사를 한다는 점이 갓포기 현상의 특징이라고 할 수 있지만 당시에는 아직 활동이 모금 우선이라는 틀에서 벗어나지 못했다.

모금 우선주의로 다수의 회원을 모았다고 해도 '누가 어떻게 송영과 위문 활동을 할 것인가' 하는 문제가 남아 있었으며 결국 임원과 당번 이외에는 어깨띠와 갓포기를 걸칠 만한 인력이 부족할 우려가 있었다. 그렇다면 애국부인회와 다를 바 없었을 것이다. 국방부인회 지도층은 아직까지 이 모순을 알아채지 못했다.

1년 후 오사카 국방부인회는 회원 수가 목표를 훨씬 넘어서는 20만 명이 되자 분회를 움직이고 분회원 개인을 동원하는 효율적인 방법을 찾아내야 하는 새로운 문제에 직면했다. 이 과제를 해결하기 위해서 여성이 참가하는 국가 총동원연습이 고안되었다.

폐품수집 국방 부족자원 수집운동은 여성이 참가하는 국가 총동원

연습을 가리키는 다른 이름이었다. 이 운동은 나중에 간사이 본부의 업적 중에서도 '빼어난 창의'의 소산이며 이시이 중좌가 이룩한 '걸작 중의 걸작'이라는 칭찬을 받았다. 1937년에 중일전쟁이 확대된 이후에는 국민정신총동원운동의 일환으로 여성이 주도하는 폐품수집운동이 대대적으로 벌어졌다. 이것이 당시에는 여성이 참가하는 후방지원 활동의 대명사가 되었다. 이 같은 후방지원 활동의 원형은 아직 그런 활동이 필요하지 않았던 1934년에 오사카 국방부인회가 만들어낸 것이다. 이러한 배경 하에서 국방 부족자원 수집운동에는 '창의', '걸작'이라는 찬사가 붙어다니게 되었다. 그해에는 방공연습, 간사이 풍수해 구조 활동만이 아니라 회원을 총동원할 일이 계속 벌어져 새로운 동원 모델이 만들어졌다.

국방부인회는 국방 부족자원 수집운동을 전개하는 과정에서 긴키近畿 지방의 방공연습을 준비도 할겸 여성이 참가하는 국가 총동원연습을 실시했다. 이를 위해 1934년 6월 21일부터 1주일 동안 동원연습이 있었다. 제1일은 국방자원일, 제2일은 문단속 완비일, 제3일은 귀중품 확인일, 제4일은 방공 준비일, 제5일 방독 준비일, 제6일 유가족 조사일, 제7일 방공 근무 적임자 조사일이다. 이 연습은 서로 어울리지 않는 내용으로 구성되어 있지만 가장 중시해야 할 날은 제1일이었다, 이때 국방부인회는 처음으로 부엌에 관심을 두었다.

가정의 부엌 쓰레기통에서 국방자원을 재생한다는 이 운동은 조직 규모가 스스로 감당하기 어려울 만큼 확대되었다는 우려를 자아내고 있는 국방부인회가 회원을 개별적으로 동원하여 방대한 쓰레기 자원을 내놓게 함으로써 큰 성공을 거두었다. 일주일 간의 동원연습을 시작할 때 국방부인회는 아래와 같은 상황을 상정하고 주부들을 독려했다.

"현재 일본은 다른 나라와 정의의 싸움을 하고 있다. 이미 군대는 전장에 나갔으며, 계속 동원령이 내려져 장정 남자 가운데 80퍼센트가 전장에 가 있다."

위에 기술한 상황은 전쟁 말기에 가서야 나타났으며 당시에 제시된 내용은 허구에 불과했다. 그렇지만 철, 구리, 알루미늄, 양모, 면, 고무 등의 폐기물 자원만은 확실하게 부업에서 수집되었다. 매각대금 3만 1,101엔 23전이 그 성과를 말해준다. 이 가운데 양모와 면 폐기물만으로 2만 엔이 넘었다. 그리고 모아들인 3만 엔으로 신체장애 부상병을 위해 휠체어 200대를 구입하여 병원에 헌납한 것 이외에도, 모포를 재생해서 유가족에게 기증했다.

이 같은 폐품수집 때문에 시 전체에 1만 명 정도 있었던 폐품업자들은 크게 당황하였다. 특히 국방부인회 운동의 중심지인 지쿠 항의 폐품업 조합원 600명은 국방부인회 때문에 생계에 위협을 받는다는 내용의 탄원서를 제출했다. 국방부인회는 예기하지 못한 항의를 받고 불우한 사람들의 생활을 위협한 것은 미안한 일이라고 인정하고 이 운동을 중지할 수밖에 없었다. 폐품업자 조합은 이에 감사하여 국방헌금 10엔을 냈다. 결과야 어쨌든, 국방부인회는 이 과정을 거치면서 부업과 결부된 총동원연습을 실시했으며, 더구나 부업과 국방자원을 직결시키자는 시위도 벌이는 일석이조의 운동을 찾아냈다는 데 의의가 있다. 효과는 여기서 그치지 않고, 부엌에 굴러다니던 생각하지도 않았던 돈을 찾아냈기 때문에, 이후에는 많은 분회가 이를 유력한 자금원으로 삼게 되었다.

방호단 머지않아 긴키 지방에서 방공연습이 시작되었다. 국방부인회는 방공연습의 주요 구성요소가 되어 등장했다.

재향군인회원, 청년훈련소생, 청년단원에 국방부인회 회원이 가세하여 방호단防護団이 구성되었다. 예컨대 니시구 마쓰시마松島에서는 400명 가운데 100명, 미나토구 구조도리九条通에서는 700명 가운데 150명을 국방부인회원이 차지할 정도였으며, 이들은 구호반에 배치되거나 배급반에서 취사 활동에 종사했다.

방공연습을 실시하는 과정에서 방호단은 1933년의 간토 방공연습 때부터 조직되기 시작했다. 여성을 구호반과 배급반에 최초로 배치한 것도 이때였지만 아직 도쿄에서는 여성의 활동은 두드러지지 않았다. 국방부인회에서는 고지마치麴町 분회의 참가가 눈에 띄는 정도였으며, 오히려 방공연습이 계기가 되어 국방부인회 분회를 결성하려는 움직임이 나타나기도 했다.

1930년대의 방공연습은 작전상의 의미보다는 군비를 과시하고 민중을 동원한다는 의미가 컸다. 군은 이를 내세워 지상 방공부대를 정비하지 않고 항공부대를 확대하는 데 이용했다. 오사카에서 방공헌금이 그렇게 많이 모였어도 방공병기를 충실하게 갖추었다고는 말할 수 없다. 육군 조병창의 고사포 생산통계를 보면 연간 증산율은 다른 야전포의 생산 증가율보다 훨씬 낮으며, 물론 비행기 생산 증가율보다 낮다. 해외원정을 중시하는 일본 군대에서 방공은 부차적인 위치에 지나지 않았다. 1933년 『시나노마이니치신문信濃每日新聞』의 주필인 기류 유유桐生悠々가 「어이없는 간토 방공대연습」이라는 사설을 통해 군국주의로 기울어지는 풍조를 비판했으며, 군은 이를 반군 언동으로 간주하고 강력한 압력을 행사했다.

그러나 일반 민중들은 결국 해마다 방공연습을 특별행사처럼 치러야 했으며, 연습을 위해 방호단이 편성되고 관제단체와 반半관제단체를 통합하려는 시도가 나타났다. 최초의 방공연습은 1928년에 오사카에서 실시되었으며 1929년에는 미토, 나고야로 이어져 계속되었다. 이 연습의 목적은 항공훈련과 등화관제였다.

등화관제 군은 등화관제라는 수단을 사용하면 구태여 계엄령을 내리지 않아도 도시 기능을 모두 군이 통제하고 군의 지휘 아래 둘 수 있다는 사실을 발견했다. 등화관제 초기에는 경찰, 소방, 재향군인회, 청년단 등의 조직을 계통적으로 동원하는 연습이었으며, 민중을 동원하려는 계획은 없었다. 민중은 관객이었고 등화관제라기보다 일제 소등이었다. 다시 말해 최초로 등화관제연습이 실시된 오사카에서도 군의 통제 하에 5분 동안 소등하는 것이 성공의 지표였다. 하지만 소등에 따른 여러 가지 문제가 제기되었다. 예를 들어 열차, 전차, 자동차까지 모두 소등하면 위험하기 때문이다. 일반 민중이 소등 상황에서 해야 할 일에 대한 기준도, 지침도 없었다. 따라서 일제 소등 훈련 동안 범죄가 일어나면 어떻게 하느냐는 웃지 못할 근심마저 생겼다. 미토에서는 10분 소등하는 동안 시민이 모두 도로로 뛰쳐나왔다. 마치 축제를 하는 것 같았다. 헌병 부대장은 "사람들이 장난삼아 문 밖으로 나와 떠드는 것이 유감"이라고 말했다.

1933년에 실시된 간토 방공연습부터 일제 소등은 없어진다. 송전소의 스위치를 끄면 전 시내가 암흑으로 변해 잠시나마 도시 기능이 마비되었다. 더구나 방공 활동을 벌일 역량조차 없어지고 권력은 민중이 소란을 일으킬 수도 있다는 위험을 느꼈다. 이 때문에 '소등'이 폐지되고 불빛이 밖에서 보이지 않게 가리는 '등화관제'로 바뀌었다. 등화관제의 효과는 어느 정도였을까? 『도쿄니치니치신문』을 보면, 이 연습에서 모의 적기를 조종한 비행사는 "군대, 학교는 완벽하게 해냈지만 간다神田 쪽에서는 밤 벚꽃놀이를 보는 것 같았다."고 보고했다. 야간에는 학교에 사람이 없는 것이 당연하지만 다른 지역에서는 밤 벚꽃놀이를 하는 것처럼 찬란한 불빛이 보이는 것이 엄격하게 실시된 등화관제의 실태였다. 게다가 경시청은 긴자에서는 풍기단속을 위해 필요하니 소등하지 말도록 경고했을 정도로 앞뒤가 맞지 않았다. 도로에서는 전조등을 켜고 달려오는 군대와 경찰의 차량을 경계중인 지역 청년단이 정지시켜 시비가 붙기도 했다.

방공연습 간토 방공연습에서는 도시를 군사적으로 통제하고 지휘하는 기능을 정비하는 데 그치지 않고 민중을 통제해야 한다는 새로운 과제가 생겼다. 본격적으로 통제 계통을 편성하고 민중을 동원하는 일이 진행되었으며, 이를 위해 방호단이 결성되었다. 방호단이 도쿄에서는 구區 단위로 재향군인회, 청년단, 청년훈련소, 여자청년단, 조나이카이町內會, 여성단체, 의료위생단체, 소년단으로 구성되었다. 1932년 가을에는 5만 명이 모여 결성식을 거행했다. 여기에 경찰과 소방이 가세하여 경호, 경보, 방화, 교통정리, 피난소 관리, 공작工作, 방독, 구호, 배급의 9개 반으로 편성되었다.

이처럼 방공연습은 관민통제훈련이 되었으며 실험 삼아 민중을 동원할 기회가 생겼다. 1934년에 실시된 긴키 방공연습도 간토 방공연습을 답습했으며, 국방부인회가 주요 구성요소가 되었다. 오사카 국방부인회는 일본 최초의 여성 방공교범이라고 불러야 할 『부인방공독본』을 편찬하여 배포했다. 아직 가정 방공은 방공연습의 주체가 아니었고, 몸뻬를 입는 것도 아니었지만, 아주 미미하게나마 그런 조짐이 나타났다는 것에 주목할 필요가 있다. 이에 대해 이시이 중좌도 처음으로 여성은 피난보다 화재 방지를 위해 노력하는 것이 중요하다고 언급했다. 또한 국방부인회의 세포조직이 유언

비어를 방지하는 역할을 한다는 것을 강조했다.

국방부인회원의 참가의식을 나타내는 담화를 『오사카아사히신문』에서 인용해보기로 하자.

> 여성이 일하는 분야는 구호, 병참, 피난자 돌보기 등이다. 이는 평소에 하는 일이므로 아무것도 아닌 것 같지만, 실제로 해보면 상당히 성가신 일이라는 귀중한 체험을 얻었습니다. 1,000명이나 2,000명분의 식사도 일정한 시간 내에 만들 수 있다는 자신이 붙었습니다. 취사는 비교적 나이 드신 부인들께 부탁했는데 어떤 분들은 하녀가 하는 일이라고 싫어하기도 했습니다. 앞으로는 임무에 상하의 구별이 없다는 마음의 준비를 해주시기 바랍니다(사이비濟美 제3분회, 요시다 아키吉田あき, 1934. 7. 29).

재해 구조 같은 해 9월 21일, 간사이 지방에 대규모 풍수해가 일어났다. 사망자와 행방불명자가 3,000명이 넘은 일찍이 볼 수 없었던 재해였으며, 그중에서도 오사카의 피해가 컸다. 특히 항구 주변에 피해가 집중되었다. 재해 상황을 지도로 그려보면 기이하게도 국방부인회의 세력분포와 비슷하다. 이때 국방부인회는 구제 활동을 벌이며 압도적인 실력을 과시하게 되었다. 이때 보여준 활동 때문에 오사카에서 국방부인회의 힘이 사회적으로 깊이 파고든 계기가 되었을 것이다. 군사 이외의 영역으로 활동분야를 확대하지 않았던 국방부인회가 긴급사태 덕분에 금기를 깨고 비로소 사회적인 구제 활동에 나선 것이었다.

국방부인회는 재해가 일어나자 즉시 단체의 취지에 입각하여 출정하거나, 군복무 중인 군인 가족을 돕기 위해 위로금 2만 엔을 지출하고 구호에 나섰다. 그러나 현지를 방문한 회원들로부터 군인 가족과 일반 가족을 가릴 것 없이 재해가 심각하므로 그들을 구별하지 말고 구호에 나섰으면 좋겠다는 요청을 받게 되었다. 재해 다음날 밤에 본부는 긴급회의를 열고 전면적인 구조 활동을 위해 출동할 것을 결정했다.

그때부터 국방부인회는 민첩하게 움직였다. 비교적 피해가 가벼운 시내의 150분회에 지령을 내려 각자 헌옷과 이불 1인분, 주먹밥 1인 1일분을 준비하도록 했다. 이틀째부터 20~30명이 집단을 이루어 양동이와 도시락을 가지고 청소와 세탁봉사에 나섰다. 구조 활동을 지원하는 트럭에는 대체로 청년단원, 재향군인회원과 갓포기 차림의 국방부인회 회원이 동승해 봉사를 하러 갔다. 또한 오사카마이니치신문사와 협력해 긴급하게 이불 9,932매를 제작했다. 이는 훗날 '5시간 만에 주먹밥 15만 개, 3일 동안 이불 1만 개 만들기'라고 이야깃거리가 되었다. 이번 재해 구조에서는 모든 부인단체가 앞을 다투어 활동했다.

신문사도 역시 헌금 모집을 시작하고 구제사업을 조직하였다. 『오사카마이니치신문』과 제휴한 국방부인회, 『오사카아사히신문』과 손잡은 전간사이 부인연합회의 활동이 돋보인다. 국방부인회의 활동은 양적으로도 발군이었으나, 무엇보다도 갓포기로 상징되는 노동봉사와 긴급 지원한 주먹밥처럼 지역 곳곳에 직접 전달되는 구조 활동을 전개함으로써 누구도 미처 예상하지 못한 실력을 발휘했다. 오사카 시가 정리한 『오사카 시 풍수해지誌』에는 각 여성단체의 구조 활동 출동인원, 위문품의 수량과 금액이 집계되어 있다. 그에 따르면 국방부인회는 단위 자체가 다를 만큼 압도적인 실적을 올려 역량을 숫자로서 보여주었다.

총동원 실험 이와 같이 재해 출동은 국방부인회의 역량을 보여주는 계기가 되었을 뿐만 아니라 군사에 한정된 활동분야를 사회적으로 넓히는 획기적인 사건이 되었다. 이후에 국방부인회는 활동이 군사적인 틀을 벗어나지 않도록 자기 규제를 하고 있었다. 그러나 중일 전면전쟁이 벌어진 다음부터 일본은 국가 총력전을 수행하게 되었다. 후방의 소비경제운동은 총력전 체제에서 큰 비중을 차지하는 요소가 되었다. 이 분야에 국방부인회도 관여하게 되었으므로, 풍수해 구조 활동은 귀중한 경험으로 활용되었고 소비경제운동으로 넘어가는 다리가 되었다. 야스다 세이는 긴급동원을 하며 겪은 일을 다음과 같이 말하고 있다.

| 국방부인회의 위문품을 실은 트럭 부대 |

> 그날 아침 엄청난 파도와 함께 밀려온 물로 우리 집은 순식간에 방바닥까지 물에 잠겼습니다. 하지만, 그때 '예기치 않았지만 우리들이 활약할 시기가 왔다.'고 직감했습니다. 즉시 군대식 훈련의 성과를 살려 노력봉사를 시작했습니다. 우리는 지금까지 기상재해 때문에 발생하는 비상 상황은 그다지 염두에 두지 않았고 국제적 위기가 초래하는 비상시국만 생각했습니다. 하지만 이렇게 해서는 안 됩니다. 앞으로는 더욱 훈련을 열심히 해서 어떠한 경우에도 쓸모가 있는 여성단체가 되어야 합니다. 그렇게 해서 남자들이 조금이라도 유용한 일을 하게 되기를 바랍니다.

대부분의 여성단체들은 헌금을 모으기는 해도 스스로 몸을 움직여 뒤치다꺼리를 하는 봉사를 하려고 하지 않았다. 식사를 제공하기는 했으나 돈만 내고 사람을 고용해 식사 준비를 한 애국부인회와 회원들 각자가 일인분씩 주먹밥을 만들어 5시간 이내에 15만 개나 가져온 국방부인회의 대응방식은 달랐다. 시연합 부인회도 노동력을 제공했다고는 하지만 간부 몇 명이 엽서를 10장씩 대필한 정도이며, 그것도 연인원 148명에 불과하다. 그래도 전간사이 연합회는 소규모이기는 하지만 의료 구호반을 만들고, 가두모금을 했으며, 학교에 다니는 아동들에게 위문대를 보냈다. 이와 대조적으로 국방부인회는 날마다 트럭을 타고 양동이를 든 채 뒷수습을 하러 출동하였다. 여기에 동원된 연인원은 3만 8,948명에 달했다. 야스다의 이야기 속에는 이런 일을 해냈다는 자부심이 내포되어 있을 뿐만 아니라 남자와 나란히 활동분야를 넓혀가려는 태도와 함께 1년 전의 담화에도 나와 있는 '절반의 책임'을 완수하려는 자세가 여전히 유지되고 있다는 것을 확인할 수 있다.

재해를 겪으며 이루어진 국방부인회원의 동원에는 국방자원 수집운동, 방공연습의 뒤를 잇는 총동원이라는 성격이 있다. 분회를 동원 단위로 하는 지휘 계통을 가지고, 한 사람 한 사람의 헌신적인 노력을 모으는 총동원 체제를 실험한 것이다. 이 실험을 통해 이후에 전개된 총력전 체제 하에서 후방 총동원 체제를 구축하는 데 필요한 유용한 경험이 축적되었다는 것에서 역사적 의미를 찾을 수 있다. 이는 회원을 대량으로 보유하게 된 국방부인회가 새로운 운영원리를 찾아내는 계기가 되었다.

이와 같이 해서 국방부인회는 명확하게 일본 사회와 여성계에서 위협적인 실력을 갖춘 최고의 세력으로 부상했다. 따라서 사회적 알력이 바깥으로 드러나는 것도 당연한 추세였다.

2. 생활개선의 관점—전간사이 부인연합회全關西婦人連合會

생활개선 농촌 여성의 사회적 역할이 증대하고 도시에서는 국방부인회가 확산되었다. 이것이 비상시의 양면성이라는 점을 감안하더라도 어디까지나 파행적 현상이었다. 애국부인회에 대해선 앞서 언급했으나 생활개선이나 여성의 권리확대를 지향한 도시의 여성단체들은 어떤 활동을 벌였을까? 간사이 대풍수해에서는 국방부인회와 비교해 다른 여성단체의 역량이 부족하다는 사실이 명확하게 드러났다. 그러나 필자는 여기서 일상의 시점에서 여성조직과 비상시에 보다 신속하게 적응하는 조직을 비교·검토해 보겠다.

이를 위해 여성조직의 계보를 약간 거슬러올라가 살펴볼 필요가 있다. 1920년 전후에 정부가 펼친 민력民力 함양운동은 전국적으로 지역에 부인회의 설립을 촉진하는 계기가 되었다. 이 가운데 지도적 역할을 수행하도록 만들어진 생활개선동맹회가 있었다. 생활개선동맹회는 그때까지 일본에 남아 있던 문제로서 첫째 인습이라는 타성, 둘째 사상의 황폐와 민심의 이완이 심각하다고 지적하면서 가정과 사회생활의 개선을 주장했다. 여기에는 급속한 도시화 및 이로부터 야기된 쌀소동뿐 아니라 사상적 위기라는 사회적 배경이 있었다. 따라서 국민이 근대 도시 사회에 적응할 수 있도록 지원하고 사상 문제에 대한 대책을 세운다는 두 가지 목표를 통합한 생활개선운동이 시행되었다. 자세한 내용을 보면 새로운 도시 상황에 맞추어, 공동주택의 개발, 양복 장려, 결혼식·피로연, 장례의 간소화, 시간 엄수, 연회宴會 같은 근대화가 포함되었다. 동일한 과제는 문부성이 가정교육 진흥을 내걸고 1931년에 조직한 대일본 연합부인회의 사업에도 여전히 계승되었다.

다소 반동적인 의도를 가지고 조직된 생활개선동맹회가 전개한 운동이 도시화와 근대화라는 요구에 충분히 대응할 수 있었는가는 한 번 생각해볼 여지가 있다. 도시의 생활개선과 생활합리화를 내걸고 메이지 말기부터 끊임없이 노력했던 하니 모토코羽仁もと子의 자유학원과 이곳의 기관지 『부인의 벗婦人之友』의 영향으로 각지에 만들어진 '벗의 모임'이 오히려 일관되게 합리성을 가지고 지도적 역할을 해왔다고 보아야 할 것이다. 전쟁이 절정에 달해 절약과 생활합리화가 모든 국민의 과제가 되었을 때, 새로운 생활양식을 고안해낼 필요가 있었다. 이 때문에 자유학원이 실질적인 지도성을 가지게 된 것을 보고 필자는 불가사의한 감개를 느꼈던 것을 기억한다. 가계부도 원래는 하니 모토코가 제안한 것이며 『부인의 벗』뿐만 아니라 『주부의 벗主婦の友』도 도시 중간층에게 더욱 널리 보급되었다. 간편복도 마찬가지였다.

전간사이 부인연합회 생활개선동맹회가 만들어지기 2개월 전에 오사카에서는 아사히신문사의 주선으로 '부인 간사이 연합대회'가 개최되었고 서일본 전역에서 부인 대표가 참가했다. 생활개선동맹회와 비교하면 훨씬 진보성이 강한 모임이 발족한 것이다. 여기에서는 "항상 진보하는 시대의 사조를 받아들이고…… 현대에 적합하지 않는 관습을 물리치고 모든 힘을 기울여 생활을 개조하자."는 의견이 제시되었다. 다이쇼 데모크라시의 영향을 직접 느낄 수 있는 내용이었다. 아사히신문사 내부에서 이 조직을 위해서 진력한 인사는 하세가와 뇨제칸, 오에 소텐, 온다 가즈코였으며 온다가 '전간사이 부인연합회'를 맡는 전임자가 되었다. 온다는 이후 '전간사이 부인연합회' 이사장을 오랫동안 맡았다.

이와 같이 만들어진 '전간사이 부인연합회'는 획기적인 단체로서 1920년대에는 애국부인회를 제외한 최대의 여성단체였다. 여성단체를 규합해서 매년 대회를 열고 여성의 권리 문제부터 생활과 물가 문제에 이르기까지 폭넓게 논의했다. 하마구치 내각은 1929년에 공사公私 경제긴축운동이라고 부르는 교화를 목적으로 하는 동원운동을 일으켜 청년단, 재향군인회, 정촌부인회, 교화단체를 동원해 캠페인을 벌였다. 같은 해 9월에 '전간사이 부인연합회'는 오사카에서 '전일본 부인 경제대회'를 개최하였다. 정부는 이례적인 조치를 취해 아다치安達 내무대신을 비롯한 여러 명의 각료를 보내 여성에게 수입輸入억제와 소비절약을 호소했다.

양식파良識派 '만주사변' 이후 '전간사이 부인연합회'가 걸어온 발자취를 간단히 살펴보자. 1931년 11월에 개최된 대회에서는 이미 전쟁이 의제로 등장했다. 이때 일본군의 행동은 부전조약에 저촉되지 않으며 정의에 바탕을 둔 국제평화사상에 입각한 것이라고 규정했다. 다음 해에 열린 대회는 '일만日滿 연합 부인대회'가 되었다. 이 단체가 민감한 국제 문제와 관련된 쟁점을 먼저 제기한 것은 신문의 영향을 강하게 받았기 때문인지도 모른다. 그래도 발언이나 의결내용을 보면 여러 곳에 양식良識을 보여주는 표현이 나타난다. 회원들은 여성의 공민권 획득을 위한 50만 명 청원운동을 하였다. '부인선거권의 날(婦選デー)'에는 하얀 어깨띠를 두르고 200명이 시내의 회사를 방문해 청원 서명을 받으러 다니기도 했기 때문에, 어떤 면에선 부인선거권운동의 간사이 지회 같은 역할도 하였다. 또한 해마다 바자회를 열고, 녹화운동 기금 모으기에 협력하는 뜻으로 나무 씨앗을 팔기도

하였으며, 무료 아동 건강상담소도 여는 등, 적잖은 현실참여 활동도 전개했다. 그런 활동 외에도 군사 관련 강연회를 개최하여 적극적으로 사단에 접근하는 곳도 있었다. '전일본 부인 경제대회'에 모인 여성들은 부업, 여성의 산업조합 참가, 생계비, 일용품 규격, 여성의 경제지식 향상 등을 검토하기도 했다.

이처럼 '전간사이 부인연합회'는 자주적인 시민단체의 성격을 가졌다. 여기에 가입한 개별 단체 중에는 대일본 연합부인회에도 동시에 가맹한 조직이 많았다. 한편에서는 '전간사이 부인연합회' 소속 단체들은 대일본 연합부인회에서 나타나는 성격도 공유하고 있었으며, 사업내용은 대체로 건실했다. 더구나 이 단체들이 오사카에서는 가장 큰 영향력과 활동성을 과시하고 있었다. 그럼에도 불구하고 이들이 국방부인회 현상에 대해 정면으로 맞설 수 없었던 이유는 무엇일까? 과제의 보편성, 태도, 지성, 양식을 비롯해 모든 면에서 수준이 높았던 여성들이 국방부인회 현상 앞에서 밀려난 이유는 무엇이었는가?

첫 번째 문제는 전쟁에 직면했을 때 소위 양식과 지성을 갖춘 인사들이 보이는 대응방식이었다. 연합회는 비교적 일찍 일본군의 행동을 지지하는 입장에 섰지만 명확한 태도를 보이지는 않았다. 우선, 양식파의 평화의식은 국제연맹에 대한 신뢰와 기대가 바탕에 있었다. '부인평화협회'는 이런 집단의 대표와 같은 위상을 가지고 있었다. 일본군의 행동은 양식파와 같은 논리를 가진 인사들을 계속 곤혹스럽게 만들었다. 현실적으로 전개되는 상황 속에서 '국제정의'를 찾아내야 하는 양식과 지성을 갖춘 인사들의 변명은 구차해지고 둘러대는 말만 늘어갔다. 이와 같은 딜레마와 일본 지식인에게서 일반적으로 나타났던 전향 현상 사이에는 공통점이 있다. 결국 자기가 만들어낸 명분과 변명거리에 대해 자기 스스로 모순을 느끼게 되었던 것이다. 그래서 심각한 자가당착에 빠지게 되는 것이다.

'전간사이 부인연합회'는 심각한 자가당착을 겪지는 않았다. 재빨리 '일본과 만주의 연대'라는 슬로건을 들고 나온 데서도 나타나듯이 현실 적응력이 강했다. 그럼에도 불구하고 아직 변명거리를 찾아내는 수준의 활동만 가지고는 이 시기에 국방부인회가 벌인 명확한 행동을 감당해낼 수 없었다. 지적인 여성들은 바자회를 열고, 씨앗도 팔았으며, 길거리에도 나서고, 신문에도 등장했지만 주전자를 들고 역에 가는 일은 하지 못했다. 그들이 평화를 말하는 시간에도 병사들은 잇달아 출정했다. 우선 전송이라도 해야 한다는 서민들의 행동을 이길 수 있는 논리는 없었다.

생활 문제 둘째, 국민적 주요 관심사였던 생활개선과 합리화를 지향하는 운동의 방향이다. 이 시기에는 도시에 기반을 두고 생활개선을 주요 목적으로 하는 많은 여성조직이 존재했지만 국방부인회 현상이 일어나자 자취를 감추었다. 1929년에서 1931년까지 3년 동안 생활개선은 하마구치 내각이 추진한 수입억제와 긴축을 지향하는 정책과 결합되어 사회정책의 주요내용을 구성하고 있었다. 하마구치 내각과 와카쓰키若槻 내각이 쓰러지고 정우회政友會 내각이 들어서면서 경제정책이 바뀐 것도 도시를 중심으로 전개된 생활개선운동이 후퇴한 이유라고 볼 수 있다. 헌금 현상이 일어나자 절약운동과 저축운동의 위상도 달라졌다. 용돈을 절약해 병사에게 위문금으로 보낸 것이 전형적인 미담으로 부각되는 것에서도 볼 수 있듯이 절약의 목적은 헌금이었다. 그렇다면 수단에 불과한 절약보다 목적인 헌금의 가치가 높아지게 마련이다. 또한 헌금보다 말없이 봉사하는 것이 더 가치 있는 일이라고 할 수 있다. 이렇게 보면 도시의 생활개선운동은 국방부인회 현상보다 상위의 가치영역에 자리잡을 수 없었다.

앞에서 언급한 나가노와 야마나시의 사례에서 보았듯이 빚에 쫓겨 헌금할 여지가 없을 때에만 헌금을 거부할 수 있었다. 이것이 농촌의 실태였다. 따라서 농촌에서는 애국기 헌금이 제대로 이루어지지 않았다. 이 사실에 대해 현민들은 그다지 치욕으로 느끼지 않았다. '비상시'라는 말이 농촌과 도시에서 분명히 다른 의미로 이해되었기 때문이다. '비상시'가 행동을 결정하는 가치기준이 된 경우에도, 가장 중요한 기준이 농촌에서는 생활, 도시에서는 전송과 위문이었다는 것을 이해할 수 있다.

생활개선과 합리화라는 과제가 등장하게 된 배경을 심층적으로 살펴보면 도시화가 진행되는 상황에서 발생하는 생활방식의 변화라는 문제가 밑바닥에 있었기 때문에, 도시 중간층의 등장과 시민생활의 다양화라는 변화에 대응할 필요가 있었다. 여기에서 필요한 기본원리는 시민생활의 합리화였으며, 운동의 관점에서 보면 이를 저해하는 인습과 오래된 폐해를 단절해야 했다. 이 때문에 실제로 실무를 맡은 지도자들은 결국 서구지향주의자로 분류되는 인사들로 구성된 집단이었다. 이들의 학력을 보면 간토와 간사이에 하나씩 있었던 여자고등사범,[27] 일본여자대학, 이색적인 자유학원 등을 비롯해 서구적인 근대 교육을 받은 것은 모두 마찬가지였다. 여기에는 일본의 자본주의적 발전이 서구화라는 진로를 따라 이루어졌다는 역사적 과정이 반영되었다. 이 시기에는 서구화라는 이념 하에 많은 외국 물건이 유입되었다. 서구화는 경조부박輕佻浮薄한 풍조를 한탄하거나 근검절약, 소박함, 긴축緊縮이라는 덕목을 칭송하는 운동과 모순이었다. 그러나 서구화라는 가치와 상품이 많다는 점에서 실감하는 풍요함이나 시민생활의 합리화를 지향하는 새로운 사회의식 사이에는 합치되는 측면이 상당히 존재했다. 현재도 또한 마찬가지일 것이다.

생활개선동맹회가 조직된 이후에는 생활개선전이 자주 열렸다. 그러나 생활개선전의 성격을 보면 생활을 짜임새 있게 하라는 운동인지 신상품 판촉인지 분명하지 않은 것이 많았다. 이러한 눈으로 보면 1920년대에 여성을 동원하는 경로는 도시화를 배경으로 하는 서구지향주의 및 이를 기회로 삼은 상업자본의 대표인 백화점과 국가 주도의 근검절약운동이었다. 생활의 개선과 합리화라는 요구는 대체로 이러한 세 가지의 단순한 선이 교차하는 지점에서 이루어졌다.

1920년대에 강조된 소비억제 및 생활합리화와 '만주사변' 이후에 등장한 후방지원행동은 중일전쟁이 전면전으로 확대된 다음에 비로소 서로 접근하여 여성동원을 촉구하는 양대 행동원리가 되었다.

3. 권리의 관점—부인선거권婦選 획득동맹獲得同盟[28]

부인선거권동맹 여기에서 별도의 여성조직에 대해 언급할 필요가 있다. 그것은 여성의 권리향상을 지향하는 시민단체이다. 이러한 흐름의 대표 격인 '부인선거권 획득동맹'의 활동을 살펴보자. 〈도표 4-1〉에 나타나듯이 동맹의 조직 규모는 국방부인회나 산업조합 부인단체가 급상승하는 경향을 보인 것과 반대로 하향곡선을 그리고 있다. 이것은 헌금 현상에서 시작해 국부 현상으로 나아가는 상황이 '부인선거권 획득동맹'에게는 불리한 요인으로 작용했다는 반증이다.

1931년 3월에 〈제한부制限附 부인공민권안〉이 중의원을 통과했지만 귀족원에서 부결되었다. 당시 상승세를 타고 있던 부인선거권동맹 측은 제한된 참정권은 필요하지 않다는 입장이었기 때문에 "제한안制限案의 부결을 진심으로 환영한다."라는 내용의 성명을 냈다. 전후가 되자 무라카미 노부히코村上信彦가 이를 비판했으며, 이치카와 후사에도 그런 태도를 반성하는 회상을 하기도 했다. 이러한 와중에 '만주사변'이 일어나 시대의 흐름은 바뀌고 부인선거권을 실현하는 길은 멀어졌다. '전간사이 부인연합회' 등 전향의 길을 걸었던 다른 단체와 비교하면 '부인선거권 획득동맹'은 아직 외롭게 자리를 지켰다. "비상사태이기 때문에 더욱 여성은 정치에 참가할 필요가 있다."는 것이 이때부터 이치카와를 비롯한 여성운동가들의 기본적인

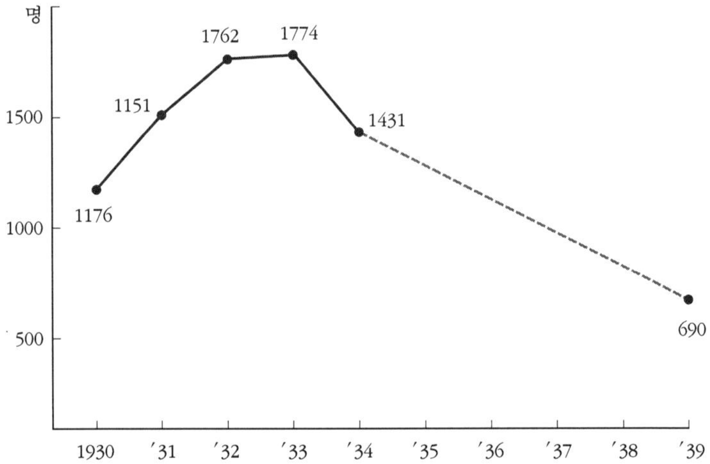

〈도표 4-1〉 부인선거권동맹 연도별 회원 수
(『이치카와 후사에 자서전市川房枝自伝』에 의거해 작성)

자세였다. 바로 이것이 1935년 이후에 전향을 합리화하는 근거가 되었다고 한다.

그래도 이 단체는 1932년에 개최된 부인선거권 대회에서 파쇼 반대를 결의하고, 1933년과 1934년 대회에서도 막대한 규모로 늘어나는 군사비에 대해 반대 결의를 함으로써 군사국가 형성에 반대하는 세력으로 남아 있었다. '만주사변'이 시작되기 이전까지 부인선거권 획득동맹의 회원은 그다지 많지 않았으나 중심 도시에서 연설회를 개최하면 제법 많은 인원이 참가했을 (다만 지방 신문을 보면 여성 청중은 그다지 많지 않음) 정도로 일종의 시대의 총아이기도 했다. 어쨌든 여성의 권리를 확대한다는 방향은 시대와 걸맞은 운동이었다.

한 표를 달라 그러면, 부인선거권운동은 헌금 현상이나 국부 현상과 어느 지점에서 부딪쳤던 것인가? 도쿄에서 전단을 붙이던 부인선거권운동가의 회상이 잡지 『부선婦選』 1932년 3월호에 실려 있다.

> 갑자기 위문대 20만 개를 만들었다는 애국부인회의 표지가 붙은 문기둥과 마주쳤다. 불끈불끈 치밀어 오르는 투지로 단단히 전단을 한 장을 붙인다. '한 표를 달라, 여성에게도'—어둠 속에서 노란 전단이 뚜렷하게 눈에 띈다.

기묘하게도 위문대와 부인선거권운동 전단이 불꽃을 튕기며 맞서고 있었다. 부인선거권운동의 퇴조는 정당정치의 후퇴와 동시에 진행되었다. 보통선거가 실시되고 겨우 7년밖에 지나지 않았지만 정당 내각은 쓰러졌고, 패전할 때까지 정권은 다시 정당으로 되돌아오지 않았다. 남성보통선거권이 확보되었으니 다음 차례는 부인선거권이라는 말이 나올 정도로 중요한 위치를 가졌던 부인선거권운동도 보통선거권을 기반으로 한 정치 체제가 무너지기 시작하는 상황에서는 도저히 앞날을 낙관할 수 없었다. 또한 부인선거권 획득동맹은 다른 대부분의 여성단체가 참여한 위문이나 헌금을 하지 않았으며, 오히려 적의마저 가졌다. 이런 반군적 색채 때문에 군의 압력도 받아야 했다.

이와 같이 결정적으로 불리한 요소를 갖고 있었다고 해도, 이 운동이 국방부인회 현상과 대립하는 모습을 보였다는 사실은 여러 가지 생각을 하게 하는 출발점이 되었다. 즉, 여성의 사회적 역할 증대와 권리확대라는 두 가지 가치 지향 사이의 관계를 고찰할 필요가 있다. 이미 살펴본 바와 같이 국방부인회와 농촌 여성단체의 활동은 여성의 사회적 역할을 증대시키는 요인으로 작용했다. 이들이 권리를 확대시키는 방향으로 기여했다고 볼 수 있을 것인가? 부인선거권동맹은 이것을 어떻게 보았을까?

이 시기에 부인선거권동맹이 대표 역할을 하는 것이나 마찬가지였던 여성의 권리찾기운동은 여성의 사회적 역할을 증대시키는 운동과 실제로 공존하기 어려웠다. 또한 여성의 권리를 강조하는 운동가의 시각에서 보면 반동적인 조류 덕분에 여성의 사회적 역할이 확대되는 것을 껄끄럽게 생각했을지도 모른다. 또한 여성의 권리를 주장하지 않으면서 활동의 장을 넓히는 국방부인회를 용납할 수 없었을 것이다. 그러나 사회적 기반을 확대하지 않으면 권리의 획득이나 확보도 있을 수 없다. 지식인운동인 부인선거권동맹에는 국방부인회가 대중운동적 성격을 가지고 있다는 인식이 의외로 희박했다. 중일 전면전쟁이 발발한 후 우연히 마을에서 열린 국방부인회 분회 출범식에 참석한 이치카와 후사에는 이웃에 사는 여성들과 얼굴을 마주치고 나서야 처음으로 이것도 여성해방을 이루는 길 중 하나가 아닌가라는 생각을 했다고 한다. 이치카와는 자서전에서 다음과 같이 회상한다.

> '국방부인회에 대해선 할 말이 많지만, 옛날부터 자기 시간이 없었던 농촌의 여성 대중이 반나절이라도 집에서 해방되어서 강연을 듣는 것만으로도 여성해방이라고 할 수 있다. 시국의 변화에 힘입어 국방부인회가 마을에서 마을로 불길처럼 번져가는 것은 이러한 의미에서 기뻐할 만한 좋은 일인지도 모르겠다.' 고 생각했다.

그러나 국방부인회 현상 또는 당시의 시대적 동향이 부인선거권동맹에 어떻게든 영향을 끼친 것은 확실하다. 부인선거권동맹은 권리획득운동으로부터 서서히 시민운동으로, 특히 소비자운동으로 방향을 전환해갔다. 이전에도 가스요금 인하운동을 한 적은 있으나 1932년 말부터 1933년에 걸쳐 전개된 도쿄 중앙도매시장의 단일조직화 반대운동, 1933년의 시정市政 정화운동과 쓰레기 처리운동(쓰레기 줄이기와 분리수거 보급운동), 1934년의 증세반대운동으로 계속 이어졌다. 이 같은 시민의 소비자운동은 후에 '국민정신 총동원운동'이 전개되자 사재기방지운동으로부터 사치품 적발운동에 이르는 각종 운동으로 바뀌었다. 즉, 여성운동이 감시자의 역할을 수행하는 방향으로 변질되는 길을 걸었던 것이다. 무엇보다도 증세반대운동은 엄밀하게 말하면 '소시민세, 가정부세(女中稅) 반대 부인협의회'가 주도한 운동이었으며, 가정부 사용에 대한 과세를 반대한다는 진짜 중산계급적인 운동이었다.

대중화 부인선거권동맹은 1935년에 선거숙정운동에 참가하면서 중요한 전기를 맞았다. 부인선거권운동이 선거에서 발생하는 부패를 적발하는 운동과 연결된다고는 하지만, 부인선거권동맹은 선거숙정 부인연합회(위원장 요시오카 야요이吉岡弥生)를 조직하여 내무성이 주도하는 선거숙정 중앙연맹에 정식으로 가입했으며, 여기에서 애국부인회, 대일본 연합부인회와 자리를 같이했다. 이치카와는 평의원이 되었고 부인선거권동맹 회원들도 열심히 활동하게 되었다.

위에서 살펴본 다른 모든 여성단체와 국방부인회 사이의 가장 큰 차이점은 사상적인 것보다 오히려 얼마나 대중적이냐는 점으로 귀착한다. 그런 점에서 같은 시기에 대거 설립된 농촌의 산업부인단체는 국방부인회와 같은 성격을 가졌다. 이 두 집단만 1932~1933년에 급성장했다는 공통점이 있다.

대중적 기반을 기준으로 살펴보면, 무산운동은 무산자의 입장을 대변한다는 근거가 있었지만, 대중적으로 확산되지 못했다. 애국부인회는 상류 여성의 사교단체에서 탈피하여 대중화해야 한다는 과제를 해결하는 데 몰두하고 있었다. 문부성이 주도해 만든 대일본 연합부인회는 정촌 부인회의 연합체로서 대중적 기반을 가졌으나 통합력은 그다지 충분하지 못했다. 연합회로서의 사업능력도 크지 않았다. '전간사이 부인연합회'나 부인선거권동맹 같은 시민적 여성단체들은 지식인운동의 틀을 벗어나지 못한 소수자운동이자 중산층운동이라는 성격이 강하다. 그렇다면 이 시기에 진짜 여성 대중을 움직인 조직은 도시에서는 국방부인회뿐이었다고 할 수 있다. 다만 이것이 정체를 알 수 없는 곳에서 생겨나 군부와 결합한 것에 대해 일반 시민이 불안하게 생각하고 놀랐던 것이다.

이치카와 등이 선거숙정 중앙연맹에 참가함으로써 관제 및 반관제단체와 시민단체의 구별이 희미해졌다. 1935년에 유력한 여성운동과 여성단체들은 유감스럽게도 지도하는 관료조직을 따라 계열화했다. 그때 국방부인회가 차지한 위치와 관계도 상대화되었다. 결과적으로 국방부인회 현상이 진정되고, 국방부인회도 마침내 비판과 비난에 직면하게 되었다. 따라서 행정계열화가 진행되면서 여성단체들은 봉건 시대의 전쟁처럼 진陣을 서로 빼앗는 싸움을 벌이게 되었다.

4. 국방부인회 비판

반발 국방부인회에 대한 반발은 1934년 10월 1일 육군이 「국방의 본의本義 및 이의 강화를 제창한다」라는 문건을 발표한 다음부터 급속하게 거세졌다. 농촌구제라는 중차대한 문제에도 아랑곳하지 않고 군사비 팽창에 열을 올리는 군부에 대해 잠재적 비판이 높아질 무렵, '고도高度 국방국가'를 지향한다는 내용의 정치강령을 군이 대담하게 제창하고 나선 것이다. 이 정책강령만이 아니라 요원의 불길처럼 퍼져가는 국방부인회를 보면서 상황에 대해 의구심을 품는 사람이 적지 않았다.

그 무렵 제4사단 신임 참모장으로 임명된 다나카 시즈이치田中靜壹 대좌(후에 대장)도 육군이 생각하는「신국방론」을 『아사히신문』에 발표하고 "〔국민은〕 국방의 영역 외부에서 후원하는 것으로는 부족하다. 영역 안으로 들어가서 국방임무 중 일부를 부담하고, 이것을 완벽하게 수행하는 의기와 훈련이 있어야 한다. 그리고 국방부인회야말로 이러한 '최신의 국방원칙'에 의거한 조직"이라고 기술했다.

이 같은 상황에서 군국주의 비판과 연결된 국방부인회 비판이 여성들의 세계에서도 점차 높아지는 징후를 보였다. 부인선거권동맹은 1934년 대회에서 평화실현을 위해 여성이 어떻게 협력할 것인가를 논의하면서 국방부인회를 깎아내렸다. 이는 이치카와 후사에의 자서전에도 기술되어 있다. 다음은 같은 해 12월에 발표된 『부녀신문』 주필 후쿠시마 시로福島四郎의 사설이다.

> 전쟁을 미리 방지하는 것이 여성의 임무이며 책임이다. 그러나 국방부인회는 전쟁을 불가피한 사실로 예상하고, 이를 위해 여성에게 준비를 시키려는 것이다. …… 한 발만 잘못 디디면 전쟁을 선동하게 될 위험성을 다분히 가진 국방부인회의 결성에 대해, 우리는 여성이 본래 수행해야 할 사명을 망각한 어리석은 일이라고 간주하고, 건전한 일본 여성의 이름으로 반대한다. 특히 우리가 무엇보다도 기괴하게 느끼는 것은 국방부인회의 정체가 선명하지 않다는 데 있다. 지방마다 활발하게 지부가 설치되고 구정촌 청사에 사무소를 둔 곳도 있다. 그중에는 경비의 일부를 병사비兵事費나 장병회將兵會에서 지출하는 곳도 있다. 본부가 어디에 있는지 수뇌부가 누구인지 알 수 없다. 이제 우리 군부는 국방 제일주의를 표방하고 사상 문제, 농촌 문제, 과세 문제에 이르기까지 독자적 견해를 갖고 정부를 편달하는 모습을 보여준다. 일반인들은 이것을 군부 독재주의가 시작되는 징조라고 해석하며 불안을 느끼는 모양이다. 요즘 군부가 국방부인회 결성을 위해 지나치게 힘을 쓰는 것은 더한층 의혹을 깊게 할 것이다.

본래의 임무 오사카에서도 국방부인회에 대한 비판이 드디어 나타나기 시작했다. 그 무렵, 오사카 남구에서 병원장 부인이 세토나이카이瀨戶內海를 지나는 연락선에서 몸을 던져 자살하려던 사건이 있었다. 부인은 국방부인회의 부분회장副分會長으로 전송과 위문 활동을 활발하게 했다. 그러다 보니 집을 비우는 날이 많아져 남편과 사이가 좋지 않았고 게다가 아이는 학교 성적이 떨어지게 되었다. 부인은 국방부인회 활동과 가정교육이라는 두 가지 의무 사이에서 견디지 못하고 가출했다. 이 사건은 국방부인회 활동을 하면 가정을 돌보지 않게 되는 사례로서 비난받았다. 여론은 부엌에서 길거리로 나오는 오사카 국방부인회의 활동이 초래하는 현실적인 문제를 암암리에 비판했다. 1934년 12월 오사카 부회府會[29]에서 처음으로 국방부인회 배격론이 등장했다. 가와이 후쿠마쓰河合福松 의원(五日會 소속)은 19일에 열린 부회에서 "후방의 꽃이라고 국방부인회를 치켜세우고 있지만 이미 훌륭한 애국부인회가 있는데 새삼스럽게 지금 이 단체가 왜 필요한가? 비상시에 이름이나 파는 국방부인회는 제발 해산하기 바란다. 여성은 주부가 본래 해야 할 일로 돌아가라."고 앞치마를 두른 여성의 가두진출을 배격하면서, 애국부인회가 국방부인회를 흡수·합병해야 한다고 외쳤다. 이러한 국방부인회 배격론은 국방부인회가 질서의 파괴자가 된 것을 비난했다. 길거리와 역에서 갓포기 차림으로 활발하게 행동하는 모습을 혐오하며 집으로 돌아가라고 한 것이다. 그리고 내무성에서 주관하는 애국부인회 계통의 운동이야말로 정통이라고 주장한 것이다.

이 대목에서 1933년에 오사카에서 발생했던 소위 고스톱go stop 사건이 떠오른다, 제8연대의 일등병이 신호를 무시하고 교차로를 건너다가 교통경찰과 시비가 붙었다. 이 작은 싸움이 어느 틈에 확대되어 오사카 부와 사단이 충돌하고, 마지막에는 내무성과 육군성이 대립하는 사태로 발전했다. 이 사건이 바로 국방부인회가 확대되던 무렵에 일어난 일이었기 때문에 필자의 뇌리에는 육군과 국방부인회가 한편이 되고 내무성과 애국부인회가 다른 한편이 되어 벌이는 대항 구도가 떠오른다.

농촌구제 1934년, 가을 도호쿠 지방의 6개 현에는 유례없는 대흉작이 엄습했다. 사람들은 마지막 생존수단으로 나무 열매나 풀뿌리까지 먹었다고 한다. 농민은 망연자실하고, 밥을 굶는 아이들이 급격히 늘어났으며, 부모들은 딸을 파는 일까지 잇달았다. 미쓰이와 미쓰비시가 합동으로 300만 엔을 기부하겠다고 제의할 만큼 사회적 충격이 컸다. 이에 대한 구제 활동을 벌이면서 여성단체도 생기를 되찾았다. 반대로 국방부인회가 선택할 수 있는 적절한 방법은 없었다. 국방부인회는 아사히신문사가 주도한 모금에 협력해 간사이 본부 회원 이름으로 3,000엔을 헌금하는 데 그쳤다. 이와 대조적으로 '전간사이 부인연합회'는 흉작 지역의 30만 결식아동을 위한 급식자금을 모집하기 위해 일어섰다. 도쿄에서는 애국부인회, 진종眞宗부인회, 부인교풍회矯風會[30]가 공동으로 구제를 위한 모금운동을 시작했고, 자녀 인신매매 방지와 취직알선에 필요한 자금을 지출했다. 이것이 계기가 되어 애국부인회는 중학교도 만들었다. 부인선거권동맹은 「재해 지역의 모자보호母子保護에 관한 청원서」를 의회에 제출했다.

간사이 풍수해 구제 활동에서는 압도적인 실력을 보였던 국방부인회가 이러한 심각한 사회 문제에 직면해서는 별다른 움직임을 보이지 않았다. 그것은 무엇보다도 도호쿠의 사태는 오사카나 도쿄의 국방부인회의 영향력 밖에서 벌어졌기 때문이다. 도호쿠에 조직이 있었다면 보다 유효하게 대응할 수 있었을지도 모르는 일이다. 그러나 역시 군대를 전송하는 위문집단으로 만들어진 국방부인회에게는 농촌의 피폐, 흉작, 생활 문제에 접근할 사상도 방법론도 없었다.

지나치게 커졌던 군사의 비중이 평시 수준으로 회귀할 때에는 국방부인회의 가치 또한 평시 수준으로 내려갈 수밖에 없다.

앞으로 이어서 '만주사변'을 둘러싼 군사 문제로부터 공황과 흉작으로 허덕이는 농촌구제로 사회적 관심이 옮겨가는 시기에는 도시를 모체로 한 군사 관련 집단인 국방부인회의 역할과 비중이 상대적으로 떨어질 수밖에 없었다.

5. 길거리에서 부엌으로

마음의 총 독자적인 태도와 활동방식을 가졌던 국방부인회가 상대적으로 독자노선에서 물러난 시기는 1935년이다. 1934년에 획기적인 것으로 보였던 총동원방식의 조직 활동을 만들었으면서도, 다음 해인 1935년에 간사이 본부는 크게 방향을 바꾸었다.

활동의 구호였던 '국방은 부엌에서'가 수양의 표어가 된 것이다.

간사이 본부는 1월 26일에 "부인의 국방 참가는 쇠로 된 총을 갖는 것이 아니라 마음에 총을 갖는 것이라는 기조를 철저하게 준수하자."는 기본 강령을 결정했다. 29일에 열린 분회장 회의에서는 앞으로 활동방향을 회원확대보다 내적 향상으로 전환할 것을 합의했다. 길거리에서 부엌으로, 회원확대보다 내적 향상, 이것이 국방부인회의 전환이었다. '부엌으로부터'를 해석하는 시각이 비로소 육군의 방침과 맞아떨어졌다. 이는 국방부인회에 대한 육군의 통제를 의미하며 국방부인회의 활동이 상대적으로 저하되는 결과를 가져왔다.

1935년~1936년에 걸쳐 두 해 동안 전개된 국방부인회의 활동은 사업다운 것을 거의 찾아볼 수 없다. 오사카에서만 이 시기에 국방부인회관 건설 모금운동을 실시하였으며, 16만 엔을 모아 1937년 3월에 준공했다. 이것이 지금도 남아 있는 오사카 부인회관이다. 그러나 뒤를 이어 시작한 고베의 회관 건설운동은 실패하였다. 국방부인회는 내적 향상으로 기조를 전환하면서 초기에 보였던 거침없는 행동을 억제해 국방부인회답다는 초기의 면모를 잃게 되었다. 점차 '세상에서 통하는 기준'에 가까워지면서, 국방부인회가 애국부인회처럼 되려 했던 것일까? 국방부인회의 변화와는 대조적으로 애국부인회는 1934년에 다수의 부현에서 분회조직으로 바꾸었으며, 1935년에는 분회조직화를 끝냈다. 애국부인회는 점점 국방부인회와 비슷하게 변해갔다.

부덕함양 　　국방부인회가 길거리에서 부엌으로 돌아가고, 회원확대에서 내적 향상으로 방침을 바꾼 것은 무엇을 의미하는가?

그것은 이제야 겨우 군의 희망대로 여성이 부엌에 머물면서 국방에 이바지하는 방향을 따르게 된 것을 의미한다. 이 무렵, 부인선거권동맹에서 국방부인회에 이르기까지 모두 한통속이라고 간주하면서 여성들이 보이는 새로운 동향을 가족 제도의 위기로 보는 견해도 적지 않았다. 도쿠토미 소호德富蘇峰는 어느 수양회에 기고한 글에서 이렇게 썼다.

> 국방상의 큰 강점인 가족 제도는 계속 무너지고 게다가 가족의 기둥이라 할 여성은 대부분 가정 밖으로 뛰쳐나가는 것을 여성해방이라고 생각하게 되었다. 이래서야 몇 명이나 제대로 가정을 유지하고 가족을 지킬 수 있을 것인가?(「국방의 측면에서 본 가족 제도國防から見た家族制度」)

이 시기에는 주로 국방부인회에 비난이 쏟아졌다. 이러한 사회적 비난에 대해 군은 국방부인회가 수양단체라는 것을 확인한다고 선언했다. 국방부인회에서 수양이 강조되어야 한다는 사실 자체는 국방부인회가 얼마나 수양단체와 거리가 있는 조직이었는가를 말해준다. 군도 오사카 국방부인회의 현실에서 군이 가진 여성상과 다르다는 것을 틀림없이 스스로 느꼈을 것이다. 그래서 국방부인회는 길거리주의, 사업주의를 배격하고 부덕함양 제일주의를 받아들이게 되었다. 이는 또한 국방부인회에 대한 군의 통제를 강화하는 것이었다. 여성과 군이 속으로 생각한 국방부인회의 위상은 이처럼 서로 달랐다.

고베 국방부인회의 사례를 보면 1937년 4월에 열린 간부회의에서 지방본부 회칙개정에 관해 '미증유의 논쟁'이 있었다고 10년사에 기술되어 있다. 군은 부덕함양 제일주의를 내세우며 평의회의 기능을 축소하고 단순한 심의기관으로 만들었다. 자주 자결권을 억제하고 연대구 사령관의 감독지휘권을 강화한 것이다. 또한 사령부 관계자의 부인들에게 할당된 이사 자리를 늘려서 상층부를 강화했다. 군의 지도에 따른다고 하면서 실제로는 일반 여성의 창의와 행동으로 뒷받침되어온 국방부인회에 군은 명백하게 관료가 통제하는 지배 체제를 적용했다. 당연히 여성의 저항이 있었다는 것을 정사正史도 숨기지 않았다.

1935년에서 1937년 노구교盧構橋 사건이 일어날 때까지 부덕 수양주의로 기울어진 국방부인회는 여성 대중의 창의와 활동성을 충분히 활용하지 못했고 사업다운 사업도 없었다. 게다가 사업내용도 일반 부인회와 비슷해지는 경향이 나타났다. 다른 부인회가 견학이나 여행을 가면 국방부인회에서도 여행이 유행했다. 그것이 또한 여론에게 두드려 맞는 원인이 되었다.

다음의 가십풍 기사는 그런 국방부인회의 모습을 잘 보여준다.

> 대일본국방부인회는 며칠 전에 열린 분회장 회의에서 월례 유람을 결정했다고 한다. 즉 4월에는 히메지姫路 국방박람회 구경을 겸한 벚꽃놀이, 5월에는 시모쓰이下津井와 도모노우라革丙の浦를 둘러보는 세토나이카이 유람 등이다. 국가 비상시인 이때, 국방부인회라는 단체가 벚꽃놀이와 유람에 하루 또는 서너 날을 보낸다는 것은 바람직하지 않으며 이들의 국방의식을 의심하지 않을 수 없다(『日の本』 1936. 5. 1).

국방부인회가 수양을 내세우면 군국주의사상을 가지고 있다는 것 말고는 다른 여성단체와 비교해 지적 소양이나 가정 예의범절의 수준이 모두 떨어진다는 것은 많은 사람들이 오래 전부터 아는 사실이다.

이와 같이 간사이 본부를 중심으로 보면 1935년부터 국방부인회는 한계점에 이르렀다. 오사카에서도 회원 규모가 반드시 증가했다고는 볼 수 없다. 고베는 1935년에 5만 2,000명이었으나 1936년에는 4만 5,500명으로 감소했다. 회원 확대주의를 포기한 결과가 이 숫자에서도 드러난다. 그러나 전국적 상황을 보면 1934년 말 123만 명, 1935년 말 255만 명, 1936년 말 357만 명으로 조직 규모가 비약적으로 확대되었다. 이것은 국방부인회가 전국의 각 현으로 퍼졌기 때문이며, 지방 본부가 12→23→36으로 늘어나면서 회원 총수도 증대했다.

국방부인회가 각 현으로 파급된 이유를 알아보면 오사카에서처럼 민중 여성이 자발적으로 결속했기 때문은 아니었다. 거의 모든 사례에서 나타나듯이 연대구 사령부의 계획 하에 먼저 시정촌에 분회가 결성되었으며, 분회들을 통합하는 방식으로 상급조직을 만들어나갔다. 군은 이 시기에 한편으로 각지에서 국방부인회를 만들면서도 다른 한편으로 간사이 본부에 대해서는 수양주의를 본위로 삼아 통제를 강화했다. 결과적으로 국방부인회의 규모는 모델 지역인 오사카, 고베에서는 정체되었지만, 지방에서는 신규 결성이 잇달아 회원이 100만을 넘어섰다. 국방부인회 오사카 모델은 1935년 이후에 소멸되었다고 보아도 좋다.

운영비 이와 같은 상황에도 불구하고 대일본국방부인회에서 간사이 본부의 지도성과 모델로서의 위상은 부분적이나마 확실하게 존재했다. 그 이유는 간사이 본부의 자금 동원력이 막강했지만 기타 지역조직이나 총본부는 이와 비교도 되지 않을 만큼 취약했기 때문이다.

국방부인회는 전국적으로 통일된 회비를 정해본 적이 없는 단체였다. 국방부인회를 확대하는 데 기여한 전술적 요소 중 하나는 회비가 저렴해 다수의 여성 대중을 조직할 수 있었다는 점이다. 뿐만 아니라 회비가 무료인 경우도 오히려 많았다. 이것이 '요원의 불길처럼' 다수의 여성을 모을 수 있었던 최대의 비밀이었다. 모델 지역인 오사카는 경우가 달랐으며, 저렴하게 책정한 회비를 확실하게 징수했다. 그리고 회비보다 훨씬 많은 금액을 모으는 후원조직인 조성회가 있었다. 후원자인 중소기업가들은 "첩을 하나 두었다고 생각하면 아무것도 아닙니다."라고 말하면서 100엔의 조성회비를 냈다고 한다. 간사이 본부는 이와 같이 풍부한 자금으로 오사카 부 지역 내부의 활동비를 충당했을 뿐 아니라 지방의 연대구 사령부에도 약간의 자금을 제공했다.

그러면 회비도 징수하지 않았던 농촌 지역의 분회는 어떤 방법으로 운영되었을까? 여기에서는 1934년에 간사이 본부가 실시했던 '국방자원 모집운동'에서 쌓은 경험이 크게 활용되었다. 그때 폐품 판매대금이 3만 엔을 넘은 사실은 이미 언급했다. 이 돈은 연회비를 1엔으로 계산하면 3만 명분, 50전으로 하면 6만 명분의 회비에 해당한다. 국방부인회의 폐품수집운동은 전시에 나타난 바와 같이 국책사업에 대한 협력이라는 의미를 가지기보다는 분회 운영비를 충당하는 데 이용되었다. 이 방법은 국방부인회가 창의력을 발휘하여 고안해낸 것이며 뒤를 이어 애국부인회나 다른 여성단체도 따라 하기 시작했다. 국방부인회는 구성원이 가지고 있는 대중성 때문에 이 방법을 유효하게 활용할 수 있었다.

노동을 하여 분회 운영에 필요한 자금을 조성하는 방법도 많이 사용되었다. 짚을 이용한 공예품, 걸레 만들기, 농작물 재배와 같은 사례는 많으며, 이 가운데에는 공동구입에서 나온 이익금으로 운영비를 충당함으로써 산업조합과 비슷한 방법을 사용하는 분회도 있었다. 매점수입, 영화수입으로 충당하는 예도 있었다. 더구나 대부분의 분회는 정촌에서 보조금도 받고 있었다.

한동안 국방부인회 분회는 자력으로 운영되었다. 자금이 없는 것은 도쿄의 총본부였으며, 1937년부터는 총본부 강화 자금을 상납하도록 호소했다. 이 점에서 국방부인회는 애국부인회와 반대되는 구조였다. 그중에서도 간사이 본부는 역시 격이 다를 정도로 조직이 질적으로 차별되었다.

6. 세력다툼

연합부인회 잠식 지방에서 국방부인회가 조직을 확대한 방법을 보면 이미 자리를 잡은 기존 여성단체를 모체로 하여 결성하는 방식이 많이 사용되었다. 촌村부인회를 그대로 간판만 바꾸어 내세우지는 못했지만, 실질적으로는 이와 마찬가지였다. 같은 사무소에 형식적으로 간판만 나란히 걸어놓는 경우가 대부분이었다. 대일본 연합부인회가 이와 비슷한 방법을 동원했다.

1935년 이후에는 애국부인회도 분회조직을 만들어 힘을 쌓았기 때문에 여성단체들은 세력다툼을 벌이기 시작했다. 국방부인회 · 애국부인회 · 연합부인회는 삼파전 양상을 보였다. 물론 힘이 강한 정도를 기준으로 보면 국방부인회 · 애국부인회 · 연합부인회의 순서이다. 이 때문에 연합부인회가 주로 잠식당하는 조직이 되었다는 것을 부정할 수 없다.

애국부인회도 연합부인회를 만만한 표적으로 보았다. 1935년에 나온 애국부인회의 분회 경영자료에 따르면 연합부인회 산하의 지역 부인회를 모조리 인수하라는 지시가 있었다. 그중에서도 지참금을 지니고 애국부인회와 합병한 아타미정熱海町 부인회의 사례가 다음과 같이 소개되었다.

> 애국부인회가 진정으로 일어서기만 하면, 이곳의 정장町長 님이 밝히신 것처럼 다른 부인회는 필요치 않습니다. 무슨 일이든 애국부인회 하나만 있으면 해낼 수 있는 태세가 갖추어져 있습니다.

패권주의였다. 또한 이를 추구하기 위해 애국부인회는 내무성 관계자와 경찰까지 이용했다. “이전에는 전혀 관계가 없다고 생각했지만 애국부인회는 경찰의 심부름을 할 생각으로 있어야 합니다. 또한 경찰에서도 우리를 손발이나 마찬가지로 여기시고 충분히 지도하고 이용하시기 바랍니다. 도쿄 시의 어느 분회는 파출소를 돌보는 일을 했으며………”(오하라 사무총장 강연)라는 말 속에 내무 관료의 본성이 그대로 드러난다.

위치싸움 같은 무렵 대일본 연합부인회가 펴낸 경영 지도서 『계통부인회의 지도와 경영』의 한 구절이다.

> 출정병사를 전송하며 다시 한바탕 말썽—우리 촌에서도 만주 파견군으로 3명의 예비병이 소집되었습니다. 물론 마을 전체가 나와 이웃 촌에 있는 열차 정거장까지 전송하기로 했습니다. 부인회도 이때 200명 정도가 무리를 이루어 전송하게 되었습니다. 그런데 평소엔 아무 일도 하지 않던 모某 부인회가 가장 좋은 자리에 그것도 위의威儀를 제대로 갖추고 가문家紋이 새겨진 기모노 차림으로 늘어섰습니다. 이들은 우리 부인회원까지 임시로 차용해서 무슨 회원이라고 뻔뻔스러운 소리를 하고 있었습니다. 회원들 사이에서 벌써 불평하는 목소리가 나오기 시작했습니다. 게다가 모 부인회의 상석에는 우리 촌에서 사람들이 가장 싫어하는 장사를 하는 여주인이 멀쩡한 얼굴로 A촌장의 부인과 어깨를 나란히 하고 있어서 일반 회원이 불평을 했습니다. 그때부터 두 번, 세 번 잇달아 촌에서 출정하는 병사를 전송하거나, ○○사단에서 쉴 새 없이 하는 전송행사에 회원들이 교대로 나가게 되었으나, 모 부인회는 세 번째 행사를 마지막으로 거의 중지했습니다. 우리 부인회원들은 어깨를 펼 수 있게 되었다고 크게 기뻐하였으며 진심으로 전송하게 되었습니다. 그러나 어쩐지 그동안에 문제가 숨어 있다가 터질 것 같은 생각이 들어 다시 근심거리가 하나 늘어났습니다.

이는 애국부인회를 비아냥거린 것이었다. 위치다툼은 나중에 국방부인회와 애국부인회가 싸우게 된 근본 원인이 되었다.

정쟁 국방부인회도 역시 지역 부인회를 낚아 자기 것으로 만들며 세력을 확대했다. 고후 시 연합부인회에서 이 문제가 표면화된 것은 1936년부터였다. 단위 부인회장 몇 명이 국방부인회 분회장 자리를 맡아 전적으로 국방부인회 활동에만 전념하게 되자 시부인회는 흔적조차 희미해졌다. 이 때문에 연합부인회 내부에서는 국방부인회로 달려간 간부와 이를 나무라는 측이 대립해서 분열의 위기에 몰렸다. 시 당국이 열심히 중재를 해 겨우 해결했다. 이 문제를 해결하기 위해 연합부인회의 취지와 목적을 '수양'으로 단일화하며, 동호인 모임을 편성하여 독서, 서예, 꽃꽂이, 영화감상, 등산, 뜨개질, 예의범절, 요리 등 8개 동호반同好班을 조직했다. 공공행사에서 봉사하는 일은 모두 국방부인회가 맡는다는 것이었다.

간사이 본부가 수양단체로 방향을 잡은 것까지 아울러 종합적으로 생각해보아도 국방과 수양은 역시 어울리지 않는다. 이와 같이 방향을 정리한 고후의 사례는 국방부인회가 여성단체 중 하나가 되려고 끼어들 때 나타나는 실태를 제대로 보여준다.

애국부인회와 국방부인회의 갈등은 우선 회원획득 경쟁으로 나타났으며, 다음에는 정촌 내에서 행사를 치를 때 순위를 다투거나 좌석의 서열 때문에 빚어지는 다툼이었다. 1936년에는 지방장관 회의에서도 화제가 될 정도로 적지 않은 물의가 빚어졌다. 지방에서 촌마다 분회가 결성될 때에도 대부분 행정관료의 지도가 있었다. 그러나 촌에서는 누가 회원이 될 것인가? 누구를 간부로 삼을 것인가를 결정하려면 촌 내부의 정치적 상황도 감안하지 않을 수 없었다. 애국부인회는 구질서를 반영하고 있었으며, 국방부인회가 대중화되었기 때문에 구질서라는 틀을 벗어날 수 있었다는 것은 확실하다. 그러나 애국부인회가 대중화된 이후에는 촌의 내부에도 정우회와 민정당이 서로 대항하는 중앙정계와 비슷한 구도가 만들어졌다. 지방의 각 촌에서는 아직 지지하는 정당이 사람을 구분하는 유력한 기준으로 통용되었다. 애국부인회와 국방부인회의 대항 관계도 이러한 구분을 초월하여 순수하게 만들어진 것이라고는 할 수 없다.

필자가 지방의 정쟁을 조사한 사례 중에도 애국부인회와 국방부인회의 대립이 병존했다. 정촌 내부에서 정우회와 민정당이 정쟁을 벌이는 상황에서 애국부인회와 국방부인회가 도입되면 두 단체는 갈등을 일으켰다. 야마나시 현에서 정쟁이 심한 촌이었던 시키시마촌敷島村과 마쓰사토촌松里村의 사례를 보면 정우회계와 국방부인회, 민정당계와 애국부인회가 결합되어 있었다. 그러나 이들 당파와 국방부인회, 애국부인회 사이에는 아무런 특수 관계도 없다. 서로 대항하는 당파 가운데 어느 한편이 애국부인회를 지지하면 다른 편은 국방부인회와 한패가 되었다. 이 때문에 여성들까지 정쟁에 휘말리게 되고 당파 간의 대립 관계가 증폭되었다.

그러나 이와 반대로 국방부인회가 만들어짐으로써 정쟁이 사라지는 일도 있었다. 당시는 내무성이 전력을 기울여 선거숙정운동에 여성을 동원하기 시작한 때이기도 했다. 부인회 활동이 본질적으로는 정쟁을 지양하고, 정당의 영향력을 약화시키는 방향으로 작용했다고 생각할 수 있다.

V
원점에서—이별과 배웅
(중일 전면전쟁)

|『국방부인』(1941년 2월호)|

1. 아카가미(빨간 딱지)의 축제

노구교 사건 1937년 7월 7일에 발생한 노구교 사건을 계기로 중국과 일본은 전면전쟁에 돌입했다. '끓어오르는 국민의 전쟁열'이라고 한 마디로 말하고들 있었지만 민중의 반응은 정부나 신문과도 다른 차원에서 나타났다.

민중에게는 언제 빨간 딱지赤紙,[31] 즉 소집영장이 오느냐가 큰 문제였다. 1937년 7월 9일은 서 일본의 각 연대에서 마침 청년훈련소 출신병사가 제대하는 날이었다. 영문營門 앞에는 이들을 마중하러 나온 가족과 친지들이 무리를 이루고 있었다. 그런데 아무리 기다려도 제대자들이 나타나지 않았다. 저녁 무렵이 되어 돌연 제대 연기 명령이 내렸다는 소식을 듣고 마중 나온 가족들은 깜짝 놀랐다. 「히메지 39연대 영문의 이변」이라고 『고베유신일보神戶又新日報』는 제일보를 냈다. 후쿠야마 41연대에서는 마중 나온 사람들이 당황하여 큰 소동이 일어났다고 『산요니치니치신문山陽日日新聞』이 썼다가 기사 취소 처분을 받았다. 오늘로 징병생활도 마지막이라는 바로 그날에 무정하게도 제대가 연기되었다. 이것이 민중 사회에 일어난 최초의 이변이었다.

육군은 7월 12일에 일부 부대에 소집명령을 내렸으며, 특종 병과에 속하는 재향군인에게 빨간색의 입영통지서가 배달되었다. 발매 금지 처분을 받은 신문에 게재된 기록을 살펴보면 도쿄 후카가와深川의 『모리시타정보森下町報』 7월 14일자에는 「충원 소집령 교부, 조나이에서 세 병사 출정」, 같은 날의 『난카이시보南海時報』에는 「미시마箕島 역, 환호의 물결」이라는 기사가 있다. 이바라키 현 나가오카촌長岡村의 『시보時報』에도 7월 18일에 촌 내에서 59명에게 아카가미가 배달되었으며, 19일에는 말을 징발하기 위해 23명이 집합되었다는 사실이 기록되어 있다. 7월 17일자 『자이쓰시보材通時報』는 "어제 도쿄 시내에서 우량 트럭이 계속 징발되었다."고 썼다.

일반 신문에서는 동원 관계 기사를 군이 금지했으므로 빨간 딱지라고 부르던 소집영장이나 말, 자동차, 선박 등의 징발을 보도하는 기사는 볼 수 없다. 다만, '포악한 중국'을 무찔러야 한다거나 군에 바치는 헌금이 대거 모이기 시작했다는 기사가 지면을 덮었다. 그리고 7월 20일에는 역시 『아사히신문』이 '군용기 헌납자금'을 대대적으로 모집하기 시작했다. 제2차 헌금 현상이었다. 이번에 아사히가 발휘한 막강한 힘은 '만주사변' 때와는 비교가 되지 않았다. 약 4개월 후인 11월 27일까지 아사히신문사 하나가 무려 6백만 엔, 즉 90기機의 군용기를 육해군에 헌납했다. 이 헌금을 모집하면서 아사히신문사는 병사 위문금 모집도 시작했지만, 유별나게도 군용기 헌금에 비해 격차를 두며 취급했다. 솔선수범을 과시하려는 듯 아사히신문사의 헌금은 군용기에는 2만 엔을 냈지만 위문금은 5,000엔에 그쳤다. 여기에서도 당시 몇 년 동안 신문의 태도가 변했다는 것을 알 수 있다.

그러나 이때 민중들에게서 일어났던 대소동은 약간 내용이 달랐다고 보아야 할 것이다.

소집병 민중의 움직임은 소집영장에 달려 있었다. 길모퉁이에 센닌바리가 나타나고 마을마다 소집되어 입영하는 병사를 보내는 기원제가 시작되었다.

7월 하순에서 8월에 걸쳐서 일본의 구석구석으로 빨간 딱지가 배달되었다. 영장을 받고 집을 나서는 남자들, 이별을 아쉬워하는 가족들, 당시의 이별은 외국 영화에 나오는 분위기와는 상당히 달랐다. 일본에는 일본만의 독특한 이별의식이 있었기 때문이다. 그러나 이 의식은 일본에서 옛날부터 전해내려오는 것은 아니었다. 징병제가 실시된 이후 부역賦役과도 비슷한 젊은이의 자랑스러운 입대를 축하하는 잔치와 무운장구를 기원하는 축제가 이웃과 공동체에서 행해져 왔다. 한 번 징병을 마치고 촌으로 돌아온 사람이 다시 소집되어 나가는 경우에는 보다 깊은 동정을 표시했다. 필자는 이것을 '빨간 딱지의 축제'라고 부른다.

젊은이들은 좋아서 전장으로 간 것이 아니었다. 빨간 딱지가 오면 가야했고 그렇지 않으면 병역기피가 되어 감옥에 갈 수밖에 없었다. 8월 2일 히로시마廣島 현 후추府中경찰서장에게 발신인 불명의 투서가 날아들었다.

> 출정을 앞두고, 눈물을 흘리며 이 글을 씁니다. 저는 처자 5명을 남기고 만감으로 가슴이 미어지는 가운데 내일 아침 출정합니다. 하루 90전을 받으며 노동하는 사람이기에, 내일부터 제 처자는 쌀값도 구하기 어렵습니다. 관공서에 근무하는 사람은 모두 봉급을 계속 받지만 우리들 노동자에게는 아무런 수당도 없습니다. 이것은 얼마나 불합리한 규정입니까. 우리에게 하루 90전만 있으면 처자의 일을 근심하지 않고 용감하게 출정하겠지만 처자식이 불쌍하고 마음에 걸려 전사해도 죽을 수 없습니다(『특고외사월보特高外事月報』 8월호).

이번에 소집된 군인들 중에는 처자가 있는 사람도 적지 않았다. 이 편지의 주인공은 최초로 동원된 히로시마 제5사단에 소집된 병사였다. 제5사단은 8월 1일과 2일에 걸쳐 우지나를 출항하여 중국 대륙으로 향했다. 편지의 주인공은 출정하기 전날에 만감이 교차하는 가운데 우체통에 편지를 넣었을 것이다.

총동원 중일전쟁에 동원된 사단의 관할 하에 있는 서 일본의 각 현에서는 이르게는 7월 13일 무렵부터 빨간 딱지가 왔다는 소식이 있을 때마다 정촌의 주민이 모이기 시작하였으며, 27, 28, 29일에 절정에 달했다. 예를 들어 히로시마 현 히바군比婆郡 시키노부촌敷信村은 인구가 3,000명 남짓한 작은 촌에 불과했지만 한 번에 44명에게 빨간 딱지가 왔다. 7월 29일에 봉고제奉高祭와 송별식을 거행한 다음에 쇼바라庄原 역까지 전송하며 젊은이들을 후쿠야마 제41연대로 보냈다. 이 무렵 신문에는 촌민대회나 기원제가 무수하게 보도되었으며, 이는 모두 응소자를 송출하는 촌의 축제였다. 물론 촌민대회에서는 '포악한 중국을 응징하자'는 결의도 했지만 출정병사의 무운장구를 기원하는 것이야말로 주민의 본심이었다.

요시다 겐지로吉田絃二郎는 전송하는 사람들이 환호하는 소리를 들으며 이렇게 썼다.

> 오늘 아침에도 두 차례 숲에서 만세 소리가 들려왔다. 마을사람들이 출정할 때마다 모두 고장의 수호신을 모신 숲에서 술잔을 나누면서 장도를 격려한다. …… 3, 4일 전에 근처에서 출정한 사람은 일주일 전에 아내와 사별하고 아이가 넷이다. 한 젊은이는 불과 3주 전에 장가를 든 참이었다(『중앙공론中央公論』 1937년 9월호).

7월에 히메지, 히로시마, 구마모토에 있는 사단을 중심으로 동원된 병력은 약 20만 명이었으며, 이어서 8월 중순에는 나고야, 젠쓰지善通寺, 우쓰노미야 주둔 각 사단에서 약 30만 명이 동원되었다. 8월 하순에는 교토 사단 이외에도 히로사키, 가나자와에서 새로 사단이 편성되었다. 9월에는 도쿄, 가나자와, 센다이, 구루메久留米에서도 사단이 편성되어 출동했다. 방위청 전사실戰史室이 펴낸 『지나사변 대동아전쟁 간 동원 개사支那事變大東亞戰爭間動員槪史』에 나타난 숫자를 보면 1937년에 동원된 병사는 93만 명에 이르렀다. 그중에서도 빨간 딱지를 받은 소집병은 59만 4,000 명에 달했으며, 현역병 33만 6,000 명의 두 배에 가까운 비율을 차지했다. '만주사변'과 비교하면 단위가 다른 대규모 동원이었으며, 이것은 문자 그대로 총동원이라 할 수 있다.

이별의 장면 어느 집에 언제 빨간 딱지가 날아들지 몰랐다. 이런 불안과 긴장이 사회 전체에 가득 찼다. 빨간 딱지가 오면 '작별'할 때 어떻게 헤어져야 좋을까? 울어야 하나? 원망해야 하나? 격려해야 하나? ……

전후의 일본 영화를 보면 군인이 출정할 때 공통으로 나타나는 정해진 장면이 있다. 출정하는 젊은이를 향해 만세를 부르는 전송집단이 등장한다. 그 속에는 반드시 군복 차림을 한 재향군인 한 사람과 갓포기에 하얀 어깨띠를 두른 다수의 국방부인회 회원들이 보인다. 곁에는 '무운장구를 빈다 ○○○군'이라고 쓴 장대 깃발[32]이 서 있다. 영화에서는 전송 장면에 등장하는 집단을 국방부인회로 정해놓은 듯하다.

이 가운데 기노시타 게이스케木下惠介는 집념을 가지고 이별하는 어머니와 청년을 끝까지 그리고 있다. 그의 작품 둘을 예로 들어 보자. 첫 번째는 전쟁중인 1944년에 개봉된 〈육군〉, 두 번째는 전후인 1954년에 나온 〈24개의 눈동자〉[33]이다. 이 두 작품에서 가장 긴 장면이 출정할 때 작별하는 모습이다.

〈육군〉에는 상해사변 당시에 출정하는 고쿠라小倉 연대를 보내는 시가지가 나온다. 병영에서 역까지 행진하는 부대 뒤를 바짝 따라가며 아들의 이

❙〈육군〉(상)과 〈24개의 눈동자〉의 한 장면(가와키타川喜多기념영화문화재단 제공)❙

름을 부르는 어머니의 모습이 길게 나오다가, 그대로 영화의 끝을 알리는 '종終'이라는 자막과 겹친다. 길거리는 작은 깃발을 흔드는 국방부인회 회원으로 넘치고 있다.

〈24개의 눈동자〉에는 쇼도시마小豆島에 있는 마을의 수호신을 모신 진슈鎭守[34]로부터 배가 닿는 나루터까지 전송행렬이 따라온다. 장대 깃발이 세워져 있으며, 출정하는 젊은이가 선두에 서고 다음에는 초등학생들이 선생님의 인솔 하에 대열을 이루고 그 뒤를 여자들이 따라간다. 이 여자들은 갓포기를 입고 '대일본국방부인회'라고 쓴 어깨띠를 두르고 있으나 초등학생들만큼 활기차지는 않으며, 그렇다고 표정이 하나인 것도 아니다. 손에 작은 깃발을 들고는 있으나, 얼굴을 조금 숙인 채 대열을 따라간다. 영화는 이 장면을 앞과 옆, 그리고 뒤에서도 촬영하고 있으며 또한 산 위에서 조감했다가, 다시 가까운 거리에서 확대해 보여주는 화면이 연속해서 나온다.

중일전쟁에서 태평양전쟁으로 발전해갔던 이 전쟁의 시대에 '작별'이야말로 제일 중요한 영화의 주제였을 것이라고 필자는 생각한다. 민중에게 '작별'은 어떠한 것이었는가? 그리고 국가가 이러한 작별의 양식을 어떻게 받아들였느냐에 따라, 전쟁을 받아들이는 국민의 감각도 달라진 것은 아닌가라는 생각도 하게 된다. 앞서 나가 싸우는 사람과 이를 전송하는 이가 일체감을 가지는 것이야말로 전쟁을 성스러운 것으로 만들 수 있기 때문이다. 그리고 이러한 일체감을 연출한 것이 국방부인회였다. 싸우러 나가는 자가 남자라면 전송하는 것은 여자여야 했다.

촌의 전송 기노시타의 두 작품에 묘사된 국방부인회는, 엄밀하게 말하면, 사실과 다르다. 왜냐하면 〈육군〉의 배경으로 등장하는 상해사변에 주인공이 출정할 때에는 아직 국방부인회가 없었기 때문이다. 〈24개의 눈동자〉는 1943년 무렵에 출정하는 광경을 그린 것으로 보이는데, 당시에는 이미 국방부인회가 해산되고 없었다. 그럼에도 기노시타는 출정 시 작별하는 장면에는 국방부인회가 등장해야 한다고 마음속으로 그리고 있었던 것이다. 〈육군〉에서는 갓포기 집단과 종류가 다른 어머니(다나카 기누요田中絹代)의 모습을, 〈24개의 눈동자〉에서는 갓포기 집단 속에 섞여서 걷고 있지만, 감정을 억누르느라 무표정하게 있다가 집으로 돌아가 우는 여자(다카미네 히데코高峰秀子)의 모습을 보여준다.

이 두 작품에 대해 좀더 자세히 이야기해보자. 〈육군〉에 나오는 것은 오사카 국방부인회의 사례에서 전형적으로 나타나는 출정하는 군대를 전송하는 장면이다. 무대는 도시를 통과하는 역, 항구, 도로 위에서 전송하는 유형이 나타난다. 〈24개의 눈동자〉에서는 촌에서 청년이 출정한다. 무대는 마을 수호신을 모신 사당에서 역(도선장)까지이며, 행진하는 것도 촌의 주민들이다.

1937년 중일전쟁이 발발하고 나서 전송은 후자의 유형으로 바뀌었다.

이는 빨간 딱지 때문이었다. 일본의 어느 촌이나 정에서도 빨간 딱지의 축제가 거행되었다. 오사카 유형의 전송을 통과지점 전송이라고 한다면, 후자는 '원점송출原點送出' 이다. 전송이 원점송출로 변형되었을 때, 전송집단의 역할을 하는 국방부인회도 송출의 원점인 촌에 만들어졌다고 보아야 할 것인가?

국방부인회의 조직의 확대에 대해서는 〈도표 3-4〉에 나오는 세력 분포를 다시 한 번 살펴볼 필요가 있다. 1937년 6월 현재, 국방부인회는 이미 회원이 458만 542명이었다. 중일 전면전쟁이 발발하고 나서, 같은 해 12월에는 684만 9,069명으로 늘어났다. 실제로 회원이 227만 명이 증가했으니 규모가 50퍼센트나 커진 것이다. 이것은 주로 농촌 지역에 분회가 신설된 결과였다. 그중 야마나시 현山梨縣, 가나가와 현神奈川懸만 보아도 8만 명이었던 국방부인회의 규모가 농촌 지역에서 분회가 늘어난 데 힘입어, 회원이 19만 명에 달해 두 배 이상 증가했다. 심지어 간사이 본부에서도 분회와 회원이 모두 이 기간에 50퍼센트 이상 증가했다. 내용을 살펴보면 오사카 부내의 농촌 지역에서 회원이 증가했기 때문이며, 반대로 오사카 시내에서는 거의 늘어나지 않았다. 이 현상은 주목할 만하다.

전송에 관한 통계를 살펴보자. 〈도표 5-1〉의 고베 지방 본부의 기록을 보면 1936년의 군대 송영 횟수는 48회(7,410명 참가)였는데, 1937년에는 1,156회(14만 2,250명 참가)에 달한다. 다시 눈에 띄는 것은 분회 단위의 입·제대자 송영 1만 6,040회라는 숫자이다. 이 송영에 참가한 회원은 40만 명에 이른다. 자세한 내용을 따지지 않는다면 1937년에 고베 국방부인회가 출동한 총 횟수는 4만 8,034회에 달했다. 여기에 참가한 연인원은 83만 9,482명, 회원은 7월 현재 5만 8,822명이므로 평균 1인당 10회 이상 출동했

〈도표 5-1〉 국방부인회 고베 지방 본부 산하의 사업 횟수, 참가인원(1936~1941)

		군대 송영	군대 접대	입 · 제대자 송영	전몰자 위령	유가족에 위문금 전달	위문대 헌납	기원제 집행	총계
1936	횟수	48	21	–	25	–	18,000	–	18,680
	인원	7,410	5,310		37,260		45,521		122,757
1937	횟수	1,156	846	16,040	2,545	22,804	2,770	169	48,034
	인원	142,250	22,900	401,000	42,318	54,361	104,526	9,900	839,482
1938	횟수	626	556	7,680	11,882	21,412	4,067	372	77,773
	인원	76,510	9,150	192,000	66,800	68,284	126,600	187,000	1,091,710
1939	횟수	458	320	696	11,613	12,170	1,772	1,111	30,640
	인원	108,920	8,750	17,400	64,426	67,161	143,439	55,403	914,710
1940	횟수	120	92	518	11,705	9,861	4,361	2,150	30,756
	인원	17,430	1,740	12,950	73,265	47,905	165,104	117,150	859,214
1941	횟수	43	172	245	3,524	16,794	10,337	3,042	36,891
	인원	26,580	6,730	6,120	44,780	94,060	216,098	166,270	1,038,336

* 주: 이밖에도 군대위문, 병원위문, 군사 작업원조, 상이군인 위문금 전달, 병기 · 피복헌납, 강연회, 영화 상영회, 견학 등의 실적이 있으며, 총계는 이를 포함한다. 고베 지방 본부의 총 회원 수는 1937년 7월 현재 58,822명, 1941년 9월 현재 209,694명이다(『고베 국방부인회 10년 획사神戸國婦十年劃史』, 『고베 부인국방神戸婦人國防』에 따름). 1933년~1935년 통계는 〈도표 3-2〉 참조.

다는 계산이 된다. 활동적인 중견회원의 입장에서는 매일 출동해야 하는 상황이었다고 상상할 수 있다.

2. 국방부인회의 확산과 국방부인회형型 변화

민중동원 촌을 무대로 한 원점송출에 등장하는 주역은 국방부인회만이 아니었다. 청년단도, 다른 부인회도 총출동하여 전송했다.

한 가지 예를 들어 촌에서 있었던 전송행사를 살펴보자. 제16사단에서 동원이 발령된 이후 한 주 동안 일어난 일에 대해 미에 현三重懸 아야마군阿山郡 히가시다쿠쇼쿠촌東拓殖村의 청년단 일지에는 다음과 같이 기록되어 있다.

8월 26일, 마을 수호신에게 무운장구를 비는 기원제 거행, 행사 참가
8월 27일, 출정병 전송, 오전 6시29분, 오후 4시 40분
8월 28일, 출정병 전송, 오전 7시 2분, 오후 4시 39분
8월 29일, 출정병 전송, 오전 6시 29분, 오후 4시 39분
8월 30일, 출정병 전송, 오전 6시 29분
8월 31일, 출정병 전송, 오전 7시 2분
9월 1일, 이른 아침, 마을 수호신 참배, 무운장구 기원

애국부인회도 이때는 활발하게 활동했고 회원확대를 위해 정력을 쏟았다. 전체적인 숫자로는 국방부인회에 미치지 못하지만, 확대 비율을 보면 애국부인회의 기세도 보통이 아니었다(〈도표 3-4〉 참조). 국방부인회와 애

국부인회라는 두 단체가 1937년부터 1938년에 걸친 1년 동안에 무려 400만 명 가까운 여성을 새로 조직했다. 이 시기 일본은 전장에 100만의 병사를, 그리고 후방에서 천만의 여성을 동원했다. 바로 이것이 중일 전면전쟁이 벌어졌을 때 나타난 민중동원의 실상이다.

당시 기획원企劃院이 실시한 농촌과 산촌의 실태조사 결과를 보아도 이러한 경향이 뚜렷하게 나타난다. 중일전쟁 발발 이후에 촌의 단체 가운데 회원이 두드러지게 늘어난 곳은 국방부인회와 애국부인회였다. 새로 국방부인회 분회가 만들어진 촌도 적지 않았다. 애국부인회는 촌 내부에서 회원을 늘려갔다. 다만 국방부인회와 애국부인회의 회원 비율은 일반 농촌에서 2대 1이지만, 산촌 · 어촌이 되면 10 대 1 정도로 격차가 벌어진다. 이와 대조적으로 도시 지역에서는 애국부인회가 상당히 앞섰으며, 특히 도쿄에서는 회원 수가 거의 비슷했다. 도심의 구부區部[35]에서는 오히려 애국부인회가 우세하였다. 애국부인회의 분포는 부유한 정도와 비례하고 빈곤 정도에 반비례한다.

국방부인회형型　빨간 딱지가 대량으로 발송된 이후 애국부인회와 지역 부인회는 국방부인회와 같은 활동을 벌였다. 빨간 딱지 자체가 민중이 보이는 움직임을 만들어내는 핵심적 계기였으며, 빨간 딱지의 축제는 국방부인회가 전권을 행사할 수 있는 것도 아니었기 때문이다. 출정자를 보내는 장행회壯行會와 기원제의 주최자는 촌장, 마을 이장, 또는 재향군인회 분회가 맡았다. 주최 측에서는 촌민이 모두 나와 전송대열에 참가하도록 요청했다. 국방부인회가 있는 곳에서는 국방부인회가, 애국부인회만 있는 곳에서는 애국부인회가, 그렇지 않은 곳에서는 주부회主婦會나 처녀회가 주력이 되었다. 모든 여성집단이 국방부인회가 된 것처럼 보였다. 필자는 이 현상을 부인회의 국방부인회형 변화라고 부른다.

이 같은 사정의 속내를 들여다보면 빨간 딱지를 받은 출정자를 전송하는 것이 전형적인 국방부인회형 활동이다. 이때야말로 국방부인회라는 조직이 가장 효과적으로 기능을 발휘했다고 할 수 있다. 이러한 상황에 대처하기 위해 많은 촌이 자체 판단으로 국방부인회 분회를 설립하기 위해 움직였다. 또한 국방부인회 분회가 설립되지 않은 곳에서는 촌의 부인회가 국방부인회와 비슷한 활동을 하곤 했다. 무엇보다도 국방부인회는 이와 같은 비상사태를 예측하고 적어도 과거 2년 동안 농촌 지역의 조직화를 추진했다.

그렇다면 원점송출에 대응하기 위해 농촌에서는 어떻게 국방부인회가 조직되었을까? 이는 대부분 기존에 있던 지역 부인회를 국방부인회로 개편하는 과정을 거쳐 이루어졌다. 오사카에서조차 국방부인회가 확대될 수 있었던 배경을 보면 구와 정에 있는 기존 부인회 조직이 챙겨준 덕분이라고 말할 수 있는 측면도 컸으나 아직 개인 가입이 높은 비중을 차지했다. 도시 지역에서는 세대 수를 기준으로 조직률이 20퍼센트 대에 달해 아주 높은 참여율을 보여준다. 그러나 출정이 시작되는 지역에서 전송하는 여성 집단은 그 자체가 공동체라는 얼굴을 갖고 있다. 농촌에서 만들어진 국방부인회 분회의 조직률은 세대 수를 기준으로 100퍼센트에 가까운 특징을 보인다. 국방부인회의 발상지인 오사카에서도 농촌 지역은 원점송출형이었다. 농촌 지역 분회는 중일전쟁 때 뒤늦게 설립되었지만 조직률이 이상하리만큼 높아 시내와 차이를 보인다.

앞에서도 언급했듯이 농촌에서 국방부인회 분회가 설립되는 과정을 보면 촌에 있는 부인회가 그대로 국방부인회의 분회가 된 사례가 많다. 다만 형식적으로 분회원을 모집하는 형식을 갖추거나, 촌의 부인회와는 다른 간판을 걸기도 하였지만 실질적으로는 촌 부인회가 그대로 남아 있었다. 실제로 촌의 나이 든 여성들에게 국방부인회에 대해 물어보면, 대부분이 "전쟁 중에는 국방부인회였어요."라고 주저하지 않고 대답한다. 자신이 국방부인회 회원이었다는 것은 아니고 촌의 부인회가 국방부인회 분회였다고 말하는 것이다. 그러므로 이어서 "전쟁이 끝나고 나서, 지금의 부인회가 되었다."라고 덧붙인다. 부인회조직의 전전과 전후의 연속성을 전제로 하여 판단하면 국방부인회는 정당한 위치를 차지하고 있었다. 많은 지역 부인회가 전쟁 중에는 '국방부인회'라는 명칭으로 바뀌었다고 이해할 수 있다. 그렇지만 1942년부터 패전 직전까지는 '대일본부인회'에 속했을 터인데도 여성들은 그 사실을 그다지 기억하지 못한다. 이상하게 들릴지도 모르지만, 이것이 토착 민중이 가지고 있는 역사의식의 하나이다.

활동내용 하나의 촌을 사례로 들어 국방부인회형 활동이 벌어질 수밖에 없었던 이유를 살펴보자. 히로시마 현 야사군安佐郡, 나가타바촌長束村에서는 1935년에 산업조합부인회와 국방부인회가 동시에 발족했다. 이것은 결국 회원이 동일하다는 의미이다. 또한 이전부터 촌의 부인회가 있었고, 부인회는 연합부인회에도 가입하고 있었다. 이 조직도 역시 회원이 완전히 중복된다. 구성원이 모두 같고, 계통과 간판만 다른 3개의 부인단체가 병존하였다. 다음 해인 1936년부터는 약 3분의 1의 회원으로 구성되어 발족한 애국부인회 분회도 가세해 모두 4개의 부인회가 만들어졌다. 게다가 모두 촌장이 회장을 겸하고 촌 사무소에서 사무처리를 했으므로 서로 대항하는 관계는 없었다. 부인회들은 상황에 따라서 주최하는 행사를 분담했다.

그러므로 각각의 부인회가 가졌던 성격과 활동을 비교하기 쉽다.

1936년에서 1938년까지의 동향을 보면 중일전쟁 이전에는 농촌갱생, 선거숙정, 출정군인 위문, 회원친목 등의 동일한 내용을 가진 행사를 부인회마다 따로 실시했다. 이 가운데 산업조합부인회의 행사가 비교적 많다. 그런데 중일전쟁이 시작되자 출정자의 전송, 전사자의 촌장村葬, 여기에 부상을 입거나 질병에 걸린 병사의 위문 등을 비롯한 후방 활동이 엄청나게 많아졌다. 그것만으로도 1년 반 동안에 45회나 부인회 회원이 동원되었고, 이 가운데 40회는 국방부인회가 주도한 동원이었다. 촌의 하부조직에서 시행하는 여성동원의 약 90퍼센트는 국방부인회를 통해서 이루어졌다. 촌 사무소에서 취급하는 부인회 사무의 약 70퍼센트가 국방부인회와 관계된 일이었다. 일본이 대규모 전시 동원 체제 하에 있었으므로 국방부인회가 두드러지게 기능을 발휘하게 된 것이다.

대량 출정 후에는 많은 전사자가 나오게 마련이다. 중일 전면전쟁에서는 '만주사변' 때와는 단위가 다를 정도로 많은 전사자가 생겼다. 더구나 결전

〈도표 5-2〉 촌 단위 여성단체의 업무건수 비교

	여성단체	업무건수	회원동원
전면전쟁 이전 1년 반	촌 부인회	17	3
	산업조합부인회	11	2
	국방부인회 분회	4	2
이후 1년 반	촌 부인회	37	4
	산업조합부인회	8	1
	국방부인회 분회	84	40*

* 이 가운데 출정환송 29, 유골봉영 · 촌장村葬 4(히로시마 현 나가타바촌)

기라고 부르던 패전기에는 더욱 많은 사람이 전쟁에 희생되었다. 이 세 시기를 각각 나누어 고찰해보자. 중국 상륙 후 2개월도 지나지 않아 평형관 전투에서 전멸에 가까운 상태가 된 하마다 제21연대의 경우 징집 구역인 시마네 현島根懸 이와미부石見部에서는 보충병을 출정시키고 전사자의 장례를 치르느라 밤낮없이 분주했다. 이 구역에서는 2개월 동안 두 번이나 병력을 보충하다보니 징집대상에 해당되는 장정이 바닥났다. 그래서 세 번째 보충병을 보내려면 구역 바깥인 시코쿠四國에서 현역복무를 마친 귀환병을 받아와야 하는 상태가 되었다.

오사카 국방부인회는 초기에 역이나 항구를 통과하는 군대를 접대하려고 주전자를 들고 나갔지만, 그 무렵에는 아직 전사자의 장례에는 참여하지 않았다. 그때는 회원이 부족했을 뿐 아니라 조직이 아직 충분히 정촌에 뿌리내리지 못했기 때문이다. 사정은 같았지만 애국부인회는 현지사 부인이 지부장을 맡아 현시정촌으로 내려가는 행정 계통을 타고 장례를 치를 때마다 빠짐없이 조사와 조의금을 보냈다. 국방부인회는 회원 자신이 그렇게 지위가 높지 않았으므로, 개인적으로 참석하거나 행사 도우미를 하는 데 그쳐야 했다. 이런 사정 때문에 국방부인회는 같은 동네에서 생긴 일이라면 돕고, 그렇지 않으면 크게 관여할 여지가 없었다.

원점송출 필자는 중일전쟁 시기를 원점송출 시기라고 했다. 이를 무엇보다도 제대로 보여주는 것이 촌에서 장례를 거행하는 모습이다. 중일전면전쟁 이후 공동체 단위로 출정과 장례를 맡아 챙기는 일에는 국방부인회 분회가 확실하게 참가할 수 있었다. 이 같은 사실로 보아 국방부인회는 정촌에 정착하게 되었다고 말할 수 있다. 그 대신에 이런 일을 담당한 국방부인회는 국방부인회이기는 하였지만 오사카형, 즉 도시형이 아니라 지역 부인회 그 자체였다고 해도 좋을 것이다.

이처럼 중일전쟁을 치르기 위해서는 국방부인회의 활동을 최대한으로 촉구할 필요가 있었다. 그러나 정확하게 말하자면 국방부인회형 활동이 필요했다. 애국부인회도 연합부인회 가맹 부인회도, 또한 전간사이 부인연합회와 같은 여성단체까지 모두 국방부인회형 활동으로 이행했다. 원점송출을 하던 시기에는 계통에 상관없이 촌에 있는 모든 부인회가 국방부인회의 역할을 담당한 것이다.

센닌바리의 내력을 돌이켜보면, '상해사변' 때 오사카 시내에서 길거리에 나와 센닌바리 만들기에 동참할 것을 호소해 화제를 모은 주부들이 오사카 국방부인회를 결성했다. 그런 의미에서 국방부인회와 센닌바리는 깊은 인연이 있다. 그러나 중일전쟁 시기에는 국방부인회의 활동만 눈에 두드러진 것은 아니었다. 길모퉁이에서는 오히려 가족의 호소가 애달프게 울려퍼지고, 단체 가운데에는 애국부인회가 적극적이었던 것으로 나타났다. 특히 애국부인회 계통인 애국자녀단이 편성된 여학교는 센닌바리를 모으는 운동의 주요 전력이 되었다. 이 시기에 센닌바리를 받는 풍경을 찍은 사진을 보면 어느 곳에서나 국방부인회의 갓포기 차림을 거의 볼 수 없다.

이렇게 보면 국방부인회형 활동은 필요했지만, 이를 국방부인회가 전담해야만 한다는 것은 아니었다. 따라서 이 시기의 여성 활동은 국방부인회형으로 나아가면서 여러 부인회가 경합하는 구조였다. 이때 정통성을 가진 국방부인회가 가장 유력했음은 말할 것도 없다. 그러나 조직이 확대되는 속도를 보면 애국부인회도 상당한 수준이었다. 이는 내무성을 거쳐 행정 계통에서 발휘되는 애국부인회의 실력이 진짜 군 조직과 맞먹을 만했기 때문이다.

국방부인회와 애국부인회가 서로 경합하다 보니 사사건건 대립하는 사이가 되었고 1938년 6월에는 두 단체가 동시에 친화를 도모하겠다는 성명을 내야만 했다. 여기에서 국방부인회와 애국부인회의 통합론이 다시 등장하게 되었다. 이제 두 조직의 사업내용이 거의 같아졌으며, 단지 구성원의 계층과 지도층에 차이가 있을 뿐이었다.

1938년 11월에 열린 전국 학무부장 회의에서 했던 이와시게岩重 교토 부학무부장의 발언을 재수록해 본다.

> 전몰자 장례를 지낼 때 다마구시[36]를 신에게 바치는 순서를 다투다가, 결국 동시에 참배를 하게 되었다. 일반 회원도 역시 양쪽으로 나뉘어, 오전에는 국방부인회의 어깨띠, 오후에는 애국부인회의 어깨띠를 걸치고 양쪽의 모임에 출석했으며, 심한 경우에는 양쪽의 어깨띠를 열십자로 어긋나게 걸쳐 의리를 지키는 등, 참으로 보기 흉한 싸움을 벌인다. 지방청에서도 직접 지도할 권한이 없어 힘들다. 이 기회에 되도록 통합을 이루었으면 좋겠다.

그러나 통합론이 나오자 오히려 두 단체는 이를 부정했고 경합과 알력이 더욱 심화되었다.

3. 출정하는 자와 배웅하는 자

출정의 노랫가락 중일전쟁 시기에 여성이 조직된 측면은 의외로 평가받지 못했다. 고작 여성도 조직했다고 말하는 정도이다. 그러나 후방이 조직화되는 현상을 보면 여성의 조직화가 오히려 가장 큰 특징이다. 시정촌 내부의 단체 동향을 보아도 신설되거나 구성원이 두드러지게 증가하는 일은 여성단체에서만 나타났다. 나가타바촌에서 본 것처럼 중일 전면전쟁을 경계로 하여 여성단체의 활동량은 한꺼번에 몇 배로 늘어났다. 또한 다음 장에서 기술할 예정인 국민정신 총동원운동의 사례에서도 볼 수 있듯이, 모든 단체를 결집해놓아도 결국은 학교와 청년단체, 여성단체가 주력이 되어 실천에 나서게 된다. 전송이 조직되는 구도를 볼 때 여성의 조직화가 매우 중요한 요소라고 할 수 있다. 더구나 전시생활에서는 소비통제가 경제를 유지하는 큰 기둥이 되었기 때문에 여성단체의 역할이 커지게 마련이었다.

촌 단위에서 보면 '만주사변' 때에는 출정 · 귀환 등의 군대와 연관된 동원행사는 재항군인회가 하는 일이었다. 이 때문에 재향군인회가 촌 내부에서 차지하는 지위도 높았다. 그런데 중일전쟁 때는 재향군인회 자체가 빨간딱지의 수령자가 되었다. 앞에서 히로시마 현 시키노부촌의 44명도 이바라키 현 나가오카촌의 59명도 재향군인이다. 그들은 이제 축제의 집행자가 아니라, 축제를 받는 대상이었다. 청년단은 물론 전송하는 측이지만, 곧 자신들도 출정하는 몸으로 입장이 바뀌었다. 이렇게 해서 많은 경우에 마을 자체가 축제의 집행자가 되었고, 이를 전송하는 집단의 주역은 부인회와 초등학교가 맡게 되었다.

'만주사변' 때 출정자는 아직 현역병을 중심으로 선발된 청년들이었는데 중일전쟁에 돌입하자 젊은 남자라면 누구라도 전선에 나갈 각오를 해야 했다. 이 같은 변화가 출정자와 전송자의 차이를 뚜렷하게 만들었다.

1937년 8월, 출정으로 세상이 들끓는 가운데 유행했던 출정의 노랫가락이다.

거리낌 없이 웃으며 떠나세요.
빛나는 출정, 웃는 얼굴로 보내드립니다.
당신의 여자인 나는 후방에 피는 패랭이꽃이랍니다.
출정, 출정, 힘차게 나가세요.

출정하는 자와 전송하는 자를 뚜렷하게 나타낸 노래라고 할 것이다. 전송하는 자가 일반적인 여성이 아니라 특정한 관계일수록 가슴이 미어지게 마련이다. 어머니와 아들이 등장하면 특히 그렇다. 고가 마사오古賀政男가 곡을 붙인 〈군국의 어머니〉를 보자.

거리낌 없이 조국을 위해
명예로운 전사를 부탁한다고
눈물도 보이지 않고 격려하며
우리 아들을 보내는 아침의 기차역

바람잡이 이와 같은 전송을 주제로 한 노래의 공통성은 떠나는 병사에게 거리낌 없이 출정하라고 격려하는 것이다. 게다가 전송을 묘사하는 정경情景에는 눈물이 아니라 웃는 얼굴이 그려져 있다. 출정병사의 가족만 전송하러 나오면 아무래도 웃는 얼굴을 보이지 못했을 것이다. 그래서 국방부인회와 같은 여성들이 무리로 나타나 바람잡이 노릇을 할 필요가 있었다. 가족도 여성 군단도 신문사에서 보낸 깃발을 들고 흔들었다. 곧바로 전송할 때 부르는 틀에 박힌 노래가 만들어졌다. 〈야영의 노래露營の歌〉는 "진군나

팔 소리 들을 때마다, 눈에 선하게 떠오르는 깃발의 물결"이라고 노래했으며, 〈동트는 새벽에 기원한다〉는 "아! 아!, 그리운 얼굴과 목소리로 아내와 자식이 솜씨를 발휘하라고 부탁하며, 찢어질 듯 흔들던 깃발, 먼 구름 사이로 다시 떠오른다."라고 노래했다. 약간의 애수를 풍기면서, 역과 항구에서 환호성이 메아리쳤다.

이러한 전송식은 눈물을 잊도록 만들기에는 안성맞춤이었다. "인파에 묻혀 웃으면서 전송하는 아내와 아이들이여, 너무 애처로워 나도 계속 웃는다."라고 노래한 사람은 37세의 나이로 입영한 우에이네 요시上稲吉(이바라키 현)였다. 이 노래 가사를 보면 그 기막힌 심정이 잘 드러난다. 따라서 전송할 때 바람잡이가 하는 역할을 재고했어야 한다는 생각이 든다.

전송에는 원래 눈물로 연결된 가족이 있는데, 이들을 바람잡이들이 둘러싸고 있다. 바람잡이들은 전송이 끝나면 가족을 돌보는 일도 맡는다. 이것이 후방봉사라 부르는 전시 사회사업이다. 이러한 구조를 보면, 그 속에는 돌보는 자와 보살핌을 받는 자가 분화되는 관계가 내포되어 있다. 이 가운데에서 국방부인회는 어디까지나 돌보는 쪽에 속한 조직이었다. 결국, 국방부인회와 출정자 유가족은 다른 존재라는 것을 염두에 두어야 한다.

중일 전면전쟁이 벌어지면서 둘 사이의 관계에서 극도의 긴장이 발생했다. '만주사변' 당시에는 아직 돌보아야 할 사람의 수가 적었다. 오사카에서 국방부인회가 만들어져 회원이 수백 명에 불과했던 시대에는 모두 돌보는 일을 하느라고 바쁘게 돌아다녔다. 그러나 국방부인회 회원이 100만 명을 넘어서자 일거리가 없는 곳도 있었다. 그래서 구경이나 하러 다니는 데 재미가 붙어 놀고 지낸다는 비난도 듣게 되었다. 실제로 전면전쟁으로 발전하기 이전 단계인 1936, 1937년에는 국방부인회가 조직한 행사 가운데에는 군대 견학을 핑계로 여행이나 소풍을 가는 경우가 적지 않았다. 그러나 100만의 병사가 동원되는 상황이 오자 비록 국방부인회원이 600만 명을 넘었다고 해도 돌보는 일을 챙기려면 상당한 긴장이 쌓일 수밖에 없었다. 회원의 규모와 업무량 사이의 상관 관계에 대해 이제는 돌보는 일도 한계에 가까워졌다는 말이 나올 정도가 된 것이 중일전쟁 초기의 상황이었다. 바로 이 때문에 국방부인회만이 아니라 모든 여성단체의 조직과 활동이 국방부인회형으로 기울게 된 것이다.

일본의 상황이 이러했지만 긴장이라는 말이 가지는 실질적 의미를 생각해보면 침략을 당한 중국이 훨씬 절박했을 것이다. 따라서 항일 의지도 드높았으며 여성들은 "규방에서 나와라, 부엌에서 달려나오라, 손과 발을 묶은 구습을 두들겨 부숴라…… 대중을 위해서 밥을 지어라, 대중을 위해서 물을 끓여라."라고 노래를 불렀다. 이것은 당시에 인동忍冬이 지은 〈부녀대중전가婦女大衆戰歌〉라고 알려졌는데 전후에는 도행지陶行知가 지었다고 전해진다. 그러나 확실한 경위는 알 수 없다. 중국의 여성들이 부엌에서 달려나오는 모습과 일본의 국방부인회가 보여준 상像은 닮은꼴이다. 그러나 중국에서는 해방의식이 뚜렷하다.

노력봉사 군대로 100만을 동원한 다음, 일본은 가을철 농번기를 맞았다. 농가에서는 일할 사람을 잃은 출정가족이 많았다. 많은 농민이 동원되었기 때문이다. 군수공장으로도 청년층이 이동했기 때문에 농업 통계에 따르면 이 시기에 농촌이 겪은 노동력 부족의 규모는 약 10퍼센트라고 한다. 전송을 하고 나서 등장한 긴급 과제가 이에 대처하는 노력봉사였다. 당시 시정촌에서는 노력봉사반을 편성하였으며, 또한 부락회部落會에서도 이

웃끼리 서로 돕는 인보공조隣保共助 방식에 의한 구조 활동을 시행했다. 국방부인회 총본부도 9월에 "출정병사와 가족에 대해 정신적으로 또는 노동력을 투입해 봉사하는 일에 주력하라."는 긴급 지령을 내렸다.

갓포기를 입고 병사를 위해 세탁봉사를 하거나 뜨거운 차를 접대하는 일에는 실력을 발휘한 국방부인회원들이 과연 농촌으로 가서 밭에서 김매기를 하거나 벼를 베는 일을 할 수 있었을까? 이 지점에서도 역시 원점송출형인 농촌의 국방부인회 분회만이 활약할 수 있는 여지가 있었다. 농촌의 부락부인회는 가벼운 마음으로 이에 대응할 수 있었다. 애국부인회는 중상류층 여성이 지도자를 맡았으므로 실효성을 가진 봉사단을 조직할 수 없었다. 그러나 애국부인회는 돈을 냈을 뿐이라고는 하지만 농촌 탁아소를 경영하기도 했으며 노력봉사에 대응할 수 있는 연줄은 있었다. 결국 농촌에 필요한 노력봉사를 제공할 수 있었던 것은 부락부인회였다. 부락부인회를 흡수하여 국방부인회의 분회와 반으로 조직한 덕분에 국방부인회에서도 비로소 노력봉사에 대응할 수 있었다.

여기에서도 전송 집단이라는 도시에서 가지고 있던 이미지와는 다른 집단이 분명히 국방부인회 내부에 존재했다는 것을 확인할 수 있다. 이는 결국 도시 지역의 방공연습과 더불어 갓포기의 상징성을 희석시키는 결과를 가져왔다.

4. 군국의 어머니, 남겨진 아내

군국의 어머니 작별이 일어나는 관계를 보다 개별적으로 살펴보면 어디까지나 기본은 어머니와 아들의 관계였다. 어쨌든, 20세에서 22세까지의 현역병이 출정하는 군인의 중심이었으며, 제대했다가 다시 소집된 재소집병도 20대 전반의 연령층이 많았기 때문이다. 이미 옛날 이야기가 되었지만, 러일전쟁 때 작별하는 어머니와 아들의 전형적인 관계는 "이치타로一太郎야, 있으면 총을 들어 보여라!" 라고 외쳤다는 〈군국의 어머니〉 미담에서 찾아볼 수 있다. 출정하는 아들을 전송하느라 멀리 시코쿠 깊은 산속에서 달려온 노모가 출항 시간에 늦어 만나지 못하고 부두에서 외쳤다는 말이 퍼져 후방에서 피눈물을 쥐어짰던 것이다. 이번에도 역시 '군국의 어머니'의 모습이 필요했다.

소년 시대에 전쟁을 겪은 필자는 우연히 어머니와 둘이 있을 때 형이 전사했다는 전보를 받았다. 어머니는 이웃이 모두 칭송했던 '야스쿠니의 아내'이며 '군국의 어머니'였지만, 필자와 얼굴을 마주치자마자 전보를 움켜쥐고 통곡했다. 나에게는 한 마디도 하지 않았다. 그 후 보름도 못 되어 필자도 군軍과 연관된 학교에 들어가게 되었다. 어머니는 하염없이 울었다. 필자는 속으로나마 어머니의 마음을 헤아릴 수 있었다.

전장에 나간 청년들이 쓰러져 죽어가며 '천황폐하 만세'라고 하게 된 것은 겨우 중일전쟁 이후에 불과하다.' '만주사변' 때는 거의 없었다. 그 대신 젊은이들은 모두 '엄마'라고 말하면서 죽었다고 한다. 나는 '천황폐하 만세'라고 먼저 학교에서 배웠지만 전장에서 돌아온 병사로부터 모두 '엄마'

라고 말한다고 들었을 때 느꼈던 뭐라고 말할 수 없는 기분을 지금도 잊을 수 없다.

요즘 국방부인회를 조사하면서 뜻밖에도 군부 당국자의 연설 중에 그 말이 나오는 것을 기이하게 생각했다. 일선의 병사들은 '천황폐하 만세'를 외치고, 그 다음에 '어머니'를 찾으며 죽어간다고 연설자들은 말한다. 이는 국방부인회원에게 어머니의 마음으로 대하기를 바란다고 요청하는 대목이다.

어머니→아내→어머니 국방부인회는 몇 해 동안 쌓은 경험을 살려 자체 입장은 어머니의 입장이라고 종합적으로 정리했다. 초기에 회가 대신에 부른 〈후방의 꽃〉은 용사를 보내는 노래였다. 1940년에 새로 통일된 회가를 제정하였다.

> 바르고 깨끗하고 건전하게
> 내 자식을 키워 나라를 위해
> 바치는 어머니의 성실이야말로
> 세상에서 존경받는 사명이다.

라고 어머니의 임무를 강조하는 방향으로 선회했다. '모성애를 기조로 하는 위휼慰恤의 정성'이 국방부인회의 봉사정신이 되어갔다. 군대를 접대하러 가는 곳마다 병사들은 국방부인회원을 보고 '엄마 같다'고 말하며 기뻐했다. 병사와 국방부인회의 관계를 규정하는 기본적인 정서는 대체로 여성이라기보다는 모성으로 기울었다.

전쟁을 겪으며 달라지는 가족 관계를 보여주는 지표는 중일전쟁에서 태평양전쟁에 이르는 8년 동안 어머니 → 아내 → 어머니로 중심축이 바뀌는 변화였다. 처음엔 출정을 격려하는 어머니의 모습으로 등장했다. 어머니의 이름을 부르며 죽어가는 젊은이와 조응 관계를 이루었다. 다음에 소집되어 입대하는 병사의 나이가 높아지면서 아내도 역할을 하게 되었다. 이때 죽을 수밖에 없는 아버지와 자식의 관계, 즉 야스쿠니의 유자녀도 단에 오르게 되었다. 그리고 결전기가 되자, 소년까지 전쟁으로 끌어내기 위해 어머니가 자식의 양육자로서 다시 등장하였다. 동원의 양상에 따라서 어머니와 아내가 역할을 바꾸어가면서 등장했다.

병사의 아내 여기에서 병사의 아내와 연관된 문제를 언급해야 한다. '만주사변' 때는 처가 있는 군인은 조장 이상의 계급을 가진 직업군인이었으며 대부분 장교였으므로 사회적으로 문제가 될 일은 거의 없었다. 중일전쟁에 접어들며 많은 병사를 소집하게 되고, 더구나 소집이 거듭되면서 입영장병의 나이도 많아졌다. 30대도 소집하게 되자 처자가 있는 병사가 적지 않았다. 처자가 있는 병사가 전사하면 남은 아내, 즉 전쟁 미망인은 복잡하고 미묘한 입장에 놓이게 된다. 이 문제는 중일전쟁이 시작되고 나서도 1년 동안은 아직 크게 표면에 드러나지 않았다. 하지만 2년이 지나자 문제가 드러나게 되었다.

1939년 1월에 사법성은 「지나사변의 출정(부상, 전사)자 유가족의 동향에 관한 조사」를 실시하고 다음과 같이 보고했다.

> 유가족 가운데, 전사자를 둘러싸고, 호적상속이나 하사금과 유족 지원금 때문에 분쟁을 일으키는 자, 바람직하지 않은 풍기문제를 일으키는 자, 출정자, 전사자, 부상자의 처우, 가업 · 생계 · 후방 원호 문제 등에 대해 이런저런 불평

이나 불만의 목소리를 내는 자가 있다. 이런 일은 후방의 치안확보를 위해 심각하게 주의해야 할 사실이라고 할 것이다.

전사자의 사망사금, 특별사금, 부조금을 둘러싸고 아내와 전사자의 부모 형제가 다투는 사례가 적지 않았다. 부모 형제가 전사자의 아내와 절연하고 권리를 자기 것으로 만들려는 행동이 전형적인 사례이다. 풍기 문제와 관련해 다음과 같은 사례가 있다.

요즘에는 후방이 해이해진 모습을 자주 볼 수 있다. 출정장병의 가족이 남편의 친구나 형제, 동거인, 일꾼, 또는 이웃의 친지, 근무하는 직장의 연소자 심지어는 원호조합의 임원 등과 불륜행위를 저지르며, 그중에는 눈이 맞아 함께 도망가거나, 또는 '임신 몇 개월'처럼 흉하고 답답한 문제가 점차 증가한다.

애국부인회가 1938년 3월에 일으킨 후방가정 강화운동은 이 문제에 대처하려는 목적으로 유족을 일제 방문하여 교화하는 일을 맡았다.

출정자 가족 감시 국방부인회는 육군 당국으로부터 군인 유가족, 특히 출정자의 아내를 보호하고 선도할 방책을 마련하도록 위촉을 받아, 같은 해 11월에는 전국 지방 본부에 품행에서 의혹을 받는 일이 없도록 암묵적으로 유효적절하게 보호하고 선도하는 조치를 시행하라는 지령을 내렸다. 앞에서 본 국방부인회의 개념도(〈도표 3-1〉 참조)가 여기서 비로소 실체로 드러난다.

이 지령을 어떻게 실행하였는지에 대해서 고베 지방 본부는 다음과 같이 기록하고 있다.

> 각 분회가 모두 비밀리에 조직망을 이용한다. 완전히 호의적인 감시망을 편 다음에 '용사의 아내 모임', '후방 어머니의 모임'라고 부르는 모임을 적시에 개최하여 분회 지역 내부에 있는 출정자의 젊은 아내를 집합시켜 친목과 수양의 기회를 만들었다. 끊임없이 이들의 명예와 긍지를 드높이는 데 힘쓰고, 혹은 출정 가족이 있는 집에는 담당 간부를 지정하여 특별한 친교를 맺어 그들을 감화시키고 선도하여 잘못되는 일이 없도록 힘쓰는 등, 극히 교묘한 수법을 강구한 분회도 적지 않았다. 이러한 조치는 모두 엄격하게 비밀을 유지하며 진행되었다. 선도 대상인 가족이 자존심에 상처를 입지 않도록 감시하는 태도나 독려하는 태도를 털끝만큼도 드러내는 일이 없이, 극히 자연스럽고 원활하게 실시되었다. 이 때문에 어떤 반발도 없이, 염려되었던 불미스러운 품행 문제를 사전에 방지할 수 있었던 공적은 헤아릴 수 없을 만큼 많다.

이 보고는 자신들의 공적을 다소 높게 평가한 것으로 현실과 상당한 거리가 있지만, 국방부인회가 조직을 동원하여 무언가 대책을 강구했다는 사실을 보여주는 사례이다. 여기에서 다시 한 번 국방부인회는 돌보는 측의 조직이며, 출정자 가족이 거의 포함되지 않았다는 사실을 확인할 필요가 있다. 물론 빨간 딱지가 대량으로 발송되었으므로 국방부인회원의 가족도 소집되었다. 하지만 어디까지나 국방부인회는 주로 가족 가운데 군인이 없는 가정주부로 구성된 조직이었다. 처음에 군부가 구상했던 이념과 실태가 맞지 않았던 근본 원인이 여기에 있다.

출정군인 아내의 입장에서는 재향군인회가 자신의 처지와 가까운 조직이었다. 만일 장교의 아내라면 장교부인회가 있었다. 따라서 국방부인회가 출정자의 아내를 염려해 품행 문제에 끼어드는 것은 일종의 국민적 감시가 시작되었다는 사실을 드러낸다. 여기에서 뒷날 도나리구미를 이용한 감시로 이어지는 계보를 찾아볼 수 있다. 그리고 현실적으로도, 국방부인회가 도나리구미만큼 효과적인 감시를 할 수 있었다고는 생각지 않는다.

이러한 조치가 시행된 다음, 처음으로 출정자의 아내를 국방부인회에 입회시킨다는 방침이 생겼다. 회원을 만들어 감시하고 보도補導하는 것이 효과가 있었기 때문이다. 출정자의 아내가 어느 정도 입회했는가를 보여주는 통계는 없다. 그러나 이 방침 때문에 국방부인회는 비로소 국민적 조직망이 되었다. 국방부인회의 성격도 달라지는 방향으로 나아가게 된다.

좁쌀 뿌리기 이와테 현岩手縣에서 촌의 국방부인회 분회장 겸 애국부인회 분회장이었던 이토 마쓰오伊藤まつを는 『자갈로 된 아득한 길』이라는 회상기를 펴냈다. 이 책에서 이토는 자신이 후방에서 해야 할 일을 맡았다고 말하면서도 출정군인의 아내에게 따라다닌 문제를 폭로했다. 특히 시아버지가 며느리를 범하는 '좁쌀 뿌리기'가 실제로 있었고 심각한 수준이었지만 부인회장으로서 무력할 수밖에 없었던 일을 구구절절 기술했다.

일선의 병사가 부인회장을 의지하고 가족을 걱정하면서 보낸 편지에 "아내는 있지만 이미 제 아내가 아닙니다. 이제 와서 무엇을 바라겠습니까."라고 썼다. 촌에서는 당사자인 젊은 아내가 울면서 "회장님, 저 이제 어떻게 해야 할까요? 아버님의 말을 듣지 않으면 이 집에 있을 수 없어요."라고 호소했다. "좁쌀 뿌리기는 몸서리 칠 정도로 진저리 나는 기억이며, 그 기억은 시간이 흘러도 지워지지 않는다. 아니 지금도 분노를 누르기 어렵다. 그리고 이 일은 후방을 지키며 겪은 일 가운데 가장 괴로웠을 뿐만 아니라 손을 대기도 어려웠던 사건이었다."라고 이토 마쓰오는 썼다. 이 기록에서 이토는 현실적인 문제를 들어 국방부인회가 하는 일의 어려움을 드러내고 있다. 일이 이 지경까지 이르면 국방부인회의 사업도 전송행사를 할 때처럼 그리 단순하지는 않았다.

이러한 일은 전쟁이 계속되었기 때문에 발생하는 것이다. 후방이라고는 했지만 실생활을 보면 많은 사람들이 귀신에게 홀린 것 같았다.

중일전쟁이 시작되자 국방부인회만 홀로 후방의 대표를 표방할 수는 없었다. '사변'이라는 명칭이 사용되었지만, 그것은 분명히 전쟁이었으며, 총력전으로 인식되었다. 이 때문에 정부가 스스로 나서서 총력전에 적합한 후방의 질서를 형성해야 했다. 1937년 9월 9일, 고노에近衛 내각은 '국민정신 총동원'을 발표했다. '거국일치擧國一致, 진충보국盡忠報國, 견인지구堅忍持久'가 구호로 등장했다.

그리고 10월 12일, '국민정신 총동원 중앙연맹'이 결성되었고, 국민이 참가한 여러 단체를 규합했다. 내무성과 문부성이 업무를 주관하는 관청이 되고, 각계 대표가 간부를 맡았다. 동시에 최초의 국민정신 강조주간이 시작되었다. 모든 여성단체가 이 운동으로 통합되기 시작했다.

다음 장에서는 이와 같은 후방운동과 생활 속에서 나타난 여성의 동향과 실제로 살아가는 모습을 살펴보기로 하자.

VI

후방 체제와 생활
—국민정신 총동원에서 도나리구미로

❙ 『국방부인』(1941년 6월호) ❙

1. 후방 체제와 여성의 진출

국민정신 총동원운동 병사를 전송하는 긴장은 끝날 줄 모르고 계속될 것이라고 모두들 받아들였다. 무운장구를 빌고, 전송을 하고, 그리고 장례를 지내고서야, 겨우 승리를 축하할 수 있었다. 그러나 일본 민중이 난징 학살을 알 리가 없었다. '지구전론'에 힘을 얻어 항전의욕을 드높이는 중국 민중의 마음을 헤아릴 방법도 없었다. 화평과 개선을 간절하게 기다리던 민중의 마음은 1938년에 들어와 완전히 배신당했다.

전쟁은 이미 장기전으로 접어들었다. 국민의 생활 또한 전쟁이라는 순환 구조 속으로 휘말려 들어갔다. 군은 전선확대에 대응하는 후방 체제를 형성하는 방향으로 나아갔다. 정부는 국민정신 총동원운동(정동)을 벌여 이를 유도하려 했다.

현재 많은 전쟁체험기가 나와 있다. 식량부족, 배급, 소실된 집에 관한 이야기를 읽을 때마다 전쟁 때의 괴로운 생활이 다시 떠오른다. 그러나 체험을 전승하는 일에는 큰 허점이 있다. 전시에는 모든 일이 괴로웠는가 하면 반드시 그렇지는 않았다. 1938년 현재를 기준으로 보면, 전투상황은 여전히 심각했으나 후방은 아직 평범한 일상생활에 가까운 상태가 유지되었다. 그럼에도 불구하고 소비경제를 규제하고 후방생활을 올바르게 하자는 구호를 소리높이 외치던 시대였다. 이 같은 괴리가 발생한 이유를 찾아보면 첫째, 고통스러운 전장과 안온한 후방생활 사이의 격차를 메우기 위한 정신무장이 필요했으며, 둘째로는 전쟁수행을 위해 경제와 물동物動계획을 수행하기 위해 이와 같은 조치가 요청되었기 때문이다.

이 같은 상황에서 국가와 주부와 상인이 모순에 찬 삼각 관계를 구성하게 된다. 우선 국민정신 총동원운동과 여성단체의 관계부터 살피기로 하자.

절약운동 정부는 1937년 10월 5일에 열린 각료회의에서 소비절약 캠페인을 벌이기로 합의했다. 이는 군수품과 수입품을 절약하고 고소득자의 소비억제를 결정한 조치로서 이 시기의 문제를 간명하게 나타낸다. 아직 일반 국민을 규제하려는 의지는 없었다. 1937년에 정부는 저축을 장려하는 캠페인도 벌였으나 실패로 끝났다. 1938년 4월 19일에 열린 각료회의에서 결정한 대로 본격적인 저축운동이 개시되어, 6월에 저축강조주간이 지정되었다. 그리고 7월부터 면제품의 제조를 제한했다. 면을 대체하여 스프[37]가 등장하는 역사적 소동이 일어났다. 이에 대응하여 정부는 경제전 강조주간을 지정하고 캠페인을 전개했다. 이로써 소비절약운동과 저축장려운동은 경제정책을 지탱하는 양대 기둥이 되었다.

정부는 경제 경찰을 발족시키고 제조와 판매를 모두 점검하는 동시에 국민정신 총동원운동을 통해 가정에 호소했다. 운동을 시작하면서 요시노吉野 상공대신이 한 강연을 통해 정부의 입장을 들어보자.

> 정부가 일본 국내용 순면생산을 금지하고 인조섬유 등을 혼합해 방직하도록 한 것을 이미 잘 알고 계시리라 생각합니다. 이렇게 하는 이유는 국제수지를 개선하기 위해 면화수입을 억제해야 하지만, 수출용은 순면으로 만들어야 하기 때문입니다. 이런 불가피한 사정 때문에 국민에게 무리한 부탁을 할 수밖에 없습니다. 이제부터 순면 옷은 단념하고 스프 혼방제품을 애용해주시기 바랍니다. 사재기는 절대 삼가해주길 부탁합니다. …… 가정에 있는 여성은 지금 아무리 작은 소비를 할 때라도 국책과의 관계를 생각해주기 바랍니다. 가정

도 전시경제 태세에 순응하도록 노력해주기 바랍니다. 전시 하에서 새롭게 생활을 개선할 수 있는 길은 여기에 있습니다.

강연은 소비규제를 설명한 것이다. 필연적으로 생활양식이 규제대상으로 설정될 수밖에 없었다. 개선이나 규제 어느 쪽이든 주역은 가정주부였다.

국민정신 총동원운동이 실천되는 과정에서도 이러한 변화가 나타난다. 처음에는 시국인식 강연회와 신사참배에 중점이 두어졌으나, 곧이어 출정가족 위안과 근로봉사로 바뀌었다. 그리고 1938년에는 폐품수집, 일호일품 헌납, 저축, 절약운동이 전개되었다. 운동이 상층부가 주도하는 시국선전으로 시작해서 후방후원으로 바뀌고, 이것이 다시 경제적인 과제 수행으로 이행되었던 것이다. 이 과정은 또한 '정신적'인 것에서 '행동'으로, '상부통합'에서 '하부동원'으로 나아가는 길이었다. 여기서 등장한 문제는 실제로 이를 맡을 사람을 찾는 일이었다. 우선 근로봉사에 학생들과 청년단이 동원되고 이어서 초점이 가정경제로 옮겨가자 여성이 등장하게 되었다.

도쿄 부 국민정신 총동원운동 위원회의 일지를 보아도 위원회의 영향력을 행사하는 활동은 동원하기 쉬운 학교와 청년단에서 시작했으며, 다음에 구시정촌 의회의원이나 각종 업자단체로 확대되었다. 실질적인 결과를 보아도 취지를 철저하게 주지시키는 정도에 머물렀으며 효과적으로 움직였다는 증거는 찾을 수 없다. 그리고 마지막에 여성단체가 있었다. 폐품수집이나 쇠붙이 헌납, 저축은 모두 여성단체가 주체가 되어 실행에 옮겼다. 이는 후방을 맡은 주체가 여성으로 바뀌었음을 보여준다.

행동의 터전 남자들의 사회에서 보기에 국민정신 총동원운동은 매우 정신주의적인 것이며 자기들과 동떨어진 것이었다. 그러나 거꾸로 여자들의 사회에서 보면 행동의 무대였다. 1938년에는 특히 폐품수집과 사재기 방지운동이 활발하게 전개되었다.

모든 여성단체가 '국민정신 총동원 중앙연맹'에 소속되어 처음으로 통일된 사업과 행동을 할 수 있었다. 애국부인회, 국방부인회, 연합부인회, 여자청년단만이 아니라 자주적인 활동을 하던 개별 여성단체까지 연합하여 '일본부인단체연맹'을 결성하였다. 이 조직이 국민정신 총동원운동에 정식으로 가맹하지는 않았지만 유력한 실행단체가 되었다. 1935년에 내무성이 주도하여 '선거숙정 중앙연맹'이 만들어지고, 국방부인회를 제외한 주요 여성단체가 여기에 참가했다. 이러한 상황에서 대부분의 여성단체가 행정기구의 산하로 계열화되었다. 자주적인 여성단체도 내무성과 통하는 줄을 가지고 있었다. 국방부인회만 홀로 참가하지 않았다. 마치 국방부인회에 대한 포위망이 만들어진 듯이 보였다. 그러나 국민정신 총동원운동에는 국방부인회도 참가하였다. 모든 여성단체가 비로소 같은 무대에 서게 되었다. 일억 총 전송의 시기에는 여성의 활동이 모두 국방부인회를 모델로 삼았으므로 이는 당연한 결과라고 할 수 있다.

그러나 '국민정신 총동원운동 중앙연맹'에 가맹하고 나서 국방부인회의 행동이나 정부조직과 연결된 계열 관계에 변화가 일어났다. 다른 부인회가 국방부인회를 닮아갔지만, 거꾸로 국방부인회는 국민정신 총동원운동과 비슷해졌다. 군의 별동대 노릇만 하던 국방부인회가 국민정신 총동원운동을 통해 내무성과 문부성으로 연결되었다. 이는 국책의 일환으로 경제와 생활에 대한 규제가 중시되는 것과 함께 국방부인회의 활동분야가 군사적 영역에서 국민적인 영역으로 확대되었다는 사실을 의미한다. 따라서 여성단체들은 국방부인회 모델의 활동범위를 넘어서게 되었다. 국민정신 총동원운동이 벌어지던 시대에 국방부인회가 활동의 실체이고 주력이었지만 주도권을 잃었던 이유가 바로 여기에 있다.

비상시 생활 경제와 생활이 주요 문제로 등장하자 이전에는 자주적이며 시민적 여성운동가로 알려졌던 인사들이 운동의 주도권을 잡으려 획책하기 시작했다. 이들은 '국민정신 총동원운동 중앙연맹의 '가정실천 조사위원' 이 되어 〈가정보국 3강령과 실천 14요목要目〉을 만들었다. 이어서 '비상시 생활양식 위원회' 가 설치되자 위원으로 참가하여 지도자의 위치를 차지했다. 이 가운데에는 이치카와 후사에, 야마다 와카山田わか, 요시오카 야요이, 니시노 미요시西野みよし, 고라 도미코高良富子, 이노우에 히데코井上秀子, 가와사키 나쓰河崎なつ, 오쓰마 고타카大妻コタカ, 가에쓰 다카코嘉悦孝子, 하야시 후미코林富美子, 마쓰오카 히사코松岡久子 등이 포함되어 있었으며, 또한 간토레토 쓰네코ガントレット恒子, 우지이에 히사코氏家壽子, 가네코 시게리金子しげり 등도 계속 참가했다.

가정보국 3강령이란 건전한 가풍의 작흥作興, 적정한 생활의 실행, 황민으로서 자녀양육을 가리킨다. 실천 14요목의 내용은 신불神佛예배, 국기게양, 예산에 맞춘 생활준수와 저축, 국채구입, 의복과 관혼상례의 간소화, 물자절약, 폐품이용, 가정방화防火, 걷기와 라디오 체조 준수, 금주와 절주, 흰쌀밥 폐지 등이었다.

'비상시 생활양식 위원회' 에서 문제로 삼은 것은 시간 지키기, 결혼식이나 장례식에서 술과 음식 대접이나 답례품 간소화 하기, 술과 담배의 절제, 도시락 지참, 네온사인의 자숙 등이다. 그러나 이러한 내용 가운데에는 과

연 전쟁을 하는 시대에 지켜야 할 후방생활의 특수한 규범이 얼마나 포함되었는지 의문이 든다. 대부분이 이전에 하마구치 내각이 '공사 경제긴축운동'을 벌일 때 말한 내용이다. 보다 극단적으로 말하자면 생활개선운동이 시작된 이래 아직도 해결되지 않은 주제였다.

이제 1938년 "국민정신 총동원운동 중앙연맹 생활양식 위원회'가 벌인 캠페인의 내용을 보면 뜬구름 잡는 듯한 논의가 적지 않았다. 이렇게 된 이유는 두 가지다. 하나는 이 시점에서는 아직 생활이 전시라고 생각할 수 없을 만큼 풍요했다는 것이며, 다른 하나는 지도층이 빈곤한 하층 대중의 현실과 동떨어진 곳에서 논의했다는 점이다.

2. 여성단체의 행적

두 가지 운동 이 무렵, 국민정신 총동원운동에 호응하여 시민조직의 연합체인 '일본부인단체연맹'이 소비절약 및 국민의 생활양식을 개선하기 위해서 실시한 두 가지 운동에 주목할 필요가 있다. 면제품 제조를 제한하기 시작한 7월에는 국민정신 총동원운동이 설정한 경제전 강조주간과 때를 맞춰 사재기방지운동이 실시되었으며, 안 쓰는 물건 교환회가 9월에 열렸다.

부인단체연맹은 사재기방지운동의 일환으로 7월 22일을 '거리에서 낭비를 줍는 날'로 정하였다. 이 연맹은 전에 볼 수 없었던 규모로 조직을 동원했다. 참가단체 11, 동원 인원 882명, 주워 올린 낭비 1,238건 등이었다. 간토레토 쓰네코, 가네코 시게리, 이치카와 후사에, 가와사키 나쓰 등도 긴자의 번화가에서 관청 건물에 이르기까지 현장을 답사했다. 전체적인 인상은 생각한 것보다 낭비가 없다는 것이었다. 그러나 지적을 많이 받은 사항은 전등을 끄지 않은 것과 수도를 잠그지 않은 것이었다. 그래도 관청이 지적을 많이 받은 것은 다소나마 여성운동가들이 의욕을 가지고 실시한 조사의 결과라는 것을 알 수 있다.

안 쓰는 물건을 교환하는 즉석 시장은 '도모노카이'의 제안으로 이틀에 걸쳐 열렸으며 의류와 잡화가 주요 물품이었다. 많은 주부들이 행사장으로 몰려와 입장객은 모두 1만 348명이었으며, 약 3만 점, 합계 5만 엔의 매상을 올렸다. 품귀가 될지 모르는 양모, 면, 피혁제품이 인기가 높았다. '도모노카이'와 자유학원의 일은 앞에서도 언급했지만, 이들이 즉석 시장에서는 실적을 가장 많이 올렸다. 중일전쟁 때 국민정신 총동원운동이 바자 행사를 개최할 때에도 하니 모토코의 지도와 실적에 적지 않게 의존했다.

그런데 1938년에 국민정신 총동원운동에 협력한 시민적 여성운동가들이 지도부에 들어가서 소비경제운동의 리더가 되었을 때 국방부인회, 애국부인회, 연합부인회는 어떤 상태였을까? 이들은 물론 국민정신 총동원운동에 가맹한 단체였다. 국민정신 총동원운동도 실질적으로는 이들 세 단체에 크게 의지했다. 후방 후원사업도 물론 세 단체가 국방부인회를 주력으로 시행하고 있었다. 시민단체는 이에 전혀 관여하지 않았으며 실행할 힘도 없었다. 노동봉사를 실시할 때에도 정촌에서는 후방후원회가 청년단을 주력으로 내세우고 부인회를 배치했다.

다음에 국민정신 총동원운동은 상공성의 요청에 의거하여 일호일품(금속폐품) 헌납운동을 제창한다. 소위 폐품수집운동이다. 실무적인 일은 세 여성단체에 위탁되었다. 그중에서도 국방부인회의 활동이 가장 많았다. 1934년에 오사카 국방부인회가 처음으로 실시한 국방자원 수집운동이 이제는 국책으로 추진되었다. 고철 등은 철강 원료의 적잖은 부분을 차지했다. 같은 해에 폐품수집은 부인회 활동에서 주요사업이 되었다. 또한 육군성의 요청으로 모포헌납운동이 일어났다. 이 운동의 성과를 보면 국방부인회는 수백만 장을 거두었으며, 그만큼은 되지 않으나 애국부인회도 도쿄에서 4만 장을 모았다. 또한 연합부인회도 양모 자원 애호운동을 일으켜 7만 5천 관[38]을 모았다.

분회 활동 1938년에 전개된 국방부인회의 분회 활동을 농촌 지역인 군마 현의 44개 분회를 중심으로 살펴보자. 군마 현의 국방부인회는 마에바시前橋와 다카사키의 4개 분회를 제외하면 모두 농촌 분회였다. 형성과정을 보면 이미 앞에서 고찰한 바와 같이 정촌의 부인회를 모체로 삼아 국방부인회 분회가 결성되거나, 또는 부인회 자체가 국방부인회로 바뀐 역사가 있다. 〈도표 6-1〉에서 활동 패턴에 따라 각 분회가 어느 정도의 활동을 했는가를 볼 수 있다. 국방부인회 분회이므로 일이 생길 때마다 출정자 전송, 귀환자 환영, 유골 출영을 실시했다. 뿐만 아니라 대부분의 분회가 출정자 가족과 전사자 유가족을 위문하는 일도 하였다. 이러한 기본적인 일 이외에도 1938년에 눈에 띄는 것으로 위문편지와 위문대 보내기, 육군병원 위문과 봉사를 했다. 여기에서 더 나아가 폐품수집, 모발수집, 노력봉사, 공동작업, 저축, 신사참배도 있었다.

시민단체가 '거리에서 낭비를 줍는 감시운동'을 벌일 때 국방부인회는 실제로 부엌에 있는 폐품을 회수하였으며, 바자회를 여는 대신에 자신이 생

〈도표 6-1〉 국방부인회 군마 지방 본부 산하의 분회사업 실천상황

(1938년, 조사대상 44분회, 도시 3, 공장 1을 포함)

	사업 종류	분회
국방부인회 주도	출정 · 귀환 · 유골송영	43
	출정 · 전사자 유가족 위문	39
	출정병에게 위문편지 · 위문대 보내기	32
	병원위문 · 봉사	24
	군사 강연회	14
	출정가족에 대한 노력봉사	9
국민정신 총동원 운동 주도	신사참배	19
	폐품수집 · 모발수집	26
	저축	14
촌 주도	누에고치에서 뽑은 풀솜(眞棉) · 우메보시梅干 공출 헌납	14
	강습회	12
분회	비누 등 일용 상품을 취급하여 자금 획득	12
	작업 · 산품에 의한 자금 획득	15

*주: 실천 보고가 없는 분회 1(제국재향군인회 다카사키보帝國在鄕軍人會高崎報『상모사풍上毛士風』 1939년 분회 보고에 의거해 작성)

산에 종사하는 현장에서 노동력을 투입하여 봉사했다. 이밖에도 공동체가 치러야 하는 여러 행사와 축제를 담당한 것이 농촌 지역에 있는 국방부인회 분회였다.

'거리인가?', '부엌인가?'는 국방부인회가 '국방은 부엌으로부터'를 내세우고 결성된 이래 안고 온 주제였다. 오사카 국방부인회의 여성들은 그것을 '부엌에서 나와 병사를 전송'하는 것으로 이해하고 육군은 부엌으로 표상된 '집을 가꾸고 지키자'는 뜻으로 해석했다. 그러나 전송 집단의 역할을 하고 있으므로 집에서 나올 수밖에 없었던 국방부인회에 대해 다른 여성단

체들은 집을 등한시하는 집단이라고 비난했다.

이제부터 소비경제에 대한 통제가 국가의 주요정책이 되었으므로 주부의 경제적 역할이 부각될 수밖에 없었다. 이 기회를 포착한 1920년대의 여성운동가들이 국민정신 총동원운동을 발판으로 되돌아왔다. 국방부인회는 국민정신 총동원운동의 하부 실행단체가 되었다. 1932년 이래 여성운동이 서로 대항해가며 계열화되었다가 다시 이와 같은 형태로 통합된 것을 보면 역사는 되풀이된다는 말이 실감난다. 국민정신 총동원운동에 들어간 이치카와를 비롯한 인사들은 지방의 애국부인회와 국방부인회 회원 앞에서 강연을 자주 하게 되었다.

두 단체 그러나 소비자의 경제행위에 실제로 영향을 행사할 수 있다고 기대를 받는 조직은 역시 국방부인회와 애국부인회라는 두 단체로 좁혀졌다. 1938년 6월 현재, 국방부인회는 755만 명, 애국부인회는 360만 명의 회원이 있었다고 한다. 어쨌든 합계는 1천만 명에 달한다. 상공성이 사재기방지를 위해 채택한 최초의 방책은 국방부인회와 애국부인회라는 두 단체에게 구매할 때 일인일품주의를 철저하게 지키도록 요청하는 것이었으며, 두 단체는 회원에게 취지를 철저하게 알리겠다고 약속했다. 이는 소비통제를 하려면 여성조직을 활용하는 방법이 가장 실효가 있다는 것을 말해준다. '일본부인단체연맹'이 실시한 사재기방지운동이나, 거리에서 낭비되는 물자를 줍자는 운동은 이런 상황에 편승한 선전행위에 불과했다.

이때 이미 국방부인회와 애국부인회에 일본 여성의 일부가 아니라 전체가 참가하는 현상이 나타났다. 국방부인회원이 된다는 것은 대중에게 특별한 것은 아니었다. 긴자 일대에서도 마찬가지였다. 신바시新橋에 있는 국방부인회 분회에는 요정의 여주인, 여종업원, 게이샤로 구성된 900명의 회원이 있었다. 어느 여주인은 "다음날 아침 출정하는 사람이 있으면 한밤중까지 장사를 하던 사람이 눈도 붙이지 못한 채 제대로 차려입은 훌륭한 국방부인회원이 되어 어김없이 전송하러 나왔다. 출석률도 매우 높았다. 하지만 이런 일은 세상에 그다지 잘 알려져 있지 않았다."고 증언한다.

상황이 이렇기 때문에 사재기방지는 국방부인회와 애국부인회 회원들이 자숙하는 것만으로도 상당한 실효를 거둘 수 있었다.

농림대신 아리마 요리야스有馬頼寧는 백화점에서 여자들이 기세 좋게 쇼핑하는 모습을 보면서 '그러나 이 여성들은 출정병사를 전송하고 출영할 때에는 어깨띠를 두르고 훌륭하게 일하고 있다'는 사실이 마음속에 떠올랐다고 한다. 그는 고노에近衛 수상에게 국민이 자발적으로 협력하여 소비를 절약하게 만드는 정책을 실행하도록 건의했다.

3. 전쟁과 경기

통제 전쟁이 계속되고 소비억제와 절약을 강조하게 되자 물건을 구하고자 하는 열기는 처음엔 사재기에서 나중에는 암거래로 바뀌게 되었다. 여기서도 알 수 있듯이 중일전쟁 동안 소비경제를 통제하는 일은 마치 밑빠진 독에 물 붓기나 마찬가지였다 그래서 1938년에 경제 경찰이 발족해 통제사항 위반을 감시하게 되었다. 다음 해인 1939년 10월 말까지 통제를 위반한 인원은 누계 225만 2,059명에 이른다. 이것은 도저히 단속이 가능한 숫자라고 볼 수 없다. 발족 2개월 후에 열린 경제를 담당하는 판검사 합동회의에서 시오노塩野 법무대신은 경제통제 위반 사건에 대해서 "처벌은 관용적으로 해야 한다."고 훈시할 수밖에 없었다. 국민생활의 현실과 법적 상황이 그만큼 동떨어져 있었던 것이다.

중일전쟁 때는 의외로 실생활과 전쟁이라는 현실 사이에 격차가 있었다. 나중에 결전의 시기가 되어서야 식량도 생활 필수품도 바닥나고 공습으로 언제 집이 타버릴지 모르는 지경에 이르렀다. 아주 비참한 전쟁을 모든 국민이 겪었던 시기와는 다르게 중일전쟁 때까지만 해도 일상생활이 유지되었다.

한편으론 침략전쟁을 하면 돈을 벌 기회가 많아지게 마련이다. 국가 시책 덕분에 전쟁터에서 죽는 사람이 있지만 다른 한편에선 전쟁 특수에 힘입어 돈을 버는 사람이 생기는 모순이 나타난다. 국민정신 총동원운동이 시국을 인식하자고 호소하는 이유는 이러한 차이에서 발생하는 모순을 해소하기 위해서이다. 경기가 좋고 향락적인 생활까지 침투하면 불행하게 끌려간 병사가 전쟁터에서 목숨을 걸고 싸울 수 없다는 것이다. 이러한 의미에서 소비통제운동의 주요 부분은 정신통제이며, 그것을 국민정신 총동원이라고 하는 이유도 여기에 있다.

경기 상승 중일 전면전쟁이 시작되고 3년 동안은 일부에 한정된 일이지만 일본 경제가 성장했으며 대중도 경기 상승의 혜택을 입었다. 이를 경제의 중심지인 오사카의 사례를 통해 살펴보기로 한다. 우선 총체적으로 보아 시민소득은 명목상 1937년 3억 7,753만 엔, 1938년 5억 218만 엔, 1939년 6억 2,347만 엔, 1940년 9억 6,503만 엔으로 분명히 늘어나고 있었다(『쇼와 오사카 시사昭和大阪市史』).

그러면 증가한 시민 소득은 어떻게 사용되었는가? 예를 들어 대중의 발인 시내의 민영 전철이나 시영 전차의 교통량을 기준으로 살펴보면 1938년 하반기의 승객 인원 수는 4억 3천만 명이었으며, 1939년 하반기에는 5억 2천만 명으로 늘어났다. 운임수입도 20퍼센트나 증가했다. 화물은 더 빨리 늘어나 30퍼센트가 증가했다. 철도회사가 국민정신 총동원운동의 지도방침에 따라 '관광'이나 '산과 바다로 놀러간다'는 말을 피하되 무운장구를 기원하는 여행이나 바다나 산으로 단련하러 가는 여행이라고 선전해 얻은 결과이다. 요릿집은 그동안 매상이 15퍼센트 증가했으며, 카페의 매상도 20퍼센트나 늘었다. 대중 음식점도 32퍼센트나 매상이 늘어났다. 그리고 가장 먼저 국방부인회 분회를 만든 게이샤 업계에서도 손님의 수는 25퍼센트 늘었고, 수입은 29퍼센트나 증가했다(매년 하반기 비교, 사법성 사상자료「게이한신 지방의 파행경기를 둘러싼 각종 상황京阪神地方に於ける跛行景氣をめぐる各種狀況」).

이 숫자는 오사카에서는 분명히 경기가 나쁘지 않았다는 것을 보여준다. 상류층만이 아니라 대중의 소비수준도 계속 높아졌다. 그렇다면 전쟁이 오사카에서는 돈벌이가 되었다고 보아야 한다. 이는 군수 산업을 중심으로 한 성장 산업이 공업지대가 있는 대도시 지역에 많았기 때문이다. 도쿄와 6대 도시 모두 마찬가지였다.

휘발유 통제의 적용대상이 된 자동차 운송업계는 어쩌면 최초로 시국 때문에 희생된 업종이라고 볼 수 있다. 그러나 단순히 희생이라고 말할 수는 없다. 군수軍需와는 관계가 희박한 산악 지대인 야마나시 현에서 일어난 사례를 통해 자동차업계의 동향을 살펴보자.

배급표 제도 야마나시 현에서는 1938년 5월 휘발유에 배급표 제도가 적용되었다. 이때를 전후해 이미 현의 행정지도로 휘발유 절약을 위한 협의가 시작되었다. 사람들은 배급표 제도가 시행되면 진짜 짐마차 시대로 되돌아갈 것이라고 생각했다. 벌써 휘발유 판매상조합이 생겨 배급통제를 담당하는 기관이 되었다. 군마다 통제 사무소가 만들어졌다. 택시 요금이 오르기 시작했고 목탄 자동차를 장려했다. 1939년에 들어서자 실제로 업자들은 평지에서는 장작과 숯을 때는 차를 사용하자는 합의를 하였을 뿐만 아니라, 같은 해 5월에는 시운전도 했다. 지금 되돌아보면 우스운 일이지만 처음으로 정류장이 생겨 버스가 아무 곳에서나 서는 일이 없어졌다. 이것도 휘발유를 절약하려는 의도에서 나온 것이었다. 1939년에 들어서자 택시 대절업자들은 통합하도록 종용을 받았다. 조합은 심야운전을 금지하였고, 결국 통합하자고 결의하기 시작했다. 버스 회사의 통합을 위해 더욱 철저한 행정지도가 있었다. 현 내의 버스 회사가 두 회사로 재편되는 대대적인 통합이 추진되었다. 사실은 양대 자본으로 흡수된 것이다.

이처럼 통제는 확실하고 순조롭게 진행되었다. 그러나 한편에서 대도시와 다르게 지방에서는 여전히 버스 노선이 늘어나는 경향을 보였다. 1939년 초에는 자동차 회사인 닛산日産과 도요다豊田가 잇달아 지점을 열었다.

이런 사실로 미루어보면 자동차업계 전체가 위축된 것은 아니다. 오히려 자동차의 보급은 계속되었으며 통제라는 명분으로 통합과 합리화가 더욱 대규모화된 소수의 자본 하에서 급속하게 진행된 것이다. 목탄차를 사용하자는 논의는 1938~1939년 상황으로는 아무래도 아이가 장난감으로 재롱을 떠는 수준이었다. 명분과 실제가 다르게 된 배경을 생각해보면 휘발유 통제라는 부정적인 이미지의 그늘 밑에서 자동차 공업의 성장과 자동차 운수의 성장이 간과된 측면이 있다. 휘발유 부족으로 생활에 심각한 어려움을 겪은 시기는 미국이 확실하게 석유 수출을 금지하고 나서부터이다.

불경기 경기 상승 덕분에 모두가 호황을 누렸던 것은 아니었다. 대도시나 군수 산업과 관련이 있는 지역과는 대조적으로 경기가 부진하다고 한탄하는 지방도 적지 않았다. 고후는, 특산품인 수정을 가공하는 업자가 가장 많은 지방이었지만, 이들은 원석수입과 금의 사용이 제한되어 울상을 지었다. 이때는 군이 모든 열쇠를 쥔 시대였다. 그래서 업자는 현에, 현은 군에 훈장 제작을 하청받게 해달라고 진정했다. 또한 수정을 가공하는 기술을 사용해 쌍안경의 렌즈를 연마하는 하청을 따려고 필사적으로 나섰다. 현은 시내에 있는 1,000명이 넘는 수정 가공업자의 전직을 알선하기 시작했다.

제화업자들은 재빨리 조합을 통해서 군화 하청을 받는 데 성공해서 대부분은 전업하는 신세를 면할 수 있었다. 그래도 각 업종을 합하면 시내에서 실업자가 271명 나왔고, 거리는 불경기에 시달렸다. 실업은 발생하지 않았지만 직물업도 부진에 빠졌다. 다만 이전에는 조악한 제품을 취급하던 업자들이 오히려 스프나 인견을 취급했기 때문에 살아남게 된 역설적인 일이 벌어졌다.

사재기 이 무렵 상업 종사자의 상황은 어땠을까? 수입 제한 때문에 양모는 일찍부터 품귀상태가 되었다. 이런 가운데 1938년 2월 무렵에는 잠깐이나마 양모 경기가 나아졌다. 상점에서는 "양모에 대한 국가정책의 견지에서 보면 …… 지금이 구매할 때이다, 순모로 만든 옷을 장만하려면 빨리 서두르는 것이 좋다."고 선전해 사재기를 하려는 손님이 줄을 이었다. 상인과 소비자의 뜻이 일치한 것이다.

7월부터 면제품의 제조, 가공, 판매가 제한되었다. 여성단체를 통해서 사재기방지운동이 시행된 것은 앞에서도 언급했으나 실제로 사재기를 하려는 손님이 밀려들어 상공성은 '한 사람에 하나'로 판매량을 제한하라는 훈령을 내보냈다. 백화점에서는 수백 켤레의 양말을 사들인 여성이 화제가 되었다. 상공성의 계산으로는 1년분의 재고가 소매상에 있어야 했지만 상인과 소비자의 사재기 때문에 계획은 크게 어긋나버렸다. 국민정신 총동원운동과 여성단체는 '새 물건 사지 않기'를 촉구하는 캠페인을 시작했다.

이렇게 하여 실제로 품절사태가 벌어지기 이전에 일종의 패닉이 일어나 통제 시대의 막이 열리게 되었다. 명확한 전망은 보이지 않았지만, 언젠가는 전쟁이 끝날 터이니 통제도 그때까지라는 것이 일반적인 시각이었다. 많은 사람들은 한커우漢口가 함락되면 전쟁이 끝날 것이라고 관측했다. 그러나 중일전쟁은 수렁에 빠져 들어갔다. 여기에서 국책 지도자와 국민이 느끼는 감각의 차이가 더욱 벌어지게 되었다. 이것은 설명하기 어려운 점이다. 그러므로 여성들이 한편에서는 어깨띠를 하고 출정군인을 전송하지만 다른 한편에서는 백화점으로 몰려가 면제품을 모두 쓸어가는 것이 특별히 모순되는 일은 아니었다.

그러나 사재기를 하려면 어느 정도의 경제적 여유가 있어야 한다. 따라서 사재기를 하던 여성들이 어깨띠를 두르고 출정군인을 전송하였다고 해도 이들은 우선 국방부인회 회원이 아니라 애국부인회 회원이었을 것으로 보인다. 시민단체가 사재기방지운동에 적극적이었다는 점도 중요하다. 시민단체는 소비자운동을 한 경험이 있을 뿐만 아니라 기반이 사재기의 주력인 중산층이었기 때문이다.

위문대 상인들의 수완도 보통이 아니었다. 그 시기는 절약을 통해 일선 병사에게 위문대를 보내는 운동이 후방 활동으로 촉구되었다. 여기에 착안한 백화점은 재빨리 판매대를 설치하고 위문대를 만들어 팔았다. 국방부인회에서는 대체로 회원이 손으로 위문대를 꾸리거나 군에서 의뢰를 받아 위문대를 만들었다. 그렇지만 애국부인회에서는 자금제공이 가장 중요한 일이었고 위문대는 상인에게 의뢰해 만드는 경우가 오히려 많았다. 백화점에서 만든 위문대는 '애국부인회의 분위기를 가진 위문대'라고 할 수 있다. 가격은 일단 1엔으로 정했지만, 1938년 7월의 미쓰코시三越백화점 광고를 보면 5엔, 4엔, 3엔짜리 호화판 세트가 나와 있다. 더구나 세트 판매에 그치지 않고 위문대를 채울 물품을 판매하는 일에도 힘을 쏟았다. 국방부인회 간토 본부의 기관지에도 매 호 여러 백화점의 광고가 실려 있다.

조금 후에 전선으로부터 『도쿄아사히신문』에 백화점에서 파는 위문대의 품질을 항의하는 투고가 있었다. 투고한 사람은 "백화점에서 만든 위문대를 받았다. 위문을 빙자해 내용이 형편없는 물건을 판다. 이것이 후방의 상인이 하는 짓인가"라고 항의했다. 이에 대해 일주일 후에 '백화점'의 회신이 실렸다. '(우리 점포에서는) 싸구려인 75전이나 1엔짜리도 당국의 칭찬을 받는 정도'라는 것이었다. 그러자 다시 투고가 있었고, 위문대는 자기 손으로 만들어야 하는 것이 아니냐고 호소하는 내용이 실렸다.

위문대를 받는 병사의 마음을 어떠했을까? 그것을 추측해볼 수 있는 내용이 있어 소개한다.

"우리가 겨우 위로 받는 것은 오락잡지에 담겨진 '일본의 냄새'이다.

…… 편집자여! 병사들의 마음이 위축되는 일이 없도록 신경을 써주기 바란다."

이와 같이 일선 병사의 기분에 편승한 상술은 매스컴에서도 횡행했다. 『킹キング』과 『히노데日の出』는 위문대용 잡지의 쌍벽을 이루고 있었는데 특히 『히노데』는 '전시 하의 국민 방공잡지'를 자처하며 선전했다. 더욱 놀라운 것은 『슈후노토모主婦之友』의 상술로 자신들의 여성잡지를 병사에게 보내자는 기발한 발상을 하기도 했다. 또한 각 지방지도 향토 뉴스를 출신 부대에 보낸다는 그럴듯한 구실을 찾아내 연일 스폰서를 모았다. 은단을 비롯해 약품, 식품, 오락, 일용품 등과 같은 위문대에 들어갈 물품의 판매도 성황을 이루었다.

상업보국 이 시기에는 스프조차 장삿거리가 되었다. 면제품 제한령이 공포되자 다카시마야高島屋백화점은 '애국 국민복 보급부'를 만들어 선전에 나섰다. 국민정신 총동원운동과 보조를 맞추어 전국 상점가에서 내걸었던 '상업보국'의 내용을 보면 자숙이라는 이름으로 대대적인 매출 캠페인을 벌였던 것으로 보인다. 경품 대신에 '상업보국'이라는 슬로건을 내건 듯했다. 포장지 절약을 명분으로 '쇼핑할 때는 보자기를 갖고 오세요'라고 선전하기도 했다.

5월에 실시한 도쿄 시 산업국이 실시한 조사에 따르면 통제정책으로 장사하기 좋아졌다는 응답은 3퍼센트에 불과하며 70퍼센트의 상점이 힘들게 되었다고 응답했으므로 이 같은 시국이 상업 종사자에게 전적으로 유리했다고는 말할 수 없다. 그러나 상인들도 나름대로 대안을 생각하게 마련이었다. 결과를 보면 전국적으로 유흥세는 계속 늘어났으며 곧 배급표 제도가 적용될 설탕의 매상도 여전히 증가하는 추세였다.

이와 같은 실태에 대응하기 위해 정부와 국민정신 총동원운동은 소비절약을 외치고 있었으며, 생활방식을 비상시국에 맞도록 바꿀 것을 재촉했다. 그러나 현실과 동떨어진 행동은 각료들 가운데에서도 나타났다. 국민정신 총동원운동이 백미白米를 폐지하자고 결정했지만 아리마 농업대신은 "백미는 좋은 것"이라고 딴소리를 했다. 대장성이 주도하는 생활개선운동에는 여름에 넥타이를 하지 말자는 내용이 들어 있었지만, 오히려 이케다 시게아키池田成彬 대장대신이 "노타이 차림은 보기 싫다."는 발언을 해 빛 좋은 개살구가 되어버렸다. 결국 실생활에서는 출정을 전송할 때와 같은 긴장을 조성하기가 대단히 어려웠다. 이것이 국민정신 총동원운동이 전개되던 시기에 드러난 아킬레스건이었다.

경제와 생활의 영역에서 전쟁 수행을 위한 체제를 굳히는 방법을 찾아내는 일이야말로 이제 내정의 최대 정치과제가 되었다. 그중에서 국민정신 총동원운동이 올린 실적은 여성을 동원했다는 것이다.

4. 사치는 적이다

흥아봉공일興亞奉公日 체험에 입각해 말하면 요즘 대대적으로 진행되는 생활양식의 변화 가운데 일부는 이미 전쟁 중에 시작되었다. 그러나 이것이 과연 국민정신 총동원운동의 지도와 교화 때문에 일어난 일인지는 살펴보아야 한다. 복장만 따져 보아도 국민정신 총동원운동이 퍼뜨린 것은 국민복 정도이며 갓포기는 국방부인회가 퍼뜨렸고 몸뻬는 방공연습의 산물이었다. 소비할 물건이 없어졌기 때문에 생활양식이 필연적으로 간소화된 것이다. 억지로 갖다붙이면 서민의 지혜가 낳은 결과라고 할 수 있다.

신생활 모델을 보급하기 위해 국민정신 총동원운동은 1939년 9월 1일부터 흥아봉공일을 지키기 시작했다. 이날은 전쟁터에 있는 병사의 노고를 기리고 후방의 방비태세를 굳건하게 하자는 결의를 하는 날로서 국기게양, 신사참배, 근로봉사를 실시했다. 초등학교 학생은 소금에 절인 매실로 만든 붉은 색 우메보시 하나만 반찬으로 들어간 히노마루벤토日の丸弁當를 지참해야 했고, 요릿집, 카페, 바 등은 일제히 휴업했다. 제국의 수도인 도쿄에서도 역시 유흥가의 홍등紅燈과 고급술이 사라졌다고 한다. 이후 매월 1일이 흥아봉공일이 되었다.

당시 초등학교 학생이었던 필자는 히노마루벤토에 깊은 원한이 맺혔다. 필자의 도시락에는 정직하게 밥 위에 우메보시가 하나 놓여 있었는데, 옆을 둘러보니 밥 밑에 김이 깔린 아이도 있어 무엇이라 말하기 어려운 심경에 빠졌던 것이 생각난다.

당시에는 당연한 일로 받아들였지만 집요하다고 느낄 만큼 신사참배가 많았다. 쇼와 시대에 들어와 교화동원, 선거숙정운동과 국민통합이 신사를 기축으로 추진되어 왔으나, 국민정신 총동원운동이 전개되는 시기가 되자 신사는 모조리 무운장구를 기원하는 제례를 올리는 무대가 되었다. 신사참배가 지나치게 강조된 나머지 참배 때문에 농사까지 영향을 받는다는 공식 보고도 있었다.

이와는 별도로 환락가에서는 흥아봉공일이 제대로 지켜지지 않은 모양이다. 일제 휴업을 하자 오히려 부작용이 생겼다. 공휴일이 생긴 게이샤와 호스티스가 손님과 짜고 온천 등지로 놀러가는 일이 늘어난 것이다. 1940년 6월에는, 마침내 정부가 화류계를 지도하러 나섰다. 이 조치는 흥아봉공일에 바깥으로 놀러가는 '외유外遊'를 금지하고, 위문대를 만드는 날로 하든가, 하이킹을 가도 히노마루벤토를 지참하라는 것이었다. 모든 국민은 전장에 있는 것과 같은 마음을 가지고 자숙自肅, 자성自省하며, 국력을 증진하고 강력한 일본을 건설하기 위해 매진해야 한다는 히라누마平沼 수상의 내각 고유告諭까지 발표되어 이날은 국민이 긴장해야 하는 날로 바뀌었다.

7 · 7 금령禁令 1940년 7월 7일은 중일전쟁이 발발한지 만 3년이 되는 날이었다. 이날 정부는 〈사치품 등 제조판매 제한규칙〉(상공농림양성령商工農林兩省令, 소위 7 · 7 금령)을 공포하고 사치품의 제조와 판매를 금지했다. 정부는 이를 계기로 신생활운동에 나섰다.

국민정신 총동원운동은 '사치 전폐全廢운동 위원회'를 만들어 여성의 협력을 요청하는 한편 대도시를 표적으로 운동을 시작했다. 이에 호응하여 애국부인회, 국방부인회, 연합부인회, 일본부인단체연맹은 여성 정신대를 편성해 거리에 나와 경고카드를 건네기로 했다. 카드에는 "화려한 복장을 삼가합시다. 반지를 끼지 맙시다.(도쿄 시 각종 부인단체)"라는 구호가 적혀 있었다. 거리에는 "사치는 적이다!"라는 간판이 늘어섰다. 전쟁 기간 중 국민의 마음에 깊게 꽂혔던 국민생활에 관한 슬로건은 '사치는 적이다'와 '탐내지 않겠어요, 이길 때까지는'이었을 것이다. 7 · 7 금령은 국민생활 정책사에서 시대를 구분하는 계기가 되었다.

이와 같이 거리에서 몸을 던져 캠페인을 벌이는 가두정신街頭挺身 활동에 대해 '거리의 제5부대'라는 말도 있었다. 이때 왕년의 시민운동가들이 가장 신바람이 났다. 이들은 가두정신 활동을 1938년에 시작된 사재기방지운동을 신체제에 호응하는 신생활운동으로 전환하는 과정으로 규정했기 때문이다. 마침 신체제라는 이름으로 국민정신 총동원운동을 대정익찬회로 전환하는 일이 재빨리 진행되었다.

週刊婦女新聞

あきれた！
男の薄化粧
贅澤征伐婦人隊の報告

報告があつたが、大體において
左のやうなものが多かつた。
口紅・安物指環も多い
一體に、日比谷、銀座方面
に華奕な服裝の人や、指環を
はめた人が非常に多く、新宿
山の手方面に於ては、映畫館
なども相當な白鼠ぶりであつ
た。

へまがつた
りしたのが
徨で、その
ゐるだけは
ふ。又、私
たかはバー
ゐやあしな
た投書が浮
ゐた。

| 주간부녀신문(1940. 8. 11) |

여성위원이 가세한 국민정신 총동원운동의 '사치 전폐운동 위원회'는 제조 판매 금지령에서 한걸음 더 나아가 사용금지운동을 실시하기로 결정했다. 이날 결정된 배격해야 할 사치의 표준은 다음과 같다.

- 7·7 금령품은 전혀 착용하지 말 것.
- 폐지해야 할 복장 ① 3가지 이상 원색이 들어간 옷 ② 지나치게 큰 꽃무늬 ③ 한여름에 착용하는 숄, 하오리, 장갑 ④ 고가이거나 화려한 허리띠, 브로치, 핸드백, 머리장식 ⑥ 눈에 띄게 높은 하이힐 ⑦ 금색으로 된 모든 장신구.
- 금해야 할 화장 ① 아이섀도, 매니큐어 ② 파마, 립스틱, 진한 볼연지.

사치품 사용을 금지한다는 법률이 나온 것은 아니었다. 제조, 판매금지령이었다. 그럼에도 불구하고 사용금지운동을 벌이는 것은 상당히 앞서 나가는 행동이었다. 여성운동가들은 낭비를 막는 운동이든 사치품 전폐운동이든 거리에서 감시하는 운동을 좋아했다. 당연한 일이지만 가두운동 직후에 이치카와를 좌장으로 하여 열린 반성회에서는 '하지 말아야 한다는 주의主

義'를 내세우는 것보다 새로운 생활지도'가 요망된다고 했다. 전년부터 파마가 사치인가, 활동적인가, 또는 서양 것을 덮어쓴 것인가를 둘러싸고 논쟁을 일 년이나 벌인 끝에 결론이 난 참이었다. 국민정신 총동원운동의 여성 지도자 오쓰마 고타카大妻コタカ는 "오쓰마는 파마를 해서 천박하다는 투서가 많이 온다."고 불만을 털어놓았다. 지도자라고 나서는 여성에 대한 반감과 더불어 사치품 감시가 지나쳤다는 인상이 강했던 듯하다. 따라서 이러한 경향은 '부인 국민복'을 제정하려는 움직임으로 이어진다. 그러나 여성의 생활' 의식에 존재하는 미묘한 측면 때문에 이 운동은 순조롭게 진행될 수 없었다.

주도권 그러나 옛 시민운동가들이 열심히 감시행동에 나서고 지도적 발언을 하는 횟수가 증가하는 배경을 생각해볼 필요가 있다. 이것은 다름이 아니라 정치와 경제가 신체제로 전환되는 과정이 진행되는 가운데 이들이 여성단체 통합 과정에서도 주도권을 차지하려는 움직임이었다. 이러한 사태에 직면한 이치카와 후사에는 부인선거권동맹을 정리하고 신체제에 즉시 호응하려는 태세를 갖추었다. 이에 대해 오쿠 무메오奥むめお가 "처음에 창립할 때 지향한 목적으로부터 계속 벗어나 해가 지날수록 여성을 국책 선전이나 하는 바람잡이로 바꾸어놓았다."고 엄격하게 비판해 이치카와를 화나게 만들었다. 그러나 사치추방운동에만 한정해 말하자면 국책 선전요원이라는 측면이 확실히 있었다. 이와 동시에 애국부인회, 국방부인회, 연합부인회를 통합하여 여성단체를 일원화할 것을 강력하게 제언하기 시작했다.

여기에서 그려지는 여성상은 전쟁을 추진하는 첨병이었던 국방부인회를 해체하고, 도나리구미를 기초로 한 단일 여성조직으로 모든 여성을 통합하며, 대정익찬회에 여성 대표가 진출하는 것이었다.

5. 도나리구미와 몸뻬 현상

갓포기 비판 방공연습과 조카이常會라고 부르는 주민의 모임이 하나로 결합되이 도나리구미가 만들어졌다. 1939년 가을 무렵부터 진행된 일이었다. 도나리구미가 만들어졌다는 것은 후방의 생활과 활동 단위가 도나리구미가 되었다는 뜻이다. 따라서 여성이 활동하는 방식도 결정적으로 바뀌었다.

1937년 4월에 방공법이 새로 제정되었다. 마침 중일 전면전쟁의 개시를 전후해 도쿄, 오사카, 히로시마, 나가사키長崎 등에서 가정방공군家庭防空群이 만들어졌다. 이것의 모델은 국방부인회 회원의 활동이었다.

가정방공군이 만들어지면 가정 주변이 방공과 소화 활동의 무대가 되었기 때문에 자연히 주부가 주역이 되었다. 여성들이 줄을 서서 물통을 나르거나 사다리를 오르는 일은 이로부터 시작되었다. 이것은 쇼와 시대 초기부터 지속되어온 방공연습의 개념을 송두리째 바꿨다. 게다가 한 걸음 더 나아가 주도하는 세력인 국방부인회의 갓포기가 부적절하다는 비판까지 나왔다.

전에는 갓포기를 비판하면 오히려 화려한 것에 집착하는 중류나 상류의식을 그대로 드러내는 결과로 끝났기 때문에 갓포기가 계속 확산되어 정착하였다. 그러나 이 시기에 나온 갓포기 비판은 논점을 바꾸어 비활동성에 초점을 맞추었다. 1937년 7월 22일자 『아사히신문』에는 "흰 앞치마와 흰 어깨띠 차림을 한 국방부인회원들의 복장은 막상 공습이 벌어져 방호防護나 구호 활동을 할 때에는 전혀 자유스럽지 못하다. 남자와 마찬가지로 활발하게 활동할 수 있는 '부인방공복'이 필요하다는 요청이 방공연습이나 북지사변北支事變을 계기로 각처에서 나온다."는 기사가 실렸다.

노동복 같은 해 11월에 중부 일본에서 방공연습이 있었는데 오사카 국방부인회는 주역 행세를 하며 이를 주도했다. 니시나리구의 국방부인회는 5,000 명을 동원해 모범적으로 소화연습을 했다. 바로 이때 처음으로 국방부인회 조직이 복장 문제에 직면하게 되었다.

실제로는 몸뻬 차림이 많았고, 청년단복을 그대로 입고 온 사람도 있었다. 신문에서 지적한 것처럼 국방부인회가 소화 활동의 주역이 되고 보니 치렁치렁한 일본 옷에 앞치마를 두르고는 아무것도 할 수 없었다.

다음 달에 간사이 본부는 이례적으로 주의서를 분회에 보냈다. 내용은 "복장 제도는 육군성의 총본부에서 내려오는 일관된 통제에 반드시 따라야 한다."라고 통제를 강하게 표명했다. 이밖에도 공장 제복을 입을 때에만 지정된 복장을 생략해도 좋다는 것, 호쿠리쿠 지방은 몸뻬를 입어도 된다는 것, 그리고 흰 앞치마가 공습의 목표가 되기 쉬운 것도 잘 알고 있지만 "남자 옷과 혼동하기 쉬운 복장을 하는 것은 풍기상으로도 좋지 않다."는 완고한 내용도 있었다.

상징적 의미를 가졌던 갓포기가 새로운 행동양식에 적합하지 않게 된 것도 국방부인회가 갖는 모순을 그대로 드러낸다.

방공연습이 갓포기 비판의 계기가 되었지만, 노력봉사에서는 더욱 결정적인 일이 생겼다. 부엌용 옷이 그대로 밖에서 일하는 노동복이 될 수는 없었다.

그러나 이 문제에는 중요한 변화가 숨겨져 있다. 국방부인회 내부에서도 부엌에서 나와 병사를 전송하고 보살핀다는 기본적인 행동 패턴이 방공연습이나 노력봉사가 출현한 다음부터 노동을 하는 방향으로 계속 변화했다. 이러한 변화는 일반적인 여성 활동에도 영향을 미쳤다고 할 수 있으며, 나아가 여성의 위상에 대한 의식변화까지도 부연해 생각할 수 있는 문제이다. 국민정신 총동원운동이 시작된 이후 부엌을 강조하는 일은 도시 지역에서 더욱 성행하였지만, 이와 동시에 여성의 노동력화가 진행되었다는 사실을 당시의 앞치마 논쟁으로부터 알 수 있다.

도나리구미 국민정신 총동원운동은 실천을 위한 네트워크가 되는 조나이카이와 도나리구미를 정비하러 나섰다. 농촌에서는 이미 자력갱생운동을 통해 부락회 조직이 거의 끝났으나 도시에서는 겨우 친목조직인 조나이카이가 있을 뿐이었다.

대도시에서도 가장 먼저, 더구나 강권을 발동해 조나이카이와 도나리구미의 일제 정비에 나선 것은 오사카였다. 1938년 2월부터 4월에 걸쳐서 시내 전역에 2,699개의 조나이카이가 조직되었다. 게다가 조나이카이 연합회도 만들어져 '작은 구청'이라는 말을 들을 정도로 시청이나 구청과 직접적인 관계를 갖기에 이르렀다. 1940년에는 3,572개의 조나이카이와 6만 4,670개의 도나리구미가 정착되었다.

조나이카이가 만들어진 후 국방부인회의 주력 부대였던 오사카 국방부인회가 받은 영향을 살펴보기로 하자. 우선 방공연습을 하는 모습이 달라졌다. 가정방공군에서 실제로 움직이는 부대는 국방부인회 회원이었다. 그러나 행정 당국과 조직적으로 연결된 조나이카이가 조직되자, 지구단위 방공연습의 실행자는 조나이카이로 바뀌었다. 나아가 주민조직이 도나리구미로 세분화되자 가정방공군은 국방부인회의 지도를 벗어났으며 시—조나이카이—도나리구미로 이어지는 경로를 따라 방공연습이 실시되었다. 이러한 방법으로 집집마다 연습에 참가하도록 강제력을 발휘해 효율적인 방공태세를 정비했다.

이처럼 갓포기 논쟁에서 국방부인회 자신도 복장 때문에 헤매는 동안에 도나리구미 단위의 방공연습은 몸뻬 차림으로 이행하였다. 어깨띠도 이제는 필요하지 않았다.

오사카 시는 조나이카이가 만들어지고 나서 이를 발판으로 전시 시민생활운동을 추진하였다. 여기서도 국방부인회는 주도권을 빼앗겼다. 이는 제1기(1938. 8.~11. 생활쇄신, 소비생활, 심신단련), 제2기(1838. 12.~1939. 5. 두 배로 근로하기, 생활쇄신, 이웃의 단결), 제3기(1939. 7.~12. 자금을 집중시키기, 두 배로 저축하기, 물자애호), 제4기(1940. 1.~6. 자금동원, 물건 활용, 힘을 집중시키기)로 구분되었다. 전시 시민생활운동은 라디오 체조로부터 시작해 저축 조합, 일호일품 헌납운동, 근로봉사, 자금헌납 등을 독려했다. 1940년 7월부터는 가정생활 신체제운동에 접어들었다. 이 운동에서는 예산에 맞춰 생활하기, 시간 효율적으로 쓰기, 연료절약, 안 쓰는 물건교환, 영양요리, 의복재생, 쓰레기처리, 신체제에 맞는 교제, 가족 총동원 등의 항목 가운데 매월 하나를 골라 연구하고 보급하는 활동을 했다. 운동지도자 중 한 사람인 기리부치 도요桐淵とよ는 대정익찬회 중앙협력회의에 진출한 최초의 여성 의원이 되었는데, 그녀는 본래 '도모노카이'의 실천가였다.

일본의 6대 도시에서는 1939년 가을까지 대부분 도나리구미가 만들어졌다. 6월 26일자 문부차관 통첩 「상회의 지도 시설에 관한 건」 및 9월 14일자 내무성 지방국장 통달 「시정촌의 부락회 또는 조나이카이 등 실천망의 정비에 관한 건」과 같은 지침에 따라 조나이카이와 부락회를 정비하게 되었다. 도쿄에서는 1939년 11월 현재 10만 3,489개의 도나리구미가 만들어졌다. 다음 해에는 1940년 9월 11일자 내무대신 훈령 「조나이카이, 부락회 등 정비 요령」이 발표되어 도나리구미의 조직화가 전국적으로 확정되었다.

조카이常會 도나리구미가 출범하고 나서 얼마 지나지 않은 바로 그 무렵 1939년 9월 1일부터 매월 1일에 흥아봉공일興亞奉公日이 시작되었다. 도나리구미는 흥아봉공일의 취지를 철저하게 알리는 요리아이寄合い라고도 부르는 주민회의, 즉 조카이常會가 열리는 기본 단위가 되었다. 그러면 조카이의 역할은 무엇이었을까? 1939년에는 겨우 방공연습과 폐품수집을 의논했고 여기에 덧붙여 소비절약과 저축에 대해 협의하는 정도였다.

국민에게 소비절약과 저금을 장려하는 것이야말로 이 시기에는 정책의 핵심 고리였다. 소비절약운동은 앞에서 말한 바와 같이 주로 거리에서, 저축운동은 지역단위에서 실천되었다. 저축정책을 국민에게 침투시키는 방법을 살펴보면 국가는 목표액을 현과 시정촌에 할당하고, 시정촌은 도나리구미를 거쳐 이를 다시 세분해 할당하는 방식을 채택하였다. 이것은 시간이 갈수록 더욱 중요한 관리통로가 되어갔다. 예를 들어 야마나시 현에서 현이 할당한 저축목표는 다음과 같이 채워졌다. 1939년 2월에는 '한 달 간에 모인 7만 3,736엔의 저금 가운데 조나이카이, 부락회가 올린 실적은 5,178엔(69퍼센트)'에 이르렀다. 이어 초등학교 11퍼센트, 청년단 6퍼센트, 공장 5

퍼센트, 관공서 3퍼센트의 순서였다. 학교에 다니는 어린이가 저금통장을 가지게 하고, 청년단에서 목표 달성 방안을 협의하도록 만드는 것으로도 선전효과는 충분했다. 그러나 실적을 올리기 위해서는 역시 집집마다 개별적으로 관리하는 수밖에 없었다.

도쿄 시에서는 1939년 8월 15일에 도나리구미 회보 제1호가 나왔다. 내용을 보면 9월 1일부터 시작하는 '흥아봉공일'을 철저하게 주지시키는 것과 함께 "반드시 백억 엔을 저축합시다."라고 저축을 호소하는 기사가 실려 있었다. 도쿄 시내의 중심부에서 진행된 상황을 보면 초기에는 모범 조카이라고 해도 모임 자체를 즐겼으며, 생활의 공동화共同化와 같은 이상론을 토론하고 나서는 결국 가정부를 공동으로 이용하자는 정도의 한가한 이야기기를 나누는 자리였다고 한다.

배급 도나리구미의 사업이 조카이, 저축독려, 폐품수집, 반공연습에 한정되었던 단계에서는 주민이 도나리구미에 제대로 충분한 협력을 제공했다고는 말할 수 없다. 그렇지만 1940년 6월 5일부터 설탕과 성냥에도 배급 제도가 실시되자 주민과 도나리구미의 관계는 갑자기 심각해졌다. 드디어 1941년, 1942년에 생활 필수품 배급업무를 전반적으로 조나이카이와 도나리구미가 맡게 되었으므로 국민생활은 도나리구미 생활이라고 말해도 될 만큼 생활양식이 크게 변했다.

도나리구미의 조장組長이던 아키야마 와키코秋山脇子의 1940년 5월 28일 일기에는 다음과 같이 기록되어 있다.

> 도나리구미초隣組長의 업무로 방공연습과 흥아봉공일에 폐품을 수집하는

일을 하게 되었다. 무뚝뚝했던 K씨나 B씨까지 오늘은 어느 집 주부들이나 모두 '고맙습니다'라고 인사하며 대단히 붙임성 있게 굴었다. 사람의 마음이 간사하다고 느꼈다. 경제생활과 관련을 갖게 되자 비로소 도나리구미 활동도 자리를 잡게 될 것이라고 생각하니 어쨌든 기분이 좋았다.

이어서 6월 1일자 일기에는 "오늘 폐품수집 실적이 가장 뛰어났다. 이것도 배급표 제도가 발휘하는 효과이다라고 적고 있다"(『문예춘추文藝春秋』 1941년 2월호).

도나리구미는 이와 같이 배급을 담당하는 기구로 정착하였으며, 국민생활과 밀접하게 관련을 맺게 되었다.

도나리구미가 만들어진 다음부터 여성의 역할은 획기적으로 달라졌다. 도쿄 시에서 1941년 3월에 마쓰사카야松阪屋[39]에서 도나리구미 전람회가 개최되었다. 여기에 조카이의 모델로 등장한 인물과 복장은 다음과 같다.

'와후쿠和服[40] 차림의 조장님, 양복 차림의 두 사람, 비누 회사의 핫피[41]를 입은 할아버지, 갓포기 차림의 여성 3명, 와후쿠 차림의 상인 2명, 목수 · 직공 2명(합계 12명).

이 모델은 조장을 비롯하여 남자 9명, 여자 3명으로 구성되었다. 그러나 실태를 보면 남녀 비율은 이와 정반대로 나타나는 경향이 있었다.

이중조직 그러면 먼저 조장에 대해 살펴보자. 초기에 도쿄 쓰키시마月島의 이치노부一の部 조카이에서 46개 구미組가 전부 여성으로만 구성된 도나리구미를 만든 것은 예외적인 일이었다. 그러나 명목적으로는 남자가 조장을 맡았어도 실제로는 부인이 조장 노릇을 했다. 도쿄에서는 반수 이상의 도나리구미에서 여성이 조장 업무를 맡았던 것으로 보인다. 정회 회

장은 동네의 명망가가 선출되었다. 거기까지는 지배의 원리가 관철되고 있었다. 그러나 평균 10호의 도나리구미가 되면 조장은 등을 떠밀려 맡는 자리였다. 『어머니들의 전쟁체험』에 실린 세리카와 가쿠코芹川賀久子의 체험기를 보면 조장이 없는 도나리구미에 전입했다가 자기도 모르게 조장이 되었다는 이야기가 있다. 더구나 남자는 낮에 직장에 나가는 가정이 많았기 때문에 도나리구미의 업무는 주로 주부에게 맡겨졌다. 여기에는 지배의 원리가 작용했다기보다는 순서대로 당번을 맡는 질서가 있었다는 설명이 타당하다. 따라서 다수는 1년 교대였으며 3개월, 6개월 교대도 적지 않았다. 도나리구미에서 나타난 현상은 지배의 원리가 아래로 내려가면 어느 지점까지 관철되느냐를 보여주는 흥미 있는 실험 사례였다

이러한 상황 속에서 도나리구미는 국민생활에서 없어서는 안 될 단위가 되었다. 여성의 활동이나 조직이 변화되는 것은 당연했다. 여기에서 옛날에 시민운동을 하던 여성 활동가들은 참으로 교묘하게 지도층을 장악했다. 국방부인회와 애국부인회는 분회를 가지고 있었으므로 도나리구미를 형성하는 과정에서 모델로서 활동해왔다. 그럼에도 불구하고 실제로 도나리구미가 만들어진 다음에는 이중조직에서 오는 번잡함도 있었지만 분회나 반班보다 더욱 세분된 단위인 도나리구미를 상대하면서 국방부인회나 애국부인회가 제대로 대응하지 못하는 상황이 생겼다. 반면에 이러한 일을 처리하면서도 V장에서 살펴본 원점송출이 이루어진 이래 100퍼센트가 조직된 농촌지역의 국방부인회 분회는 별다른 문제를 겪지 않았다. 그렇지만 행정지도가 이루어지는 과정에서도 군軍보다는 정촌 자체가 큰 비중을 차지하게 되었다. 도나리구미가 기능하게 되자 군이 직접 국방부인회라는 조직을 갖는다는 사실 자체가 전국민의 통합이라는 목표 달성을 저해하는 요소로 여겨

지게 되었다.

6. 여성은 가정으로 돌아가라—대일본부인회

세 단체의 통합 정치적으로는 대정익찬회, 사회적으로는 도나리구미라는 기초가 다져지고 있었으므로 여성단체의 통합은 이제 시간 문제였다. 1940년 9월에는 여성단체를 신체제에 맞도록 재편하는 과제에 대한 논의가 활발해졌다. 9월 18일에 애국부인회, 국방부인회, 연합부인회는 연명으로 신체제에 협력한다는 취지로 세 단체가 협의를 가졌다고 밝혔다. 연말의 대정익찬회 임시중앙협력회의에서 여성대표 다카라 도미코高良富子가 여성단체를 통합하고 익찬회에 부인국을 설치하자고 강력하게 제안했으며, 국방부인회의 다나카 미노루田中稔 상무이사도 역시 통합을 주장했다. 해가 바뀌어 1941년 1월이 되자, 76차 의회가 열리고 중의원에서 「부인단체 일원화에 관한 건의」가 제출되어 2월 13일에 위원회에 상정되었다. 여기에서 비로소 세 단체의 통합을 지향하는 구체적인 움직임이 표면화되었다.

이날 답변에 나선 것은 세 단체의 감독관청인 육군성 다나카田中 병무국장(국방부인회), 군사보호원 미시마三島 총재(애국부인회), 문부성 고키치纐纈 사회교육국장(연합부인회)이었으며, 이미 세 단체가 통합을 협의하는 것이 분명했다. 다나카 류키치田中隆吉 병무국장의 답변은 “모든 일본 여성을 포함하는 강력한 일원적 통합단체를 결성한다. 나아가 이 통합단체의 목적은 사업이나 수양이 아니며, 세계적으로 비교할 대상이 없는 일본의 부도를 밑

바탕으로 하여 수양과 훈련의 두 가지를 겸비한 단체로 만들어야 한다."는 것이었다. '부도'에 대해 질문하는 기자에게 다나카는 "가정 안에서 임무를 완수하는 것이다. 가정을 팽개친 채 후방에서 공적인 일에 나서는 것은 아무런 의미가 없다."고 덧붙였다. 그리고 가정의 임무라는 것은 모성의 완성, 자녀의 양육, 방공, 방첩 등을 가리키는 말이었다. 그는 "거리에서 여러 가지 일을 하는 것은 한가한 사람이 하면 된다. 나는 여성들이 '가정이 제일'이라는 것을 인식해주길 바란다."고 말했다.

더구나 내무성은 통합된 여성단체의 하부조직을 도나리구미로 일원화하고 싶다는 의향을 나타냈다.

6월 10일에 열린 각료회의에서 여성단체 통합요강이 결정되었으며, 정식으로 통합준비회가 발족했다. 이 조직은 "일본의 전통인 부도를 수련하고 수신제가와 함께 공적인 일에 힘써 성과를 올리는 것을 목적으로 한다."는 것을 내세웠으며, 활동 단위를 분회로 설정하고, 본부와 지부는 사업을 시행하지 않을 것이라는 방침을 밝혔다. 정부는 "여성이여, 가정으로 돌아가라."고 호소했다.

통합의 기운 통합에 대해 각 단체는 어떻게 대응했는가?

우선 국방부인회는 단체의 입장을 대변하는 역할도 겸한 병무국장 답변에서도 알 수 있듯이 최종 단계에서 주도권을 잡았다. 이는 요강의 내용이 '부도'를 강조한 데서도 나타난다. 그러나 이치카와 후사에 등이 참가한 부인시국연구회가 통합운동을 주도하던 시기에는 교토 지부가 통합 반대를 결의한 것처럼 하부에서 상당한 반발이 있었다. 국방부인회 내부에는 여성단체가 통합할 때에는 자신이 중심적 역할을 해야 한다는 의식이 강했다.

통합 요강이 발표되자 지방장관과 나란히 사단장도 감독하는 위치에 앉아야 한다고 트집을 잡아 협의를 늦추었다. 국방부인회는 본부장으로 지사 부인이 취임하면 애국부인회와 동격이 된다는 것을 실감했기 때문이다.

애국부인회는 어떠했는가? 애국부인회의 가장 중요한 논점은 이전부터 해온 사회사업과의 관계를 다시 설정하는 것이었으며, 두 번째는 단체 내부의 서열을 나타내는 유공장을 취급하는 방식을 결정하는 일이었다. 결국 두 가지가 모두 새 단체에서 부결되었다.

연합부인회에서는 이렇다 할 반대론을 제기하지 않았다. 민간 여성단체들은 우선 통합 대상이 세 단체로 한정된 것에 불만이 약간 있었지만 대체로 환영했다. 종래부터 통합을 강하게 주장했기 때문이다. 문제는 여성운동가들이 자기의 위치를 어디로 설정했느냐 하는 것이었다. 이 시기에는 통합에 대해 적지 않은 발언이 있었다. 이 가운데 하나는 새 단체도 자체 시설과 사업을 가질 필요가 있다는 것이었다. 다른 하나는 여성 지도자와 조사연구 기관이 필요하다는 점이었다. 그래도 도나리구미를 기초로 삼아야 한다는 점은 공통된 의견이었다. 이 여성들은 대정익찬회에도 기대를 가졌으며 중앙, 현, 시정촌으로 구분되는 각 단계마다 부인부가 설치되거나, 아니면 지식인 여성으로 구성된 위원회가 만들어질 것이라 짐작했던 것 같다. 그렇게 되면 어느 기관이든지 자기들이 차지할 수 있는 자리가 생길 것이라고 생각했던 것이 틀림없다. 사실 통합조직은 상당한 숫자의 시민운동가 출신 여성 활동가를 흡수할 수 있었다.

주역 대일본부인회는 1942년 2월 2일에 출범했다. 이 통합의 실체는 무엇이었는가? 이 조직은 내용면에서 산업보국회, 문학보국회 또는 직능적 통제단체와 아주 달랐다. '만주사변'을 계기로 어느 여성단체나 모두 후방 활동을 하느라고 경쟁을 벌였다. 게다가 경쟁의 결과 오히려 활동성이 고조되어 서로 대립하게 된 것이다.

만일 단체를 재조직하는 것만이 관건이라면 강권을 발동해 통합할 수 있었을 것이다. 그렇지만 국민정신 총동원운동이 시작된 이후부터 항상 여성의 활동에서 소비통제와 이에家에 대한 문제가 얽혀 있었다. 따라서 역설적으로 도나리구미가 만들어졌기 때문에 여성조직의 통합이 결정적으로 진행될 수 있었다. 도나리구미의 주역이야말로 주부들이었으며, 여성 활동도 그대로 도나리구미 활동으로 치환되어버렸다. 따라서 여성조직을 통합하는 일이 도나리구미의 운영 방법을 결정하는 일과 거의 같은 뜻으로 받아들여지게 되었다는 것이 사태의 본질이다.

대일본부인회가 성립된 이후의 여성 활동에 대해서는 언급할 것이 거의 없다. 다만 당시 모든 여성을 조직하는 것에 대해 "한 사람도 남김없이 회원이 된다는 것은 누구도 회원이 아니라는 말과 같다."라고 평한 사람이 생각난다. 단체를 통합했기 때문에 오히려 여성은 활력을 잃었다. 이때 국방부인회를 낳은 부모 격인 야스다 세이도 조직을 떠났다.

7. 남은 역사

여성의 역할 대일본부인회로 조직을 통합하는 일은 결코 매끄럽게 진행되지 않았다. 세대를 기준으로 조직률 100퍼센트를 지향했지만, 첫해에 이를 달성한 현은 몇 곳에 불과했다. 이는 세 단체를 일단 해산하고 재조직하는 방식을 취했기 때문이었다. 오사카의 경우 주도권을 둘러싼 불만이 높아져 옛 국방부인회 계열은 격렬하게 저항했다.

대일본부인회(일부)의 강령을 보면 황국을 섬기는 것과 사회봉사, 수신제가의 세 가지 조항을 내걸었으며 승조필근承詔必謹,[42] 신도실천臣道實踐과 도나리구미 활동, 근로봉사, 그리고 집에서 조상을 숭배하고 자녀를 육성하는 것이 주요 내용이었다. 이전에 세 단체가 경합했던 부, 현이나 정촌 차원의 활동은 거의 사라지고, 주요 활동범위는 도나리구미가 되었으며, 이에를 기반으로 한 정신주의가 강조되었다. 군사동원의 비밀을 엄수해야 하기 때문에 이미 거리나 역에서 전송하는 행위는 금지되었다. 백화점에도 상점가에도 상품은 없어지고 생활 필수품은 도나리구미가 배급했다. 여성들은 분명히 거리에서 사라져 집으로 돌아갔다. 그렇지 않으면 여자 정신대와 같이 군수생산에 동원되었다.

그렇다면 현실은 어떠했는가? 간단하게 설명하면 집으로 돌아간 여성들은 우선 할당된 저축목표를 달성하기 위해 협력하라는 요구를 받았다. 전비를 확보하기 위해 정부는 국채판매와 저축증대에 협력할 것을 국민에게 요구했다. 정부의 저축목표는 1939년에 170억 엔에 달했으나, 실적은 136억 엔에 그쳤다. 여성단체를 통합한 1942년에는 이러한 실적을 100억 엔이나 초과하는 230억 엔을 목표로 책정해 도나리구미에 할당했다. 대일본부인회는 선전과 강제로 이루어진 시책을 전달하는 매체가 되었다.

다음 해에는 식량증산이 최고의 목표였다. 도시의 여성들도 빈 터를 찾아내서 밭을 일구고 식량자급을 시도해야 했다.

더구나 그 다음 해에는 이상할 정도로 어머니의 역할이 강조되었다. 이는 공중전에서 승부가 결정되는 '항공 결전'의 시대가 되었기 때문이었다. 일본의 어머니는 아들을 소년 항공병으로 보내기 위해 양육하고 격려하는 역할을 맡아야 했다. 육군성의 다나카 기이치田中義一 중좌는 대일본부인회 기관지 『일본부인』(국방부인회 기관지를 대일본부인회가 승계한 것)에 「국민개병皆兵과 여성의 책무」라는 제목의 글을 기고하여 비행기와 잠수함이 주력이 되어 싸우는 전황에서 여성이 가져야 하는 각오에 대해 이와 같이 말했다.

> 출동하면 다시 돌아오지 않습니다. 유골이 돌아오지 않는 일이 있어도 구태여 마음속에 남겨두지 않도록 합시다. …… 어머니가 개인적으로 연연하는 감정을 가지면 다른 사람들도 괴로워지므로, 이러한 일이 없도록 평소에 언제나 자기 자식이면서, 천황의 자식이라는 것을 강하고 강하게 머릿속에 심어 두시길 부탁합니다"(1943년 11월호).

이 지점에서 다시 한 번 국방부인회의 이념형성 과정을 돌이켜보는 것도 좋을 것이다. 맨 처음에 군이 품고 있던 이념이 이제 철저하게 관철된 것을 볼 수 있다. 대일본부인회는 일본의 여성을 모두 조직했다. 그러나 여성조직의 성원은 이미 돌보는 측에 서 있지 않았으며, 국가의 교화 대상에 지나지 않게 되었다 .

결전의 시기에 대일본부인회가 내건 구호를 보자.

> ① 맹세코 비행기와 배를 타고 싸울 훌륭한 전사를 만들어 바칩시다.
> ② 한 사람도 남김없이 결전 생산완수에 참가하도록 협력합시다.
> ③긴 소매를 자르고 결전을 치르는 생활을 실천하기 위해 궐기합시다(대일본

| 대일본부인회 기관지 『日本婦人』(1944년 4월호) |

부인회 결의 1943. 10).

이와 같이 후방에 있는 여성은 대일본부인회 산하로 조직되었으며 결전을 치르기 위해 완전히 국가의 관리를 받았다. 그러나 이미 이 단체는 활력이 없었다. 도나리구미는 결의를 하는 곳이 되었지만, 이는 감시하는 곳이라는 것과 동의어였다. 그리고 패전 직전인 1945년 6월에 대일본부인회도 국민의용대로 개편되었다.

이에의 해체 다만 이와 같이 전황이 달라지는 가운데, 일상생활에서 여성은 거의 전권을 행사했다. 전쟁이 지속됨과 동시에 먹는 일이 더욱 중요해졌다. 이때 부인회의 강령이 제시하는 '수신제가'나 '주부의 가족봉사'라는 덕목은 정숙한 일본의 여성상과 동떨어진 방향으로 흘러갔다.

더구나, 1천만 명에 이르는 남자가 동원되었으므로 가족구성이 무너졌다. 이에는 어머니가 중심이 된 결합으로 변화되어갔다. 황국을 위해 '전사戰士를 바치는' 어머니의 상은 이에의 해체라는 맥락에서 나타나는 이미지라고 보아야 한다.

1943년 후반에 문부성 교학국이 이전에 만든 『국체의 본의國體の本義』와 『신민의 길臣民の道』의 후편 격인 국민교본으로 『이에의 본의家の本義』를 편찬하려 착수했다는 것이 최근에 알려졌다. 이것은 결국 발행되지 않은 채 사라졌으나, 결전을 위한 동원 체제 하에서 민중의 희생이 민중의 존립 단위인 가정에 전가된 것을 암시한다. 그리고 이에의 해체라는 현실이 존재했고, 뿌리까지 뽑아내는 동원과 가족 제도 사이의 모순이 커다란 벽을 만들었으므로 국가가 방향성을 잃었던 것이라고 생각할 수 있다.

도나리구미를 단위로 방공연습을 하며 전의와 사기를 높이던 일은 과거의 것이 되었다. 현실에서 공습이 시작되자, 경계경보에서 대기하고, 공습경보에서로 방공호로 대피하며, 마지막에는 피난을 떠나야 했다. 이제는 방공연습에서 익힌 수순과는 다른 행동을 취해야 했다

전후 결국 불에 타버린 폐허에 서게 된 여성들은 흩어진 가족이 무사하기만 빌었다. 이는 국가와 거리를 두면서, 여성이 자립해야 한다는 생각을 되찾은 때이기도 했다.

패전 후에 나타난 여성조직의 행동은 실생활에서도, 조직 활동에서도 모두 가장 신속하고 강력한 움직임을 보이는 존재가 되어 다시 살아났다. 여기에는 15년전쟁을 거치며 후방 체제를 형성하는 과정에서 축적된 여성의 역량과 조직 활동의 경험이 기초가 되었다고 보아야 한다. 물론 이것은 민

주주의 사회가 되고 여성이 선거권을 획득하였기 때문에 나아갈 수 있었던 방향이었다. 그러나 이와 같은 방향설정으로 모든 조건이 충족되었다고 이해하는 것은 짧은 생각일 것이다. 적어도 이제까지 보아온 생활력의 계보, 역할의 계보, 여성이 집에서 밖으로 나오게 되는 계보, 부업의 사회성과 경제력의 계보, 이러한 것들이 권리확대의 계보와 더불어 종합적으로 평가되어야 한다고 생각하기 때문이다.

두 군상群像　이 책에서 취급한 것은 주로 태평양전쟁 이전을 말하는 소위 '사변事變'기에 이루어진 후방 체제의 형성이다. 필자는 후방 체제 형성 과정을 통해 민중과 전쟁의 관계를 살펴보고 싶었다. 그 가운데에서도 발생동기와 조직 발달 과정이 특이하며 최대의 민중 여성단체였던 국방부인회의 모습을 관찰하고 분석하면 유효한 해답을 얻을 수 있을 것으로 생각했다.

우선 비상시라는 상황을 지렛대로 삼아 병사를 배웅하고 보살피기 위해 집에서 나온 여성 군상이 있었다. 군대 관련 일거리가 비대화되면서 이 여성들은 곧 거대한 집단이 되었다. 이와 같이 조직이 확대되는데 기여한 요소는 두 가지였다. 첫째는 여성 자신의 주체적인 움직임이며, 둘째는 국가 체제의 동원정책이었다. 전자는 오사카에서 국방부인회가 발생하는 과정에서 나타나며, 이를 '국방부인회 현상'으로 표현하였다. 전쟁에 대해 국민이 일과성으로 흥분하는 단계를 넘어서는 행동양식이 개발된 것이다. 후자는 시기를 구분해보면 오사카보다 분명히 늦었지만 전국으로 확산된 모든 지방 소재 국방부인회를 말한다.

여기서는 비상시라는 상황에서 가정 경제와 지갑을 확실하게 장악한 여성 군상의 다른 모습이 나타난다. 이것은 우선 농촌에서 여성을 조직화하는 계기가 되었다. 여성의 경제적 주도권에 대한 인식은 중일전쟁 당시에 소비를 통제하고 국책으로 저축을 장려하는 운동에 도시 여성을 동원하는 것으로 이어졌으며, 국방부인회 활동과도 결합하여 후방에서 여성단체의 활동에 무게를 실어주는 결과를 가져왔다. 도나리구미가 만들어진 이후 주부는 후방의 주역에서 주인으로 바뀌었다. 그 연장선에서 전후에 식량을 구하러 돌아다녔던 여성의 행동력, 쌀을 달라고 정부에 들이댄 박력, 그리고 소비자로서의 실권과 운동력을 장악하기에 이른 여성의 모습이 겹쳐진다. 이에 대해 초점이 어긋났다고 할 수는 없을 것이다.

이별의 사회사 전쟁의 진전과 더불어 권력에 의한 통제와 관리가 강화되었다. 이러한 측면은 이전부터 충분히 강조되었다. 여기에서는 민중동원을 위해 강권이 발동되는 측면이나 체제 순응의 계보에 대한 언급이 적었을지도 모른다. 다만 이 연구에서는 민중에게 초점을 두고 민중의 주체적인 움직임을 보고 싶었다.

그동안 국가가 여성에게 요구한 것을 열거해보면 첫째, 전쟁을 수행하는 힘인 인적 동력을 향상시키기 위해 봉사하는 것이었다. 즉 민중동원의 대상이 된 여성이라는 위상을 설정했다. 둘째는 가정을 지키는 역할이었다. 국방부인회의 이념사를 보아도, 또한 결전기의 여성정책을 보아도, 서로 모순되는 요소가 가득 찬 이 두 가지 역할의 비중은 부침을 거듭했다. 따라서 여성이 주체적으로 움직이는 것과 국가의 요구 사이에는 모순과 갈등이 있었다고 말할 수 있다.

국방부인회의 10년에 걸친 역사는 알기 쉽게 말하면 갓포기에서 몸뻬로 옮겨가는 여정이었다. 이는 15년전쟁의 일부인 '사변'기의 성격과 아울러,

여성이 활동했던 무대와 내용을 정확하게 보여준다. 이와 같은 의미에서 결전기는 몸뻬의 시대가 된다. 그러나 이것을 국가와 여성의 관계라고 보고, 실질적 내용을 확인해보면, 가정과 부엌을 둘러싸고 벌어지는 국가 권력과 민중의 힘겨루기였다고 간주해도 무방하다.

이 연구는 또한 전송하는 정경情景을 그린 역사에서 끝까지 벗어날 수 없었다. 여기까지 써온 것은 결국 국방부인회를 바람 잡는 응원단 정도로 설정한 '이별'의 사회사라고 할 수 있을지도 모른다. 여성이 품었던 전송하는 마음이야말로 후방 체제 형성의 활력이었다. 1941년에 전송을 금지하지 않을 수 없었던 국가는 축제를 생략한 채 민중을 죽음으로 내몰기 위해 강력한 억압과 광기에 의존하게 되었다. 이것은 후방 체제 형성사에서 나타나는 자가당착이기도 했다.

전후에도 전쟁이 가져온 이별에 대한 추억을 떠올릴 수밖에 없는 것은 평화를 바라는 잠재의식이 있기 때문이라고 말해도 크게 틀리지 않을 것이다.

저자 후기

이 책은 중일전쟁과 후방 체제 형성의 역사를 다루고 있다. 후방 체제 형성은 전쟁에서 민중의 지지를 동원하는 체계를 만드는 것이었다. 물론 민중이 본심으로 전쟁을 지지한 것은 아니지만, 역으로 민중은 끌려다녔다고 수동적인 존재로 이해하는 것도 지나치게 단순한 생각이다. 전쟁과 민중의 관계를 파악하려면 각성된 눈으로, 그리고 심층에 있는 정감情感을 잘 이해하면서, 동태를 깊게 관찰할 필요가 있다.

이 책이 국방부인회에 초점을 맞춘 이유는, 소위 일본 파시즘의 형성 과정을 볼 때, 이 단체가 유일하게 밑에서부터 만들어졌고, 서민적인 성격을 가졌으며, 또한 가장 많은 회원을 가진 조직이었으므로, 민중과 전쟁에 개입하는 상황을 보여주는 전형적인 사례라고 생각했기 때문이다.

필자가 현대사 모임現代史の會에서 최초로 기획한 공동연구의 하나가 국방부인회연구였다. 이것은 「재향군인회사론在鄕軍人會史論」(『계간 현대사』 9호)의 자매편이다. 정확하게 10년 전에 야마니시 미치코山西道子, 시라이시 히로유키白石弘之, 그리고 필자가 포함된 3명이 팀을 짜고 오사카에서 증언 청취를 시작하며 자료를 수집했다. 그러나 야마니시의 졸업논문 이외에는 오늘날까지 발표되지 않았다. 그러므로 이 책은 이 분야에 관한 최초의 연구라고 말해도 좋을 것이다. 당시에 수집한 자료에도 몇 개의 단면이 정확하게 나타나지만, 이번에 다시 자료를 보완하면서 필자는 처음으로 국방부인회의 생생한 모습을 보았다고 생각한다.

이런 사정 때문에 소개할 수 있는 제대로 정리된 연구문헌은 없지만 국방부인회에 관한 자료의 윤곽만이라도 소개해두고 싶다. 우선 포괄적인 자료는 『대일본국방부인회 10년사』, 『애국부인회 40년사』와 대일본 연합부인회의 『연혁사』가 있다. 시민단체에 대한 자료는 『이치카와 후사에 자전, 전전편』을 비롯해 다수가 있으므로 언급할 필요는 없을 것이다. 현 차원에서 나온 자료를 보면 애국부인회에 관한 것은 나가노 · 히로시마 · 야마구치 등에서 나온 현 지부 연혁지가 몇 개 있으며, 국방부인회의 경우는 『고베 국부 10년 획사』 정도에 불과하다.

국방부인회 중앙기관의 문서는 남아 있지 않다. 기관지 종류의 간행물은 총본부의 『일본부인日本婦人』, 간사이 본부의 『부인국방婦人國防』, 간토 본부의 『국방부인國防婦人』 같은 것은 한 번 살펴보기도 어렵다. 이 점에서도 애국부인회 측의 자료가 보기 쉬운 상황이다. 필자는 재향군인회 본부와 지부의 자료로 상당 부분 보충했다.

정치사 등에서 기본 자료로 활용되는 관청문서에는 국방부인회와 같은 서민층 집단의 모습이 거의 나타나지 않는다. 가까스로 사법, 특고特高, 헌병이 관계되어 있는 사상 자료에서 단면을 볼 수 있을 뿐이다.

실태를 알기 위해서는 시정촌의 자료를 구하지 않으면 의미가 없다. 그러나 사실은 국방부인회야말로 분명히 대중동원의 중심이었다. 그래서 각지의 신문을 크게 참고했다. 예컨대 『가호쿠신보』, 『야마나시니치니치신문』, 『주고쿠신문』, 『오사카아사히신문』, 그리고 『도쿄아사히신문』, 『도쿄니치니치신문』과 이들 신문의 간토 지방판 등을 보았다.

청취조사 영역에서는 연구에 착수하였을 때 이미 삼대 중요 인물 가운데 야스다 세이와 오모리 다다시게, 두 사람은 작고했으나 다행스럽게도 이시이 가호 씨는 생존해 있었다. 더구나 각지의 국방부인회 관계자로부터도 많은 얘기를 들을 수 있었던 것에 감사드린다. (다만 여기에서는 뒷받침할 수 있는 자료가 있는 증언으로 한정해 기술했다.)

또한 자료를 인용하면서 히라가나를 사용했으며 현대식 가나 사용법을 적용해 바꾸어놓았다는 것을 확인한다.

책을 쓰기 시작했을 때 어머니가 돌아가셨다. 집필을 끝내고 어머니에게서 매우 중요한 힌트를 받은 것 같다는 생각이 들었다. 그중에도 보살핌을 제공하는 측과 받는 측을 구분하는 것은 이 집단의 흐름을 이해할 수 있는 중요한 열쇠였다. 어머니를 생각하며 필자는 이웃 아주머니들의 모습을 떠올렸다.

오래 전 필자는 구제 야마구치고등학교를 수료하고 나서 사회문화운동을 했던 시기가 있었다. 돌이켜보면 그때는 조직이 뿌리를 내리게 만드는 일에 집착했다. 이 책을 집필할 때 조직을 고찰하면서 생각나는 일이 있었다. 필자는 일개 민중사 연구자에 불과하지만 글 속에서 다소나마 조직 활동을 하는 방법과 태도가 행간을 통해 전달될 수 있기를 바란다.

이 책을 펴내도록 격려해주신 야스에 료스케安江良介 씨와 깊은 이해심을 가지고 편집을 맡아주신 이토 오사무伊藤修 씨에게 인사를 드린다.

1985년 3월

후지이 다다토시藤井忠俊

미주

1 일본 여성이 요리를 하거나 일을 할 때 입는 소매가 달린 겉옷이다.

2 1931년~1945년까지 일본이 치른 전쟁이다.

3 중일전쟁은 1937년 7월 7일 발발했다. 그 후 일본군이 1941년 12월 8일 하와이의 미군기지를 공격한 후 확대된 전쟁은 태평양전쟁이라 부른다.

4 전전戰前 일본 육군 하사관의 최고 계급.

5 연대가 담당하는 지역이다. 전전의 일본군 연대는 사병을 징집하는 지역이 정해져 있었다.

6 조나이카이町內會라고도 부르는 반관 반민적 성격을 가진 지역의 주민생활조직이다.

7 1982. 11~1987. 11까지 일본의 수상을 지냈다.

8 藝者, 기생을 말한다.

9 1932년 5월 15일 해군 청년장교와 육군 사관후보생 9명이 수상 관저를 습격하여 이누카이 쓰요시犬養毅 수상을 사살하는 사건이 일어났다. 이 사건으로 정당정치의 시대가 끝나고 군부의 영향력이 강해졌다.

10 특이한 복장을 하고 춤을 추거나 노래를 하면서 거리를 돌아다니며 상품이나 가게를 선전하는 패거리.

11 현재의 IHI중공업. 이시카와지마 파마중공업石川島播磨重工業의 전신.

12 출정병사의 안전을 빌기 위해 1,000명의 여자가 한 땀씩, 붉은 실로 천에 매듭을 놓아서 만들어 보낸 배두렁이 따위.

13 등이나 깃에 옥호, 성명 따위의 표지를 염색한 일꾼이 입는 간단한 윗도리. 깃을 뒤로 접지 않고 가슴에 옷고름이 없다.

14 특별고등경찰特別高等警察. 정치범이나 사상범을 수사하던 경찰조직이며 전후에 해체되었다.

15 1932년 9월 16일 지금의 중국 랴오닝성遼寧省 북부에 있는 푸순撫順 탄광을 경비하는 일본군 푸순수비대[이노우에井上 소대]가 양백보촌楊柏堡村 부근인 평정산平頂山

촌락에서 다수의 주민을 학살한 사건이다. 피살자의 규모는 400~800명(田辺敏雄 주장)에서 3,000명(중국 주장)까지 서로 다르지만 학살 사건의 존재 자체에 이의를 제기하는 논자는 없다.

16 제1차 세계대전 이후 1930년대 세계 대공황이 시작되기 전까지 일본에서는 의회민주주의와 군비축소, 국제평화를 지향하는 분위기가 지배적인 시대가 있었다. 이러한 자유주의적 시대가 다이쇼大正 천황의 재위 기간(1912~1926)에 해당한다 해서 붙여진 이름이다.

17 關東軍, 만주 지역을 관할하는 사령부.

18 옛 풍습으로 12월 8일에 집안을 대청소하며 설을 맞을 준비를 했다.

19 천황의 생일 기념일.

20 태평양전쟁기에 확립된 총력전 수행을 위한 국가총동원 체제를 말한다.

21 제1차 세계대전 말기에 상인들이 쌀을 매점매석하여 식량을 구하기 어렵게 되자 주부들이 앞장서 1918년 7월부터 약 3개월 동안 미곡상과 지방 유력자를 습격하는 폭동이 각지에서 빈발했다. 군이 출동해 진압하였다.

22 1933년 7월 10일, 애국근로당의 아마노 다쓰오天野辰夫가 중심이 되고 민간 우익단체, 대일본생산당, 해군 군인이 가담한 쿠데타 계획이 발각되어 49명이 검거된 사건.

23 지역 주민을 소집단으로 조직하여 동향을 파악하고 방공연습, 물자배급을 관리하는 기초 단위로 활용하였다.

24 해군을 의미한다.

25 羽織, 전통 예복용 윗옷.

26 1899년부터 정부 보조금을 받아 농업기술을 보급하고 농정 방침을 농민에게 알리는 일을 담당하던 농업단체를 말한다. 제국농회를 정점으로 현, 군, 시정촌의 각 단계마다 조직을 두었다. 농회는 1943년에 산업조합과 통합하여 농업회가 되었다.

27 도쿄여자고등사범학교東京女子高等師範學校, 나라여자고등사범학교奈良女子高等師範學校를 말한다.

28 1924년 12월 13일 부인참정권획득기성동맹회婦人參政權獲得期成同盟會 결성, 1925년 4월 19일 부선획득동맹婦選獲得同盟으로 명칭을 변경했다.

29 지방의회를 의미한다.

30 정식 명칭은 '일본기독교부인교풍회日本基督教婦人矯風會'이며, 1893년에 설립된 기독교 여성단체이다. 세계평화, 순결교육, 주해酒害방지를 삼대 목표로 내걸었다. 도쿄부인교풍회東京婦人矯風會(1886년 설립, 회장 야지마 가즈코矢島楫子)가 전신이다. 폐창廢娼운동, 매춘방지법 제정운동, 원수폭금지운동 등을 현재까지 전개하고

있다.

31 붉은색 엽서로 배달된 징집통지서.

32 幟 노보리. 좁고 긴 천의 한 끝을 장대에 매달아 세우는 것.

33 여류작가인 쓰보이 사카에壺井榮가 원작을 집필했으며 한 여교사와 12명의 제자 사이의 정신적 교류를 그린 영화로, 무대인 쇼도시마를 유명하게 만들었다.

34 토지나 절을 지키는 신이나 그 신을 모신 사당을 말한다.

35 도쿄와 같은 대도시의 행정구역은 중심부의 구區, 교외의 시市, 촌村으로 구성되었다.

36 玉串. 비쭈기 나뭇가지에 닥나무 섬유로 만든 베 또는 종이오리를 달아서 신전에 바치는 제물.

37 staple fiber, 인조섬유.

38 貫. 1관은 3.75킬로그램이다.

39 에도 시대에 창업한 오랜 역사를 가진 백화점이다.

40 일본 남성이 입는 전통 의상이다.

41 직공이 입는 겉옷을 말한다.

42 임금의 말을 따르고 몸가짐을 바로 한다는 뜻이다.

찾아보기

ㅈ

ㅊ

ㅌ

ㅍ

ㅎ

갓포기와 몸뻬, 전쟁
일본 국방부인회와 국가총동원체제

초판 1쇄 펴낸날 2008년 6월 25일

지은이 | 후지이 다다토시
옮긴이 | 이종구
펴낸이 | 김시연

펴낸곳 | (주)일조각
등록 | 1953년 9월 3일 제300-1953-1호(구 : 제1-298호)
주소 | 110-062 서울시 종로구 신문로2가 1-335
전화 | 734-3545 / 733-8811(편집부)
733-5430 / 733-5431(영업부)
팩스 | 735-9994(편집부) / 738-5857(영업부)
이메일 | ilchokak@hanmail.net
홈페이지 | www.ilchokak.co.kr

ISBN 978-89-337-0542-1 03910
값 15,000원

* 옮긴이와 협의하여 인지를 생략합니다.

* 이 도서의 국립중앙도서관 출판시도서목록(CIP)은 e-CIP 홈페이지
(http://www.nl.go.kr/ecip)에서 이용하실 수 있습니다.
(CIP제어번호 : CIP2008001809)